Wirtschaft/Europa/Globalisierung:

Bundesministerium für Wirtschaft und Technologie:
http://www.bmwi.de

Bundesministerium für Gesundheit:
http://www.bmg.bund.de

Europäische Union:
http://www.europa.eu

Globalisierung:
http://www.e-globalisierung.org

Industrie- und Handelskammern:

Die Industrie- und Handelskammern in Hessen:
http://www.ihk-hessen.de

Handelskammern in Hessen:
http://hwk-kassel.de
http://hwk-wiesbaden.de
http://hwk-rhein-main.de

Begriffserklärungen:

Duden Schülerlexikon:
http://www.schuelerlexikon.de

Freies Lexikon:
http://www.wissen.de

Zeitungen/Zeitschriften:

Spiegel:
http://www.spiegel.de

Focus:
http://www.focus.de

Stern:
http://www.stern.de

Süddeutsche Zeitung:
http://www.sueddeutsche.de

Handelsblatt:
www.handelsblatt.de

Statistiken und Schaubilder:

Bundesamt für Statistik:
http://www.destatis.de

Statistische Landesamt Hessen:
http://www.ihsl.de

Offizielle Homepage des Landes Hessen:
http://www.hessen.de

Suchmaschinen:

Google:
http://www.google.de

Metager:
http://www.metager.de

D1865210

praxis
Arbeitslehre 1

Herausgeber
Hans Kaminski

Autoren
Katrin Eggert
Ursel Imhof
Hans Kaminski
Michael Koch
Robert Künstner
Ortrud Reuter-Kaminski

westermann

© 2013 Bildungshaus Schulbuchverlage
Westermann Schroedel Diesterweg Schöningh Winklers GmbH, Braunschweig
www.westermann.de

Das Werk und seine Teile sind urheberrechtlich geschützt. Jede Nutzung in anderen als den gesetzlich zugelassenen Fällen bedarf der vorherigen schriftlichen Einwilligung des Verlages.
Hinweis zu § 52a UrhG: Weder das Werk noch seine Teile dürfen ohne eine solche Einwilligung gescannt und in ein Netzwerk gestellt werden. Dies gilt auch für Intranets von Schulen und sonstigen Bildungseinrichtungen.
Auf verschiedenen Seiten dieses Buches befinden sich Verweise (Links) auf Internetadressen.
Haftungshinweis: Trotz sorgfältiger inhaltlicher Kontrolle wird die Haftung für die Inhalte der externen Seiten ausgeschlossen. Für den Inhalt dieser externen Seiten sind ausschließlich deren Betreiber verantwortlich. Sollten Sie bei dem angegebenen Inhalt des Anbieters dieser Seite auf kostenpflichtige, illegale oder anstößige Inhalte treffen, so bedauern wir dies ausdrücklich und bitten Sie, uns umgehend per E-Mail davon in Kenntnis zu setzen, damit beim Nachdruck der Verweis gelöscht wird.

Druck A[1] / Jahr 2013
Alle Drucke der Serie A sind im Unterricht parallel verwendbar.

Redaktion: Dorothee Wandersleben
Herstellung: Andreas Losse
Umschlaggestaltung: Schreiber VIS, Joachim Schreiber, Seeheim
Innenkonzept: init. Büro für Gestaltung, Bielefeld
Satz: AndersARTig Werbung & Verlag GmbH, Braunschweig
Druck und Bindung: westermann druck GmbH, Braunschweig

ISBN 978-3-14-**116052**-9

Einführung 6

I Berufswegeplanung 8

1 Deine Interessen und Fähigkeiten 10
Mein persönlicher Berufswahlpass 11
Meine Schulleistungen und meine Schullaufbahn 13
M Methode: Erstellung eines Kompetenzprofils 14
2 Was die Berufswahl beeinflussen kann ...15
Checkliste 16
3 Die Ordnung der Berufe und der Ausbildungswege 17
4 Welche Entscheidung ist die richtige? 18
Bedeutung einer Ausbildung 18
Weiter zur Schule 19
Betriebliche Ausbildung 20
Entscheidungshilfen bei der Berufswahl ..23
M Methode: Internetrecherche 24
M Methode: Erkundung mit „Berufenet" ...25
5 Arbeitsplätze in einem Unternehmen 26
Arbeitsplätze in einer Bäckerei: der Ausbildungsberuf Bäcker/Bäckerin ...26
Weiterbildung! 28
M Methode: Ein Fahrplan zur Berufsorientierung 29
Deine Checkliste 31
V Verstehen und Durchblicken 32
L Lernbilanz 34

II Technische Systeme und Prozesse 36

1 Die Fertigung eines Werkstückes 38
Bedarfsanalyse 39
Die Wahl von Werkstücken und Werkstoffen 39
Die Planungsunterlagen für die Gestaltung des Fertigungsprozesses 40
Fertigungsablaufplan 42
Arbeitssicherheit und Arbeitsschutz 44
2 Funktion technischer Systeme 46
Aufbau und Funktion von Maschinen 46
Arbeitsfunktionen der Maschinen 48
Übertragung der Antriebsenergie 50
Informations- und Kommunikationstechnik 52
3 Technischer Wandel 58
Rationalisierung und technischer Wandel 58
V Verstehen und Durchblicken 60
L Lernbilanz 62

III Organisation von Arbeit 64

1 Arbeit und Arbeitsteilung im Haushalt 66
2 Arbeit und Arbeitsteilung im Betrieb 68
Arbeitsteilung im Betrieb 68
Wie ist Arbeitsteilung entstanden: ein Blick in die Geschichte 69
Arbeitsteilung zwischen Betrieben 70
Die Unterscheidung von Unternehmen ..72
Haushalte und Unternehmen – zwei Seiten einer Medaille 73
3 Arbeitsteilung und Spezialisierung weltweit 74
4 Was Arbeit und Arbeitsteilung noch bedeuten können 75
5 Warum muss Arbeit organisiert werden? 76
Die Schule als Organisation 76
Aufbau- und Ablauforganisation in der Schule 77
M Methode: Arbeitsplatzerkundung: Arbeitsplätze in einer Schule 78
6 Menschengerechte Arbeit im Betrieb 80
Kriterien für eine gute Arbeitsaufgabe 81
Schülerarbeit in der Freizeit 83
M Methode: Beobachten, Befragen, Notieren 84
Umweltschutz und Nachhaltigkeit 86
Umweltschutz und Nachhaltigkeit im Betrieb 87
Umweltschutz und Nachhaltigkeit im Haushalt 88
Verantwortung fängt bei dir an! 89
V Verstehen und Durchblicken 90
L Lernbilanz 92

IV Ökonomisch geprägte Situationen und Strukturen des Zusammenlebens 94

1 Wirtschaften und Bedürfnisse 96
Was die Wirtschaft in Gang bringt: Bedürfnisse 96
M Methode: Rollenspiel: Wie werden Konflikte ausgetragen? 100
2 Güter als Mittel der Bedürfnisbefriedigung 102
Das ökonomische Prinzip 103
M Methode: Wir entwickeln ein Referat zum Thema des Kapitels 105
3 Einkommen als Lebensgrundlage 106
Einkommensquellen der privaten Haushalte 106
Auskommen mit dem Einkommen 108
4 Kinder – sehr umworben! 110
Markenware ist Trumpf 110
Einkommensverwendung von Kindern und Jugendlichen 111
5 Einflüsse auf das Verbraucherverhalten 112
Jugendliche beeinflussen den Konsum 112
Jugendliche und Verträge: Der Kauf von Klingeltönen 114
Garantie und Gewährleistung 115
Kaufen im Internet 116
6 Die Rolle des Geldes beim Kauf von Gütern 117
M Methode: Die Lernkartei 119
V Verstehen und Durchblicken 120
L Lernbilanz 122

V Erhalt der psychischen und physischen Gesundheit 124

1 Arbeitsplatz Küche 126
Wir lernen die Schulküche kennen 126
Möglichkeiten der Arbeitsteilung und Zusammenarbeit in der Schulküche 127
Grundregeln zur Zusammenarbeit und Arbeitshygiene 128
Arbeitssicherheit bei der Hausarbeit 129
Zweckmäßige Einrichtung des Arbeitsplatzes 130
Sachgerechte Arbeitstechniken und Arbeitsgeräte zur Verarbeitung von Lebensmitteln 132
Zeit- und kraftsparender Einsatz von Küchengeräten bei der Nahrungszubereitung 133
Garen von Nahrungsmitteln – gewusst wie! 134
M Methode: Lernen an Stationen 135
2 Gesund und fit durch ausgewogene Ernährung 136
10 Regeln für eine gesunde Ernährung 138
Orientierungshilfen für einen gesundheits- und verbraucherbewussten Einkauf 142
3 Eigene Ernährungsgewohnheiten im Vergleich mit vollwertiger Ernährung 144
Unterschiedliche Lebens- und Essgewohnheiten 144
Ernährungstrends – Ernährungsprobleme 145
Fast Food – Essen auf die Schnelle 146
4 Arbeit – Erholung – Gesundheit 148
Wir sind urlaubsreif! Die Situation kennt jeder... 148
Was ist Freizeit und wie viel Freizeit haben Jugendliche? 149
Die Bedeutung von Freizeit 150
Möglichkeiten gemeinsamer Freizeitgestaltung 151
Feiern – Freude am Zusammensein mit anderen 152
M Methode: Die Arbeitsaufgabe 153
M Methode: Projekt: Planung und Organisation einer Feier 154
5 Gesundheitsförderung und Vorbeugung 156
Eigenverantwortung und Haltung 156
Die Seele baumeln lassen – Chillen in der Schule 157
V Verstehen und Durchblicken 158
L Lernbilanz 160

VI Zukunft der Arbeit 162

1 Strukturwandel: Die Wirtschaft verändert sich 164
Die Wirtschaft verändert sich 164
Wie kommt es zu Strukturwandel? 164
Welche Folgen hat der wirtschaftliche Strukturwandel? 166
Strukturwandel: Beispiel Musikmarkt 167
2 Arbeitsplätze früher und heute 169
3 Technik verändert die Arbeitswelt 172
4 Berufe verändern sich 174
Beispiel Energiewirtschaft 175
5 Der Einfluss neuer Informationstechnologien auf die Arbeit 176
M Methode: Erkundung 180
M Methode: Expertenbefragung 181
V Verstehen und Durchblicken 182
L Lernbilanz 184

Glossar 186

Stichwortverzeichnis 189

Bildquellenverzeichnis 191

Einführung

Im Unterrichtsfach Arbeitslehre erwarten euch die folgenden sechs großen Themenfelder, die auch gleichzeitig die Kapitelüberschriften bilden.

I Berufswegeplanung
II Technische Systeme und Prozesse
III Organisation von Arbeit
IV Ökonomisch geprägte Situationen und Strukturen des Zusammenlebens
V Erhalt der psychischen und physischen Gesundheit
VI Zukunft der Arbeit

Diese greifen sowohl gegenwärtige als auch zukünftige Arbeits- und Lebenssituationen von euch auf und zeigen Chancen und Perspektiven, aber auch Risiken für deren jeweiligen Umgang.
Mit jedem Themenfeld setzt ihr euch zweimal, also sowohl in Arbeitslehre 1 als auch in Arbeitslehre 2, auseinander. In Band 1 lernt ihr die grundlegenden Sachverhalte zu den verschiedenen Themenfeldern kennen, die ihr später in Arbeitslehre 2 noch einmal vertieft und erweitert.

Aufbau der Kapitel

Jedes Kapitel beginnt mit einer Doppelseite, auf der ihr einen Überblick über das folgende Themenfeld erhaltet. Auf der linken Seite seht ihr jeweils vier Bilder. Die abgebildeten Motive greifen Inhalte aus dem jeweiligen Kapitel auf, sodass ihr schon mal einen ersten Eindruck gewinnen könnt. Auf der rechten Seite findet ihr als große Überschrift, sowohl in Arbeitslehre 1 als auch in Arbeitslehre 2, den Namen des jeweiligen Kapitels.
Die Inhalte der Kapitel sind nach einem kurzen Einführungstext als Fragen formuliert aufgelistet. Dadurch könnt ihr euch im Vorfeld bereits einen Überblick verschaffen, zu welchen Fragestellungen ihr auf den kommenden Seiten Antworten erhaltet.

Arbeitsaufträge

Die Arbeitsaufträge stehen immer unten auf der Seite und sind durchnummeriert. Wir haben sie mit drei Symbolen gekennzeichnet: ○, ◒, ●

Diese Symbole bedeuten:

1. Analysieren: Damit ihr komplexe Systeme, Strukturen und Probleme in der Arbeits- und Lebenswelt beschreiben, ordnen und daraus allgemeine, d.h. über den Einzelfall hinausgehende Erkenntnisse gewinnt, werdet ihr bei diesen Arbeitsaufträgen angehalten, euch über bestimmte Themen zu informieren, etwas zu beschreiben oder zu ordnen. ○

2. Urteilen: Zu einer Fragestellung kann es unterschiedliche Ansichten geben. Deshalb sollt ihr bei diesen Arbeitsaufträgen Situationen beurteilen, unabhängig davon, ob es sich dabei um eine Situation aus dem Haushalt, einer Schule, dem Unternehmen oder einer ganzen Volkswirtschaft handelt. Hier wird von euch gefordert, dass ihr euch selbst ein eigenes Urteil bildet.

3. Handeln: Bei diesen Arbeitsaufträgen wird von euch erwartet, dass ihr aktiv eine Problemstellung löst und sie anschließend kritisch hinterfragt.

Zu manchen Aufgaben befindet sich in der Randspalte eine Starthilfe. Sie soll euch helfen, die Aufgabe besser zu verstehen und zu bearbeiten.

Methodenseiten
Auf extra gekennzeichneten Methodenseiten (M) findet ihr insgesamt 14 Arbeitstechniken, die euch helfen sollen, die Aufgaben zu bearbeiten. Ebenso wie ein Handwerker, der sein Arbeitswerkzeug für seine Arbeit kennen muss, um es gut einsetzen zu können, benötigt ihr auch im Arbeitslehreunterricht Werkzeuge. Diese Arbeitstechniken vermitteln euch unter anderem: Wie wird eine Erkundung vorbereitet, durchgeführt und ausgewertet? Oder: Wie bereitet man sich auf ein Gespräch mit einem Experten vor? Oder: Wie bereite ich ein Referat vor und wie führe ich es durch? Oder: Wie bereitet man ein Projekt vor, führt es durch und wertet es zum Abschluss aus?

Binnendifferenzierung: Verstehen und Durchblicken
Wenn ihr euch für die sich anschließenden Lernbilanzseiten noch nicht fit genug fühlt, hilft euch die Doppelseite „Verstehen und Durchblicken“ dabei, die Themen eines Kapitels besser zu verstehen. Hier werden die wesentlichen Kapitelinhalte noch einmal anhand von Beispielen, Texten usw. anschaulich dargestellt.

Lernbilanzseiten
Am Ende eines jeden Kapitels findet ihr zwei Lernbilanzseiten (L), mit denen ihr den Inhalt des Kapitels noch einmal nachvollziehen könnt.

Beispieltexte
Auf den Kapitelseiten findet ihr manchmal ein großes (B). Dieses markiert Texte, in denen alltägliche Situationen beispielhaft dargestellt werden.

Quellentexte
Ein großes (Q) steht für Quellentexte, die bereits woanders veröffentlicht wurden. Die zugehörigen Quellenangaben findet ihr immer in der Randspalte.

Viel Spaß und Erfolg mit diesem Buch!

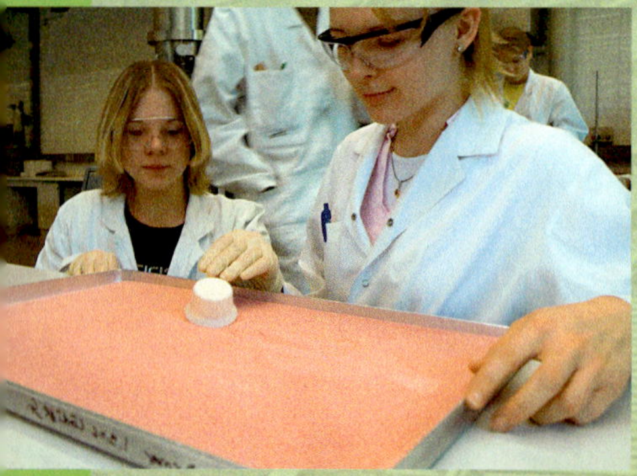

I Berufswegeplanung

Die Entscheidung für einen Beruf und einen Ausbildungsplatz ist eine der großen Entscheidungen im Leben eines jungen Menschen, weil sie den weiteren Lebensweg sehr prägt. Diese Entscheidung ist ein längerer Prozess.

Im Einzelnen geht es darum:

- **Welche Interessen und Fähigkeiten hast du und wie kann man diese festhalten?**

- **Welche Faktoren beeinflussen deine Berufswahl und wie kannst du dir einen Überblick über die Vielfalt der Berufe und Ausbildungswege verschaffen?**

- **Welche Hilfestellungen stehen dir zur Verfügung und wie kannst du, zur Vorbereitung deiner Entscheidung, Arbeitsplätze näher untersuchen?**

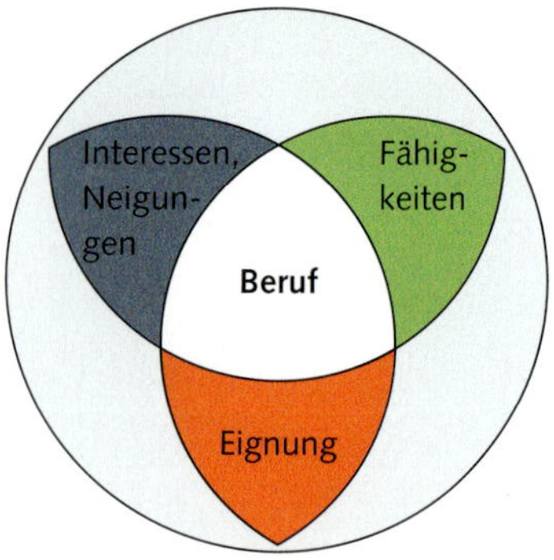

INFO

Der **Berufswahlpass** unterstützt dich bei deiner beruflichen Orientierung. Neben der Entdeckung deiner eigenen Stärken hilft er dir außerdem weitere Lernschritte zu planen und unterstützt dich bspw. bei der Durchführung eines Betriebspraktikums, bei der Bewerbung um einen Ausbildungsplatz oder bei der Planung eines weiteren schulischen Abschnittes. Inhalte sind z.B.:
- Schulleistungen, Zeugnisse,
- Interessen und Neigungen,
- persönliche Stärken und Schwächen,
- Erfahrungen durch Betriebserkundungen und Betriebspraktika,
- Informationsmaterialien über Berufe,
- Informationsmaterialien der Berufsberatung bzw. von Betrieben,
- Bewerbungsunterlagen,
- betriebliche Eignungstests,
- Etappenziele der beruflichen Lebensplanung.

www.berufswahlpass.de

1 Deine Interessen und Fähigkeiten

„Warum schon jetzt an die Berufswahl denken? Bis zur Schulentlassung ist es noch lange hin“, wirst du sagen.

Wer sich einen neuen Computer anschaffen will, besorgt sich vor dem Kauf Prospekte, erkundigt sich bei Freunden und Experten, prüft, vergleicht, rechnet und entscheidet sich schließlich. Darfst du da bei der Wahl des Berufes weniger sorgfältig sein? Die Berufswahl ist doch kein Glücksspiel, das du dem Zufall überlassen kannst. Einen Großteil deiner Lebenszeit wirst du nämlich an deinem beruflichen Arbeitsplatz verbringen. Deshalb ist eine sorgfältige und langfristige Planung notwendig. Damit du auf diese Überlegungen bis zum Ende deiner Schulzeit immer wieder zurückgreifen kannst, führst du am besten einen Berufswahlpasses. Du wirst ihn im Laufe der kommenden Jahre nach und nach mit deinen Unterlagen und Notizen füllen. Was du darin aufheben kannst, steht in dem nebenstehenden Kasten.

1. Bei den Überlegungen zu deiner Berufswahl kann dir das oben stehende Schaubild helfen. Diese Aufgabe begleitet dich über mehrere Jahre. Deine Interessen können sich ändern, du entwickelst dich und du gewinnst neue Erfahrungen durch den Berufswahlunterricht und das Testen deiner Fähigkeiten in Schulprojekten und Betriebspraktika.
Schreibe auf,
- welche Interessen und Neigungen du zurzeit hast,
- welche Fähigkeiten dich kennzeichnen,
- welchen Wunschberuf du hast.

Mein persönlicher Berufswahlpass

Folgende Hilfestellungen erleichtern dir das Führen deines persönlichen Berufswahlpasses:

Welche Interessen habe ich?
Was dich interessiert, weißt du selbst am besten. Um deinen Interessen auf die Spur zu kommen, die auch Bedeutung für deine Berufswahl haben, solltest du dir zunächst diese Fragen beantworten:
– Welche Schulfächer machen mir Spaß? – Welche Hobbys habe ich? – Womit beschäftige ich mich in meiner Freizeit gerne? – Was macht mir mehr Mühe, was weniger?

Welche Fähigkeiten habe ich?
Seine eigenen Fähigkeiten richtig einzuschätzen ist schwieriger, als über seine Interessen Auskunft zu geben. Interesse an einem Beruf zu haben ist zwar wichtig, denn man sollte sich für einen Beruf entscheiden, der auch Freude macht. Aber man muss auch die entsprechenden Fähigkeiten für diesen Beruf mitbringen.

Welche Erwartungen habe ich?
Interessen, Neigungen und Fähigkeiten sind nicht alleine ausschlaggebend. Auch das Ansehen von Berufen in der Öffentlichkeit und der Verdienst sowie berufliche Zukunftsperspektiven beeinflussen die Berufswahl. Man kann sich zwar für einen Beruf entscheiden, weil er zunächst interessant erscheint, aber evtl. nur gering entlohnt wird. Dann muss man sich aber auch mit der Frage auseinandersetzen, ob man dies für sein ganzes Leben gerne so haben möchte. Hier gilt es, auch darüber nachzudenken, was für Konsequenzen dies für die Zukunft hat.

Die folgende Geschichte zeigt, was schiefgehen kann:

B Rolf, Musikfan, bewarb sich bei „Hammer Music“ als Einzelhandelskaufmann. Und so hatte er sich das vorgestellt: das Hobby zum Beruf machen, immer die neuesten Hits hören, verbilligt CDs zum Mitarbeiterpreis bekommen. Er bekam den Ausbildungsvertrag, doch noch in der Probezeit kündigte er. Seiner Clique erklärte er: „Mein Chef fand ja ganz gut, dass ich Bescheid wusste, aber er nörgelte immer: ‚Junge, du musst den Mund aufmachen, die Leute wollen von dir was hören. Mit ‚is Klasse‘, ‚nö, würd ich nich kaufen‘ kannst du nie ein guter Verkäufer werden. Du musst anständig reden können, die Kunden überzeugen, mit den verschiedenen Kunden unterschiedlich sprechen.‘ Da kam ich mir wie im Deutschunterricht vor, wenn die Renner immer sagte: ‚Sprich in ganzen Sätzen, verwende auch mal andere Worte.‘ Außerdem habe ich das dauernde Stehen nicht ausgehalten. Auch unser Hausarzt meinte, dieser Beruf sei nichts für meine Wirbelsäule.“

– Selbsteinschätzung: Wie sehe ich mich selbst?
Für die Selbsteinschätzung kannst du die folgende Tabelle zu Hilfe nehmen:

Fähigkeiten	**kann ich/ist bei mir**		
	gut	**geht so**	**nicht gut**
Körperliche Leistungsfähigkeit	?	?	?
Gesundheit	?	?	?
Räumliches Vorstellungsvermögen	?	?	?
Rechnerisches Denken	?	?	?
Sprachbeherrschung	?	?	?
Logisches Denken	?	?	?
Kontaktfähigkeit	?	?	?
Gewissenhaftigkeit	?	?	?
Ausdauer	?	?	?
Ideenreichtum	?	?	?
Hand- und Fingergeschick	?	?	?
Pünktlich und Korrekt	?	?	?
Hilfsbereit	?	?	?
Entscheidungsfreudig	?	?	?
Offen für Neues	?	?	?

– Fremdeinschätzung: Wie sehen mich andere?
Viele Menschen neigen dazu, sich eher positiv zu sehen, andere sind da pessimistischer und sehen bei sich nur Schwächen.

Du kannst deine Eltern, Verwandte, Freunde, Mitschüler, aber auch deine Lehrer bitten, dich zu beurteilen. Auch Fremdbeurteilungen sind nicht immer „objektiv". Denk auch daran, ob du von einer bestimmten Person die erforderliche Ehrlichkeit bei den Einschätzungen erwarten kannst oder ob dich diese Person vielleicht nicht verletzen möchte usw.

Erst wenn die Beobachtungen anderer mit deinen Einschätzungen übereinstimmen, kannst du davon ausgehen, dass du einigermaßen richtig liegst. Beachten musst du allerdings, dass nicht alle Beteiligten deine Interessen und Fähigkeiten gleich gut einschätzen können.

Auf der folgenden Seite findest du einen Fragebogen, den du von einem Freund oder einer Freundin ausfüllen lassen kannst.

Rolfs Freundin Ines sieht ihn so:

… er kann besonders gut:

1. ?
2. ?
3. ?

… er kann nicht so gut:

1. ?
2. ?
3. ?

Er interessiert sich für ?

? ?

Mit Menschen kann er sehr gut/gut/nicht so gut umgehen.

Ich meine, folgende Berufe passen zu ihm:

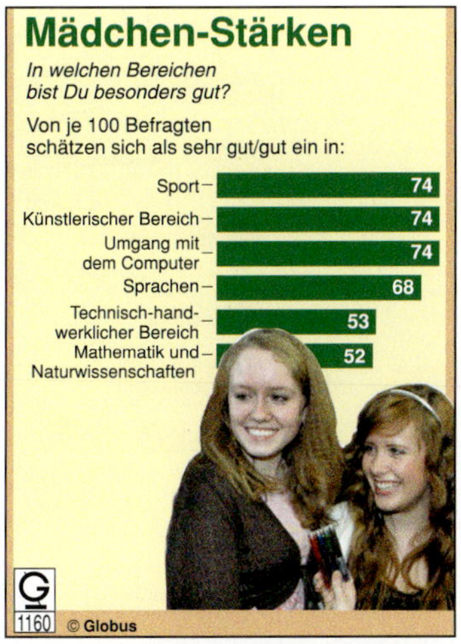

– **Die Arbeitsplatzerkundung oder das Praktikum?**
Du schätzt deine Fähigkeiten ein oder probierst sie sogar aus.

Meine Schulleistungen und meine Schullaufbahn

Lege in deinem Berufswahlpass ein eigenes Kapitel an, in dem du deine Schulleistungen dokumentierst. Dazu gehören nicht nur deine Zeugnisse, sondern auch Urkunden, Belege und sonstige Auszeichnungen, z. B. über sportliche Leistungen, Teilnahme an Arbeitsgemeinschaften, am Erste-Hilfe-Kurs, an Schulprojekten, Computerkursen, Wettbewerben.
Für alle Schulfächer solltest du deine Leistungsbeurteilungen bei Probearbeiten und Abfragen festhalten, damit du deine Stärken und Schwächen leichter erkennst, über Leistungsschwankungen nachdenkst und in Fächern, die für deinen Wunschberuf wichtig sind, dich besonders anstrengst.
Diese Aufzeichnungen sind für die Planung deiner weiteren Schullaufbahn von grundlegender Bedeutung.

1. Führe einen Selbsttest durch. Übertrage die Tabelle in deinen Berufswahlpass und fülle sie aus. ○

2. Diskutiert eure Ergebnisse aus dem Selbsttest. Beurteilt euch gegenseitig, indem ihr den oben abgebildeten Fragebogen zu Hilfe nehmt. ◒

3. Vergleiche und beurteile die Statistiken über die Stärken und Ziele von Mädchen. ◒

Erstellung eines Kompetenzprofils

Deine Interessen, Erwartungen und Fähigkeiten beeinflussen deine Berufswahl in entscheidendem Maße. Deshalb solltest du ganz ehrlich zu dir selber sein und dich aber auch von anderen genauso ehrlich einschätzen lassen. Die Ergebnisse einer solchen Einschätzung kannst du dann verschieden darstellen, um dir einen Überblick zu verschaffen. Zur Einschätzung dieser Bereiche kannst du einen Selbsterkundungsbogen ausfüllen bzw. von Freunden, Eltern, Bekannten usw. ausfüllen lassen.
Du kannst aber auch einen Kompetenzstern als Persönlichkeitsprofil anlegen, der wie folgt aussehen könnte:

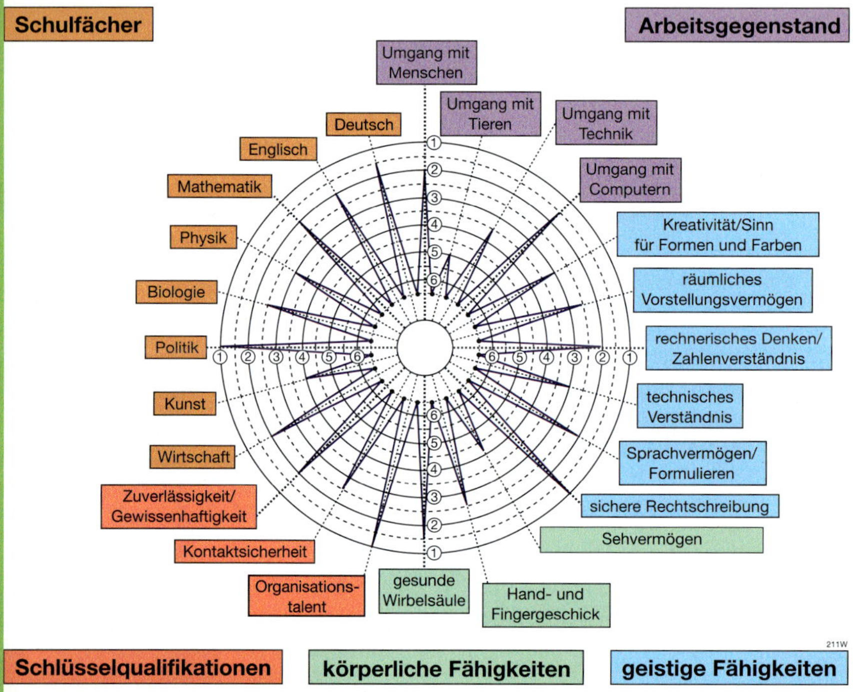

Markiere jeweils auf den Strahlen, die von innen nach außen führen, gemäß der Schulnoten von 1 bis 6, wie gut du dich zu den einzelnen Punkten einschätzt (auch Zwischennoten sind möglich). Verbinde dann diese Punkte mit den Punkten am Innenkreis, sodass – wie im Beispiel – ein wirklicher „Stern“ entsteht.

Quelle:
nach: Praxis 9 Arbeit – Wirtschaft – Technik Hauptschule Bayern 9/M9, Braunschweig 2006, Seite 29

Eine weitere Möglichkeit wäre, deine Fähigkeiten mithilfe einer Kompetenzkurve darzustellen, die wie folgt aussieht:

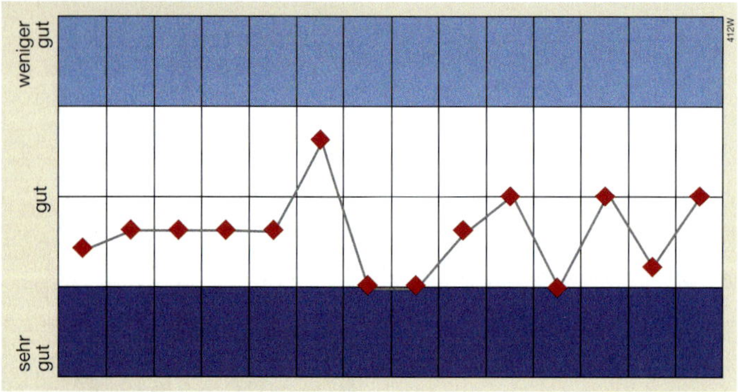

1 Fähigkeit, zu planen und zu organisieren
2 Umstellungsfähigkeit (wechselnde Aufgaben)
3 Schriftliches Ausdrucksvermögen
4 Sprachliches Ausdrucksvermögen
5 Rechnerische Fähigkeiten
6 Verhandlungsgeschick
7 Verschwiegenheit, Taktgefühl
8 Denken in Zusammenhängen
9 Befähigung zum Umgang mit Menschen
10 Einfühlungsvermögen in andere Menschen
11 Bereitschaft und Fähigkeit zu Teamarbeit
12 Akzeptieren von/Bereitschaft zu Alleinarbeit
13 Ertragen von Stress (Arbeitsspitzen)
14 Gepflegtes Äußeres

2 Was die Berufswahl beeinflussen kann

Unser Grundgesetz garantiert in Artikel 12 jedem die freie Wahl der Ausbildungsstätte. Aber: Niemand kann gezwungen werden, euch auszubilden. Ob ihr einen Arbeitsplatz bekommt oder nicht, hängt auch von folgenden Faktoren ab, auf die ihr keinen Einfluss habt.

INFO

Artikel 12 Abs. 1 Grundgesetz
Alle Deutschen haben das Recht, Beruf, Arbeitsplatz und Ausbildungsstätte frei zu wählen. Die Berufsausübung kann durch Gesetz oder aufgrund eines Gesetzes geregelt werden.

B

1. Antwort des Lehrers auf eine Schülerfrage:
„Ob du Bauingenieur werden kannst? Aber natürlich. Das hängt von deinen künftigen Zensuren, Schulabschlüssen und Prüfungsergebnissen ab. Wenn du möchtest, kann ich dir die verschiedenen Möglichkeiten erklären."

2. Lehrer im Unterricht „Berufswahlvorbereitung":
„Die Chancen für Schulabgänger waren früher besser. Damals haben sich die Firmen geradezu um die Auszubildenden gerissen. Natürlich haben sie nur erzählt, wie toll der Beruf und wie toll ihr Betrieb sei. Heute haben sie das nicht mehr nötig. Die Ausbildungsplätze sind knapp, die Konkurrenz groß. Da müsst ihr schon selbst was tun, um euch zu empfehlen."

3. Kfz-Meister Hallmann zu Kollegen:
„Der Mehmet macht sich wirklich gut: pünktlich, fleißig, geschickt, will alles genau wissen. Seinem Lehrer zuliebe hatte ich ihm eine Praktikumsstelle gegeben und merkte sofort, was er draufhat. Ob ich allerdings sonst einem Türken einen Ausbildungsplatz gegeben hätte? Ich weiß nicht ..."

4. Herr Kröger, Bäckermeister mit gut gehendem Café, zu Herrn Marks, Maschinenfabrikant, beim Skatabend:
„Deine Britta und mein Sven kommen ja nächstes Jahr aus der Schule. Nimmst du meinen, nehme ich deine, abgemacht? Ich mache aus Britta eine fähige Bäckerin und Sven lernt bei dir Zerspanungsmechaniker."

5. Herr Löffler, Leiter der Jugendfahrradgruppe im Sportverein, zu seiner Frau:
„Claudia, erinnerst du dich noch an die kleine Katharina? Die, die schon seit sechs Jahren bei uns mitfährt, hat so viel Spaß, dass sie nun auch noch Zweiradmechanikerin werden will. Für uns ist das toll, dann haben wir endlich professionelle Hilfe bei den Reparaturen. Klasse, wenn ein Hobby zum Beruf werden kann."

1. Erläutere zu jedem der fünf Beispiele, wodurch eine Berufswahl beeinflusst werden kann. ○

2. Du suchst einen Ausbildungsplatz: Erkläre, worauf du achten und wie du handeln solltest, wenn
- viele Ausbildungsstellen frei sind, aber nur wenige Jugendliche eine Stelle suchen.
- nur wenige Ausbildungsstellen zur Verfügung stehen, auf die sich aber viele Jugendliche bewerben. ○

Christian heftet Notizen in seinen Berufswahlpass.

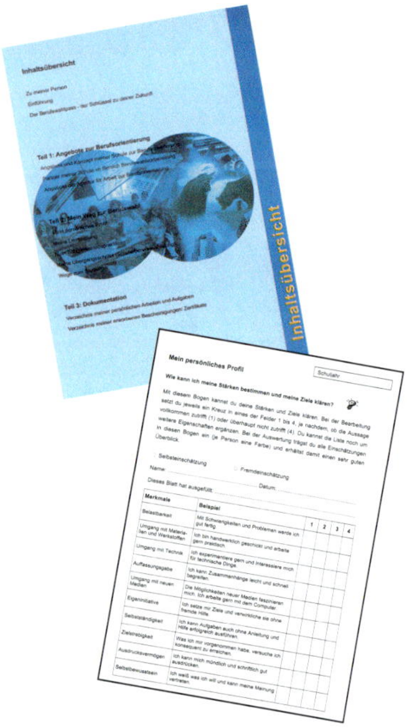

Auszüge aus dem Berufswahlpass Hessen

INFO

www.arbeitsagentur.de/nn_26260/zentraler-Content/A03-Berufsberatung/A031-Berufseinsteiger/Allgemein/Berufswahl.html

Checkliste

Am Ende dieses Kapitels geht es darum, für dich persönlich „abzuhaken", was du in Bezug auf deine Berufsorientierung schon erledigt hast, und festzustellen, was du noch erledigen musst.

Zu Erledigen:

- Ermittle deine Interessen und Fähigkeiten und lasse sie von Personen, die dich gut kennen, bestätigen.
- Lege einen persönlichen Berufswahlpass als Ordner oder Datei an.
- Beschreibe deine Erwartungen an einen möglichen späteren Beruf.
- Dokumentiere deine Schulleistungen und deine Schullaufbahn.
- Stelle ein Kompetenzprofil für dich grafisch dar.
- Diskutiere mit deinen Eltern oder Freunden Faktoren, die Einfluss auf deine Berufswahl haben können, und überlege, wie du darauf reagieren könntest. Halte deine Überlegungen schriftlich fest.
- Im Internet findest du zum Berufswahlpass weitere Informationen. Suche Informationen zum Berufswahlpass Hessen.
- Unter www.arbeitsagentur.de findest du eine Checkliste mit Einstiegsfragen, unter „Was kann ich?" (siehe Infokasten).

3 Die Ordnung der Berufe und der Ausbildungswege

Ein Zug läuft ein. Durchsage: „Endstation. Alles aussteigen." So ähnlich könnte auch die Durchsage am Ende eurer Schulzeit lauten. Und weiter: „Hier die nächsten Anschlüsse ..." und das bedeutet: Entweder ihr beginnt eine Berufsausbildung oder ihr geht weiter zur Schule oder beginnt ein Studium. Hier müsst ihr eine erste Entscheidung fällen und eventuell auch eure Entscheidung später neu überdenken.

Gehen wir davon aus, dass ihr euch für einen bestimmten Beruf entscheidet, so stehen jetzt folgende Fragen auf eurem Fahrplan:

- Was kann meine Berufswahl beeinflussen?
- Welche Voraussetzungen bringe ich mit?
- Welche Anforderungen stellt der Beruf?
- Welche Informationsquellen gibt es?
- Wie plane ich meinen Berufsweg?

Wenn man alle Berufe unberücksichtigt lässt, die man nur durch den Besuch einer Berufsfachschule, Fachschule, Fachoberschule oder Hochschule erreichen kann, so bleiben immer noch über 350 anerkannte Ausbildungsberufe übrig, die man nach dem Schulbesuch erlernen kann.

Die Berufe sind in 16 Berufsfelder gegliedert, da der Unterricht unterschiedlicher Berufe eines Berufsfeldes im ersten Jahr der Ausbildung häufig gemeinsam stattfindet. Diese 16 Gruppen sind:

Q

- Bau, Architektur, Vermessung
- Elektro
- IT, DV, Computer
- Landwirtschaft, Natur, Umwelt
- Metall, Maschinenbau
- Produktion, Fertigung
- Technik, Technologiefelder
- Gesellschafts-, Geisteswissenschaften
- Dienstleistung
- Gesundheit
- Kunst, Kultur, Gestaltung
- Medien
- Naturwissenschaften
- Soziales, Pädagogik
- Verkehr, Logistik
- Wirtschaft, Verwaltung

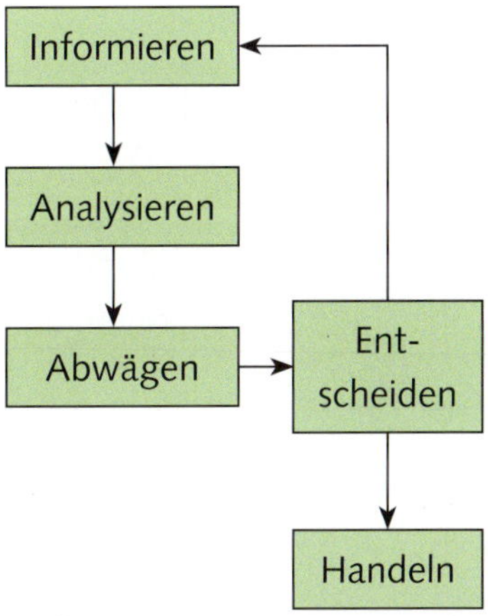

Quelle: http://berufenet.arbeitsagentur.de

INFO

Unter http://berufenet.arbeitsagentur.de/berufe/ findet man umfassende Informationen zu den 16 Berufsfeldern.

1. Lege dir eine Mappe „Bewerbung" an, in der du all das einträgst und sammelst, was für dich in den nächsten Kapiteln wichtig ist.

2. Begründe eine mögliche Entscheidung für eine Ausbildung.

4 Welche Entscheidung ist die richtige?

Bedeutung einer Ausbildung

Eigentlich sollte es heute keine Frage mehr sein, ob man eine Ausbildung macht oder sich einen Job sucht, für den man keine Ausbildung braucht. Denn es besteht wirklich kein Zweifel daran, dass eine Berufsausbildung in jedem Fall vorteilhafter ist. Wer eine Berufsausbildung hat,

- verdient nach der Ausbildung mehr,
- hat abwechslungsreichere Arbeit,
- arbeitet selbstständiger und trägt mehr Verantwortung,
- hat einen Arbeitsplatz, der sicherer ist,
- findet bei Arbeitslosigkeit schneller einen neuen Arbeitsplatz und
- hat viel größere Chancen für einen beruflichen Aufstieg.

Ferner ist es eine Tatsache, dass künftig kaum noch ungelernte Arbeitskräfte gebraucht werden.

Schulentlassung
Entscheidung

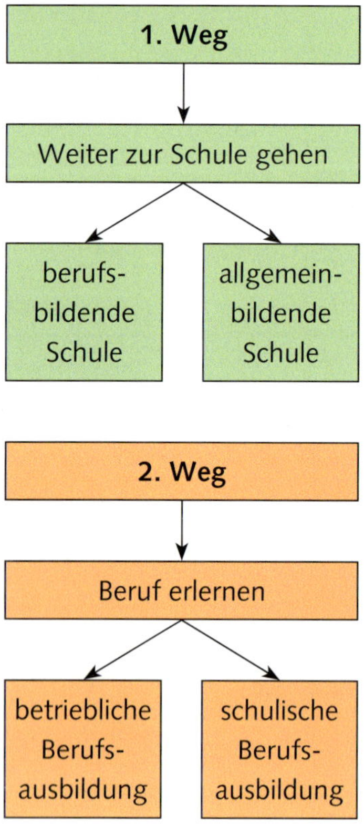

Arbeitsvermittlung – Großer Wartesaal für ungelernte Arbeiter beim Berliner Central-Arbeitsnachweis, Gormannstraße, 1913

1. Erkundige dich beim Berufsberater oder in einem Betrieb nach den Aufstiegsmöglichkeiten in deinem Wunschberuf.

2. Beurteile die Meinung, ohne Ausbildung könne man schneller Geld verdienen. Beziehe dabei die Abbildung oben links mit ein.

Weiter zur Schule

Wenn ihr euch entscheidet, weiter in Vollzeit zur Schule zu gehen, anstatt eine duale Ausbildung zu beginnen, stehen euch verschiedene Wege offen.

Q

Berufsfachschulen sind Vollzeitschulen. Sie setzen je nach dem angestrebten Ausbildungsziel in der Regel das Abschlusszeugnis der Hauptschule oder das Abschlusszeugnis der Realschule bzw. einen mittleren Schulabschluss voraus. Die Bildungsgänge an Berufsfachschulen sind je nach beruflicher Fachrichtung und Zielsetzung von unterschiedlicher Dauer (ein bis drei Jahre). Unter bestimmten Voraussetzungen kann an Berufsfachschulen auch die Fachhochschulreife erworben werden.

Die **Fachoberschule** baut auf einem mittleren Schulabschluss auf und führt in verschiedenen fachlichen Schwerpunkten und Organisationsformen zur Fachhochschulreife. Sie umfasst in der Regel die Jahrgangsstufen 11 und 12. Die Fachoberschule endet mit einer Prüfung, deren Bestehen zum Studium an einer Fachhochschule berechtigt.
Sie gliedert sich in die Fachrichtungen:
- Wirtschaft und Verwaltung,
- Technik,
- Gesundheit und Soziales,
- Gestaltung,
- Ernährung und Hauswirtschaft und
- Agrarwirtschaft.

Fachschulen führen in Vollzeit- oder Teilzeitform zu einem staatlichen Berufsabschluss. Darüber hinaus können Fachschulen Ergänzungs- und Aufbaubildungsgänge sowie Maßnahmen der Anpassungsweiterbildung anbieten. Sie setzen den Abschluss einer einschlägigen Berufsausbildung in einem anerkannten Ausbildungsberuf und eine entsprechende Berufstätigkeit voraus.
Für folgende Fachbereiche gibt es Fachschulen: Agrarwirtschaft, Gestaltung, Technik, Wirtschaft, Sozialwesen.

Die **Berufsoberschule** führt in zweijährigem Vollzeitunterricht zur fachgebundenen Hochschulreife und mit einer zweiten Fremdsprache zur allgemeinen Hochschulreife. Die Berufsoberschule kann auch in Teilzeitform mit entsprechend längerer Dauer geführt werden. Voraussetzung ist der mittlere Schulabschluss und eine mindestens zweijährige erfolgreich abgeschlossene Berufsausbildung bzw. eine mindestens fünfjährige einschlägige Berufstätigkeit. Das erste Jahr der Berufsoberschule kann durch andere zur Fachhochschulreife führende Bildungswege ersetzt werden.

Quelle:
nach: www.kmk.org/bildung-schule/berufliche-bildung.html

1. Erstelle eine Grafik der regionalen weiterführenden Schulen.

Betriebliche Ausbildung

Entscheidet ihr euch für eine Berufsausbildung, so ergeben sich wiederum zwei Möglichkeiten: Entweder werdet ihr in einem Betrieb ausgebildet und besucht während der Ausbildungszeit die Berufsschule (duales System). Oder eure Berufsausbildung findet – ganz oder überwiegend – an einer Schule statt (schulische Berufsausbildung).

Welchen Schulabschluss benötige ich für einen Beruf?
Welchen Schulabschluss ihr für einen Beruf braucht, ist durch die Art der Ausbildung vorgegeben. Für anerkannte Ausbildungsberufe, die dual ausgebildet werden, ist keine bestimmte Schulbildung und kein bestimmter Schulabschluss als Zugangvoraussetzung vorgegeben. Die Einstellungsbedingungen werden von den Ausbildungsbetrieben selbst festgelegt.

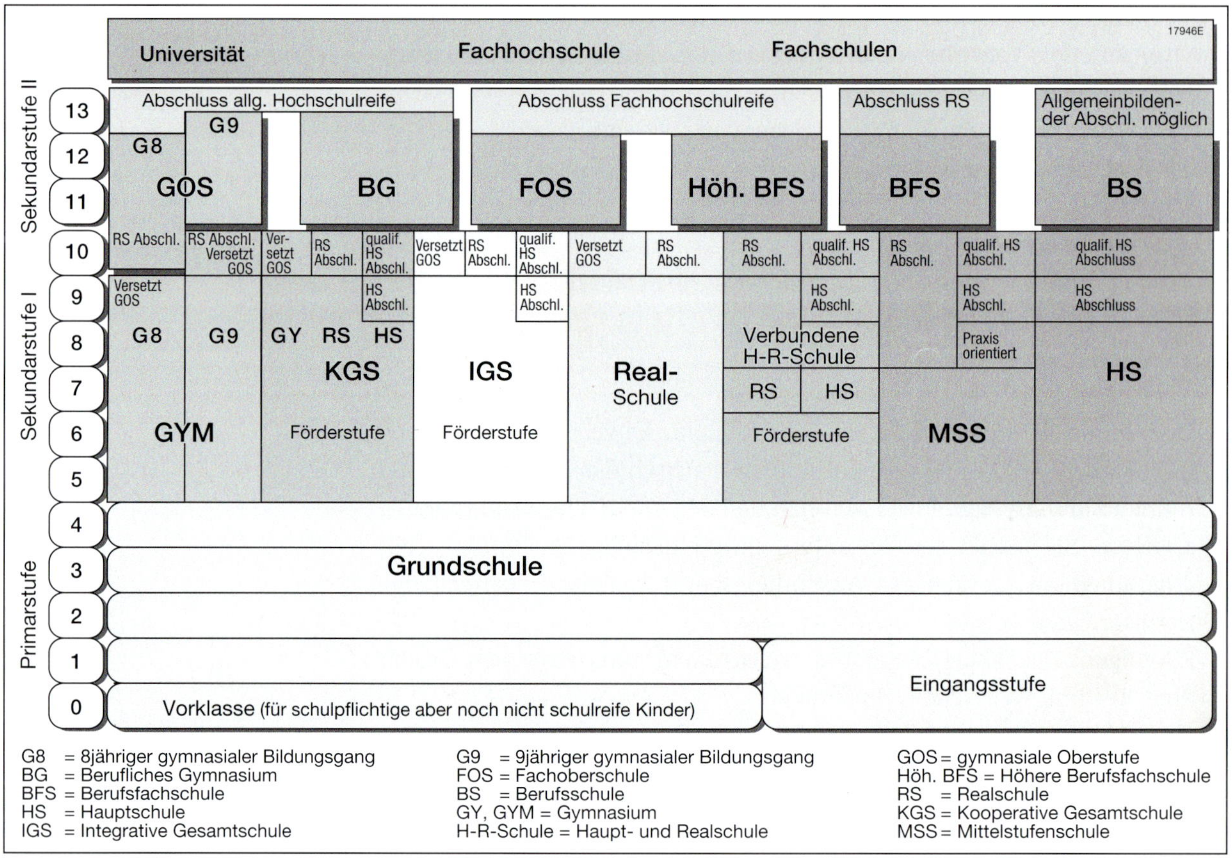

Ausbildungsmöglichkeiten in Hessen

1. Erkundigt euch bei der Agentur für Arbeit, welche der in der Übersicht aufgeführten Bildungsgänge in eurer Stadt bzw. in eurem Kreis angeboten werden.

2. Erstellt eine Grafik der regionalen Bildungsgänge.

Zur betrieblichen Berufsausbildung

Die betriebliche Berufsausbildung im dualen System ist der „klassische" Einstieg in einen Erstberuf. An drei bis vier Tagen arbeiten die Auszubildenden im Ausbildungsbetrieb, in dem sie vorwiegend die berufliche Praxis erlernen. Diese fachpraktische Ausbildung erfolgt entweder im Rahmen des normalen Betriebsablaufes, in einer gesonderten Lehrwerkstatt oder in betriebsinternen Schulungsräumen.
Ein bis zwei Tage pro Woche besuchen die Auszubildenden die Berufsschule, es sei denn, der Unterricht ist als Blockunterricht organisiert. Dann arbeiten die Auszubildenden für Monate nur im Betrieb, um dann z. B. drei Wochen lang nur zur Berufsschule zu gehen. Die Berufsschule soll die fachtheoretische Ausbildung leisten und weiterhin die Allgemeinbildung fördern. Die Angebote sind nach Wirtschaftsbereichen eingeteilt, z. B. in gewerblich-technische oder kaufmännisch-verwaltende Berufsschulen.

Der Bildungsgang der Berufsschule ist in der Regel gegliedert in:
a) Grundstufe (1. Berufsschuljahr): Die meisten der über 350 Ausbildungsberufe sind sogenannten Berufsfeldern zugeordnet. Da die Berufe eines Berufsfeldes viele gemeinsame Grundelemente aufweisen, erfolgt im ersten Jahr eine berufsfeldbreite Ausbildung nach einem gemeinsamen Lehrplan.
b) Fachstufe (2., 3. und 4. Berufsschuljahr): Da nun besondere Fachkenntnisse für die einzelnen Berufe zu vermitteln sind, werden in der Regel Fachklassen gebildet, in denen die Auszubildenden eines Berufes oder stark verwandter Berufe zusammengefasst sind, z. B. alle Zerspanungsmechaniker/-innen im 2. Ausbildungsjahr.
Oft können Firmen, insbesondere klein- und mittelständische Betriebe, ihren Auszubildenden nicht alle Kenntnisse und Fertigkeiten vermitteln, die in den Ausbildungsordnungen verlangt werden, weil entsprechende Tätigkeiten im Betrieb nicht anfallen oder bestimmte Maschinen und Geräte fehlen. In diesen Bereichen erfolgt die Ausbildung in überbetrieblichen Ausbildungsstätten, z. B. technischen Bildungszentren der Handwerkskammern.

1. Lest in „Beruf aktuell" die Angaben zu den Berufen Gärtnerin/Gärtner, Arzthelferin/Arzthelfer, Gesundheits- und Krankenpflegerin/Gesundheits- und Krankenpfleger, Estrichlegerin/Estrichleger und beantwortet jeweils folgende Fragen: ○
   a) Erfolgt die Ausbildung im dualen System oder als schulische Ausbildung?
   b) Welche Eingangsvoraussetzungen (Schulabschluss usw.) werden gefordert, gibt es Ausnahmen dazu?
   c) Wie läuft die Berufsausbildung ab und wie lange dauert sie?
   d) Welcher Berufsabschluss wird erreicht?

2. Beschreibe die beruflichen Bildungswege für deinen eigenen Berufswunsch. ○

Anerkannte berufliche Abschlüsse
▼ **Meister/-in** (z. B. im Handwerk, in der Industrie, in der Landwirtschaft)
Vorbereitungslehrgänge
mehrjährige einschlägige berufliche Tätigkeit (für Industriemeister auch ohne Berufsabschluss mit mindestens achtjähriger einschlägiger Tätigkeit)
▼ **Fachwirt/-in** **Fachkaufmann/-frau** (verschiedene Fachrichtungen)
Fachschule
mindestens drei Jahre Berufspraxis oder bei fehlendem Berufsabschluss mindestens sechs Jahre einschlägige Berufstätigkeit
▼ **Staatlich geprüfte/-r Techniker/-in** (verschiedene Fachrichtungen)
Fachschule
mindestens ein Jahr einschlägige Berufspraxis; ohne Berufsabschluss mindestens sieben Jahre förderliche Berufstätigkeit
▼ **Staatlich geprüfte/-r Betriebswirt/-in** (verschiedene Fachrichtungen)
Fachschule
zwei bzw. drei Jahre einschlägige Berufspraxis; ohne Berufsabschluss mindestens fünf bis sieben Jahre einschlägige Berufstätigkeit

Stufenausbildung in der Bauwirtschaft

Ausbildungsdauer in Jahren: 0 – 1 – 2 – 3

Berufliche Grundbildung (0–1)		Berufliche Fachbildung I (1–2)		Berufliche Fachbildung II (2–3)
gleichlautende Ausbildungsinhalte für alle Bauberufe	berufsbezogene Vertiefung gleichlautende Ausbildungsinhalte im Bereich Hochbau	Maurerarbeiten	Hochbaufacharbeiter/in – Schwerpunkte	– Maurer
		Beton- und Stahlbetonarbeiten		– Beton- und Stahlbetonbauer/-in
				– Bauwerksmechaniker/-in für Abbruch und Betontrenntechnik
		Feuerungs- und Schornsteinbauarbeiten		– Feuerungs- und Schornsteinbauer/-in
	Bereich Ausbau	Zimmerarbeiten	Ausbaufacharbeiter/in – Schwerpunkte	– Zimmerer/Zimmerin
		Stuckateurarbeiten		– Stuckateur/-in
		Fliesen-, Platten- und Mosaikarbeiten		– Fliesen-, Platten- und Mosaikleger/-in
		Estricharbeiten		– Estrichleger/-in
		Wärme-, Kälte- und Schallschutzarbeiten		– Wärme-, Kälte- und Schallschutzisolierer/-in
		Trockenbauarbeiten		– Trockenbaumonteur/-in*
	Bereich Tiefbau	Straßenbauarbeiten	Tiefbaufacharbeiter/in – Schwerpunkte	– Straßenbauer/-in
		Rohrleitungsbauarbeiten		– Rohrleitungsbauer/-in*
		Kanalbauarbeiten		– Kanalbauer/-in*
		Brunnenbauarbeiten		– Brunnenbauer/-in
		Spezialtiefbauarbeiten		– Spezialtiefbauer/-in*
		Gleisbauarbeiten		– Gleisbauer/-in

1. Stufe (Berufliche Grundbildung, Berufliche Fachbildung I) – 2. Stufe (Berufliche Fachbildung II)

* Diese Ausbildungsberufe sind für die Industrie staatlich anerkannt. Zum Teil bilden auch Ausbildungsbetriebe des Handwerks in diesen Berufen aus.

Lehrwerkstatt eines Großbetriebes

Stufenausbildung

In vielen Wirtschaftszweigen ist die Ausbildung nach Stufen gegliedert, wobei zunächst mehrere Ausbildungsberufe zusammengefasst werden. Die Stufenausbildung führt über eine breite Grundbildung zu immer stärkerer Spezialisierung. In der Regel gibt es zwei Stufen:

- Im ersten Jahr werden Grundfertigkeiten vermittelt, die alle Berufe gemeinsam haben. So wird z. B. im Metallbereich für alle Fachrichtungen gemeinsam Werkstofftechnik, Maschinen- und Gerätetechnik sowie Informationstechnik gelehrt.
- Ab dem zweiten Jahr beginnt die Fachbildung bis hin zur Spezialisierung auf eine bestimmte berufliche Fachrichtung. In einigen Ausbildungsgängen, z. B. bei den industriellen Bauberufen (siehe Grafik oben), kann nach dem zweiten Ausbildungsjahr mit der Zwischenprüfung ein Berufsabschluss erworben werden. Wer nach dem dritten Ausbildungsjahr die Abschlussprüfung für die spezielle Fachrichtung nicht schafft, hat dann immerhin einen Facharbeiterbrief.

Die Stufenausbildung bietet auch folgenden Vorteil: Wer beispielsweise seinen Arbeitsplatz als Feuerungs- und Schornsteinbauer verliert, wird leichter einen anderen Arbeitsplatz am Bau finden, weil er aufgrund seiner breiten Ausbildung vielseitig einsetzbar ist. Durch die Stufenausbildung wird auch gesichert, dass auf neue technische Entwicklungen in einzelnen Berufsrichtungen schneller reagiert werden kann.

Starthilfe zu Aufgabe 1: Als Anregung kannst du die Erklärungen im Glossar zu Hilfe nehmen.

1. Erkläre mit eigenen Worten die Begriffe „duales System“ und „Stufenausbildung“. ○

Entscheidungshilfen bei der Berufswahl

Es gibt mehr Möglichkeiten, sich Informationen über seine berufliche Zukunft zu verschaffen, als man auf den ersten Blick meint.

Personen:
- Eltern, Geschwister, Freundinnen, Freunde, Bekannte, Nachbarn, Handwerker und Händler, mit denen ihr regelmäßig zu tun habt
- Berufsberater/-innen, Berufspraktiker/-innen, Ausbilder/-innen, Personal- und Betriebsräte
- Lehrer

Institutionen:
- Berufsberatung der örtlichen Agenturen für Arbeit, besonders das Berufsinformationszentrum (BIZ)
- Betriebe, Kammern, Innungen, Wirtschaftsverbände, Gewerkschaften
- Polizei, Bundeswehr, Verwaltungen, Sparkassen usw.
- Regierungen (Bundes-, Landesregierung)
- Messen

Schulen:
- Berufsschulen, Schulen im Sekundarbereich II
- Schulaufsichtsämter von Städten und Kreisen informieren über regionale Ausbildungsmöglichkeiten nach dem jeweiligen Schulabschluss. Dort könnt ihr auch die jeweiligen Anmeldetermine, gesetzlichen Vorgaben und die Adressen erfahren. Diese Informationen sind genau auf eure Region zugeschnitten.

Medien:
- Zeitungen, Zeitschriften
- berufskundliche Filme der Landesbildstelle und der Berufsberatung
- berufsorientierende Vorträge von verschiedenen Institutionen: Berufsberatung, Handwerks- und Industrie- und Handelskammern, Volkshochschulen
- Internet

Praktika:
- Schulpraktikum
- privates Praktikum in den Ferien

Erkundungen:
- Betriebserkundungen, Analyse von Arbeitsplätzen

1. Benenne, welche Informationsquellen du bereits kennengelernt hast und welche du noch nutzen könntest. ○

Internetrecherche

Eine Möglichkeit, die ihr ebenfalls bei der Suche nach einem Ausbildungsplatz nutzen könnt, ist das Internet. Die Bundesagentur für Arbeit bietet unter http://berufenet.arbeitsagentur.de aktuelle Informationen rund um euren Wunschberuf. Ihr könnt so im Internet alle Informationen zu den gewünschten Berufen und zur Ausbildung in den Berufen finden. Dabei ist es wichtig, auch Besonderheiten in der Region zu beachten. Ein Besuch im BIZ ist aber trotzdem sinnvoll.

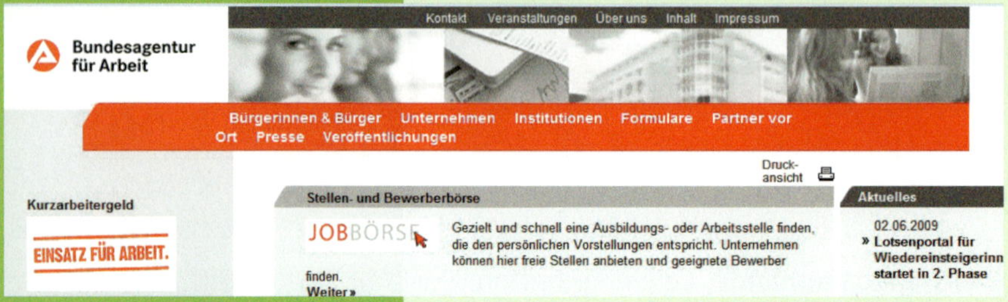

1. Klickt auf der Startseite der Arbeitsagentur auf „Berufenet“.

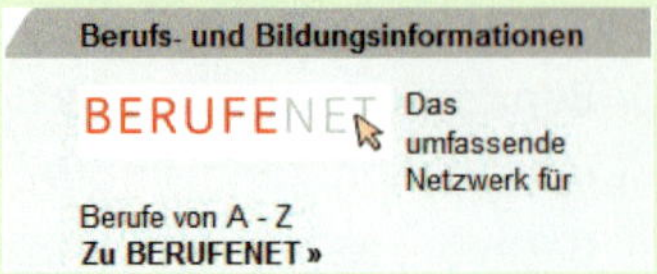

2. Hier den gewünschten Beruf eingeben, z. B. „Zweiradmechaniker“, dann auf „Suche starten“ klicken oder die Suche von A–Z benutzen.

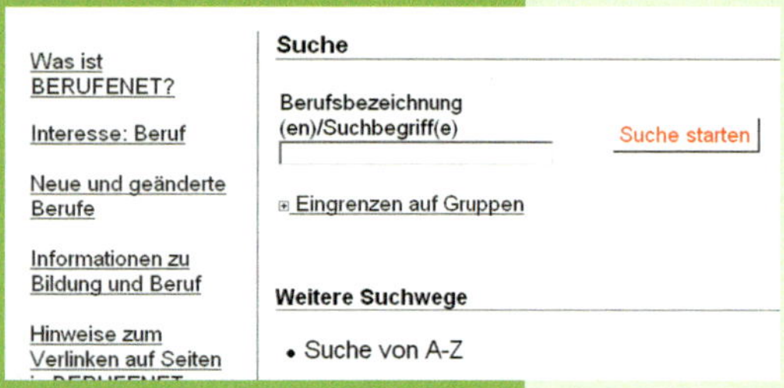

3. Ein Klick auf den Beruf öffnet die nächste Seite.

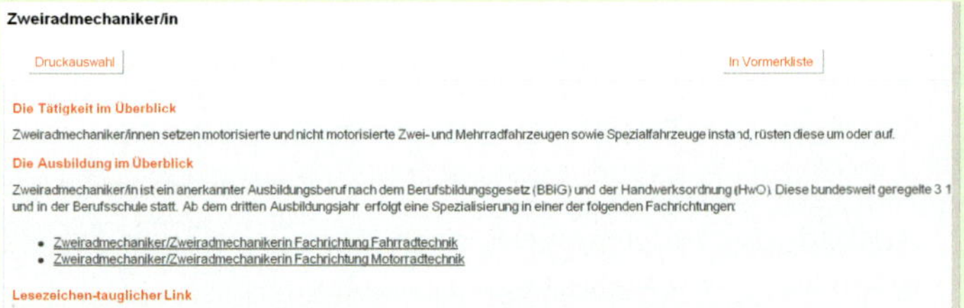

4. Diese Felder (s. rechts) lassen sich aufklappen, um weitere Informationen zu erreichen.

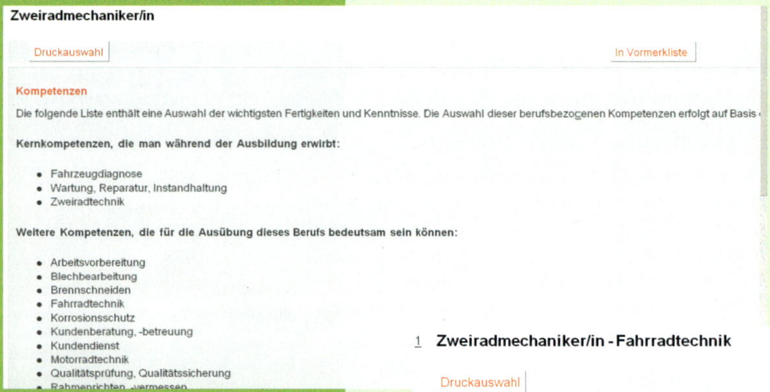

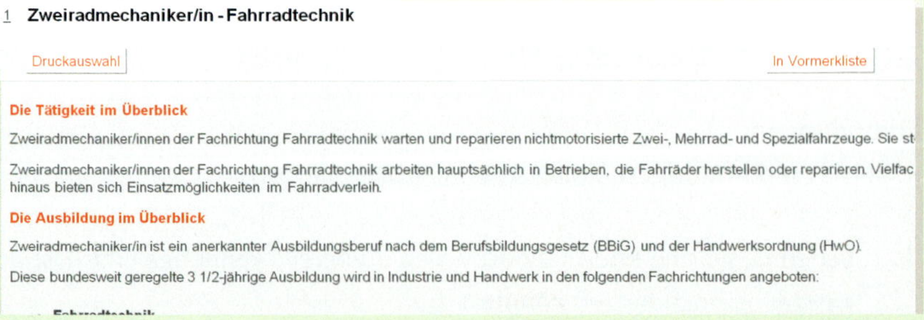

5. Ein Klick auf die einzelnen Links führt zu den Informationsseiten. Sie können über den „Druck-Button“ ausgedruckt werden.

Erkundung mit „Berufenet"

Mit Sicherheit werdet ihr während eurer Schulzeit mit der Berufsberatung der Agentur für Arbeit zu tun haben, vor der ersten Begegnung könnt ihr aber schon Informationen mit „Berufenet" bekommen.
Die Suchwege bei „Berufenet" sind folgendermaßen gegliedert:
- Suche von A–Z
- Übersicht über 2-jährige Ausbildungen
- Suche nach Berufsfeldern
- Übersicht über MINT-Berufe
- Suche nach nicht aktuellen Berufen

1. Zur Vorbereitung der Arbeit mit „Berufenet"
- Legt eure Erkundungsschwerpunkte auf einem Erkundungsbogen fest.
- Welche Informationsmöglichkeiten bietet „Berufenet"? (Medien?)
- Wie sind die Informationsangebote zu handhaben und zu nutzen?
- Welche technischen Fertigkeiten müsst ihr beherrschen?
- Welche Berufe wollt ihr erkunden?
- Welche weiteren Fragen ergeben sich daraus für die Berufsberatung?

2. Durchführung
- Recherche hinsichtlich der ausgewählten Berufe durchführen
- Auswertung Ergebnisse
- Ergebnisse mit Personen diskutieren und auswerten, z. B. auf einer Informationswand, in dem Berufswahlpass

3. Auswertung der Erkundung in einer Abschlussdiskussion
- Habt ihr eure Erkundungsziele alle erreicht? Wenn nicht, woran lag es? Nehmt den Erkundungsbogen dazu.
- Hat es Schwierigkeiten gegeben? Wie habt ihr euch dabei verhalten?
- Welche Erfahrungen haben Mitschüler gemacht?
- Welche Bedeutung haben die Informationen, die ihr zu euren Wunschberufen erhalten habt, für eure Berufswahl?
- Welche Bedeutung hat die Recherche für euer weiteres Berufswahlverhalten?

4. Entscheiden, den weiteren Weg planen
Wenn ihr festgestellt habt, in welche Richtung eure Interessen bei der Berufswahl gehen, könnt ihr anfangen, den weiteren Berufsweg zu planen.
- Welchen Schulabschluss muss ich erreichen?
- Sollte ich außerhalb der Schule noch Kurse belegen oder Aktivitäten starten?
- Sollte ich noch praktische Erfahrungen sammeln?
- Wo gibt es Ausbildungsmöglichkeiten für den Wunschberuf in der Region?
- Wann muss ich mich bewerben?

Vorbereitung

Durchführung

Auswertung

Entscheidung

5 Arbeitsplätze in einem Unternehmen

Arbeitsplätze in einer Bäckerei: der Ausbildungsberuf Bäcker/Bäckerin

Die Aufgabe eines Bäckers/einer Bäckerin besteht darin, jeden Tag Brot und Brötchen zu backen und somit für die Versorgung der Bevölkerung mit einem der wichtigsten Grundnahrungsmittel zu sorgen. Diesen Beruf kennt wohl jeder Mensch seit seiner Kindheit. Doch weiß auch jeder, welche Aufgaben und Tätigkeiten sich dahinter genau verbergen? In Deutschland werden über 300 verschiedene Sorten Brot und über 1 200 verschiedene Arten Kleingebäck hergestellt. Dazu kommt noch die Herstellung von Torten oder Speiseeis. Diese Vielfalt erfordert einige Kenntnisse und Fähigkeiten, die man bei einer Ausbildung erst erlernen muss.

Die Ausbildung zum Bäcker/zur Bäckerin dauert drei Jahre. Das erste Jahr beinhaltet die berufliche Grundbildung. Hier geht es darum, Rohstoffe kennenzulernen, sie richtig zu lagern und zu verwerten. Grundrezepte für verschiedene Brotsorten werden hergestellt und abgewandelt.
Im zweiten Jahr der Ausbildung lernen die angehenden Gesellen, wie man z. B. beim Backen der Brötchen den Gärverlauf beurteilt und beeinflusst, wie man verschiedene Buttercremes herstellt und weiterverwendet oder wie man Baisermassen anschlägt. Nach diesem zweiten Jahr wird eine Zwischenprüfung abgelegt.
Anschließend geht es dann im dritten Jahr damit weiter, Spezialbrote zu backen, Böden mit Füllungen zusammenzusetzen oder auch zu lernen, was bei der Lebkuchenherstellung zu beachten ist.

Plakate einer Weiterbildungskampagne

Zutaten nach Rezeptur abwiegen.

Die Nusszopfherstellung wird gezeigt.

Der Ausbilder überwacht das Auftragen des Belags.

Einweisung in die Bedienung eines Backofens.

Ist die Ausbildung mit der Abschlussprüfung zum Gesellen/zur Gesellin erfolgreich abgeschlossen, gibt es mehrere Möglichkeiten, als Bäcker zu arbeiten. Man kann z. B. in Bäckereien, Konditoreien, Pizzabäckereien, aber auch Gastwirtschaften, Heimen, Vertragsbäckereien oder in einer Brotfabrik tätig werden.

Nach der Ausbildung ist der berufliche Aufstieg nicht abgeschlossen. Der Bäcker/die Bäckerin kann z. B. nach Abschluss der Meisterprüfung einen eigenen Betrieb gründen oder auch in großen Unternehmen Abteilungsleiter werden.

1. Benenne mithilfe von http://berufenet.arbeitsagentur.de oder „Beruf aktuell", welche Fähigkeiten und Interessen man für die Ausbildung zum Bäcker braucht. ○

2. Ermittle die Fähigkeiten und Fertigkeiten für einen Beruf deiner Wahl. ●

3. Beschreibe mithilfe von http://berufenet.arbeitsagentur.de oder „Beruf aktuell" die Arbeitsumgebung eines Bäckers. ○

Quelle:
www.back-dir-deine-zukunft.de/deine-zukunft/weiterbildung.html

Weiterbildung!

Q Du willst vorankommen in deinem Beruf? Dann ist nach deiner Gesellenprüfung eine qualifizierte Weiterbildung das A & O. Die wichtigste aller Qualifikationen im Bäckerhandwerk ist die Meisterprüfung. Als Bäckermeister/-in kannst du dich mit deiner eigenen Bäckerei selbstständig machen, selber ausbilden und ein Fachhochschul- oder Hochschulstudium absolvieren. Schon während deiner Ausbildungszeit kannst du dafür wichtige und anerkannte Zusatzqualifikationen erwerben. Du kannst dich also während deines gesamten Ausbildungs- und Berufsweges im Bäckerhandwerk weiterbilden und die Karriereleiter Schritt für Schritt erklimmen.

Die folgende Grafik zeigt die verschiedenen Ebenen der Weiterbildung im Handwerk.

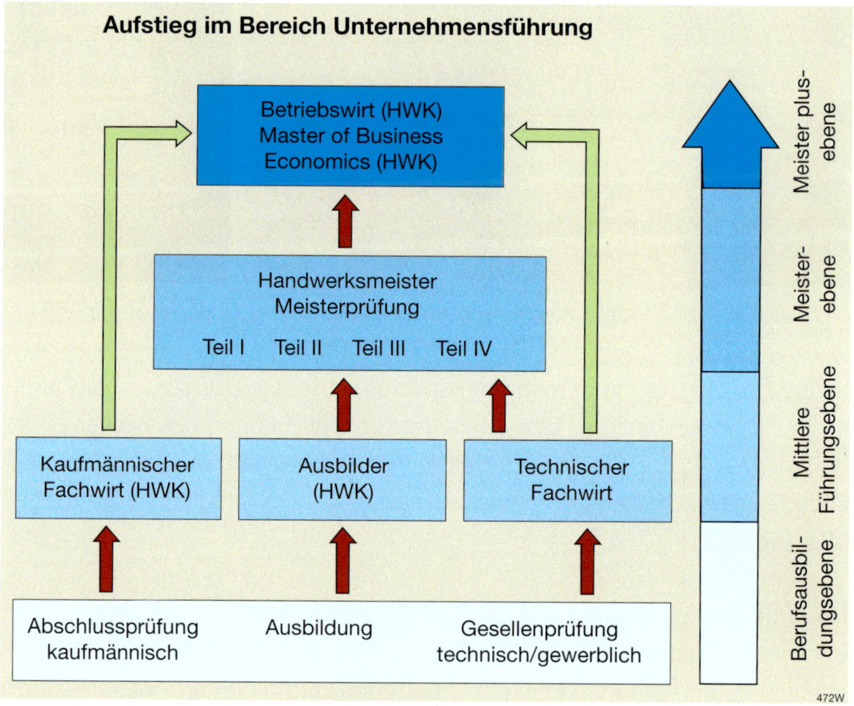

Quelle:
nach: Zentralverband des Deutschen Handwerks e. V. (ZDH), Berlin

Ebenen der Weiterbildung im Handwerk

1. Ermittle mithilfe des Quellentextes und der Grafik, welche Aufstiegsmöglichkeiten nach der Ausbildung zum Bäcker bestehen. ○

2. Begründe, warum eine berufliche Laufbahn nicht mit dem Abschluss der Ausbildung beendet sein muss. ◒

3. Informiere dich über Weiterbildungsmöglichkeiten in einem Ausbildungsberuf deiner Wahl und stelle sie schriftlich dar. ●

Starthilfe zu Aufgabe 3: Informiere dich hierzu ggf. im Internet auf der Website von Berufenet.

Ein Fahrplan zur Berufsorientierung

1. Informationsquellen nutzen
„Beruf Aktuell“, „Blätter zur Berufskunde“, Internetrecherche auf www.arbeitsagentur.de, Berufsberatung und BIZ nutzen.

2. Was will ich, was kann ich? Berufsberatung
Prüfen, welche Erwartungen, Interessen und Fähigkeiten ich habe und sich beraten lassen, welcher Ausbildungsweg oder Beruf infrage kommt. Beratung in der Schule oder in der Agentur für Arbeit nutzen.

Berufsorientierung

Was möchte ich, welche Erwartungen habe ich?

Was kann ich? Was sind meine Interessen?

Wer beeinflusst meine Berufswahl?
- Freunde
- Eltern
- Unternehmen
- Berufsberatung
- Arbeitsmarkt

Wie kann ich mich orientieren?

Welche Berufe gibt es? Wie lassen sie sich ordnen?

Ausbildung oder Schule?

Informationsquellen: z. B.
Betriebspraktikum – Internet

Ansprechpartner:
Berufsberatung – Eltern

Entscheidungsfindung

Bewerbung

Informationsquellen nutzen

Beratung

Praktikum/Erkundung

Auswertung

Entscheidung

3. Der Messebesuch:
Eine weitere Möglichkeit, Informationen zu sammeln, ist der Besuch einer Berufswahl-Messe in deiner Region, du kannst diese Messe auch zusammen mit deinen Eltern besuchen. Informationen findest du im Internet oder der örtlichen Presse.

4. Praktikum/Erkundung
Praktische Erfahrungen zu machen, z. B. im Betriebspraktikum, ist wichtig. Auch die Befragung von Experten kann weiterhelfen. Augen auf und im Praktikum oder bei Arbeitsplatzerkundungen genau beobachten!

5. Auswertung
Auswerten, ob die Erfahrungen im Praktikum durch Erkundungen oder Expertenbefragungen mit dem, was ich von meinem zukünfigen Beruf erwarte und was ich kann, übereinstimmen. Welche Alternativen gibt es?

6. Entscheidung
Wenn die Entscheidung für einen Ausbildungsweg oder einen Beruf relativ sicher ist, muss der regionale Ausbildungsmarkt erkundet werden. Was und wo ist etwas möglich?

7. Bewerbung/Anmeldung
Bewerbungsgespräche und schriftliche Bewerbungen sollten in der Schule vorbereitet werden. Die Anmeldungsfristen für weiterführende Schulen in der Region müssen beachtet werden.

Deine Checkliste

Jetzt geht es darum, Berufe und Berufs- oder Ausbildungswege, die für dich infrage kommen, zu prüfen und alle Informationsmöglichkeiten zu nutzen. Außerdem solltest du für dich festhalten, was noch zu tun ist.

1. Wähle aus den 16 Berufsfeldgruppen die Bereiche aus, die für dich am ehesten infrage kommen, und suche Berufe, die dazugehören.

2. Begründe, welchen Schulabschluss du anstrebst, musst du noch etwas tun, um ihn zu erreichen?

3. Benenne Argumente für oder gegen eine betriebliche Ausbildung für dich.

4. Wenn du eine duale Ausbildung planst, ermittle, wie der Berufsschulunterricht organisiert ist.

5. Prüfe anhand von „Beruf aktuell" nach, ob es für die von dir gewünschten Berufe eine Stufenausbildung gibt.

6. Finde heraus, welche Betriebe in deiner Region Ausbildungsplätze anbieten, die für dich überhaupt in Betracht kommen. Sichere das Material über diese Betriebe in deinem Berufswahlpass.

7. Begründe, welche Personen, Institutionen oder Medien dir bei deiner Berufswahl helfen können. Schreibe zu nachfolgenden Möglichkeiten kurz auf, was du dir davon versprichst: Eltern, Berufstätige, (Nachbarn, Bekannte, Handwerker, Ausbilder ...), Berufsberater, BIZ, Betriebe (Praktikum, Erkundung, Interview ...), Kammern, Innungen, Berufsschulen, Zeitungen, Zeitschriften, berufskundliche Filme, Internet, Freund/Freundin.

Schüler beim Erstellen ihrer Checkliste

Karikaturen von Berufen

Q

Trendberuf „Grün“

Bäume und Sträucher. Wege- und Terrassenbau. Maschinen- und Teamarbeit. Natur so weit das Auge reicht: All’ das gehört zum Beruf „Grün“. Grüne Berufe sind allerdings nichts für Stubenhocker, sondern für fitte Leute, die zupacken können. Wenn Sie so jemand sind, kann der Beruf des Landschaftsgärtners vielleicht genau der richtige für Sie sein! Was Sie über ihn wissen müssen, erfahren Sie auf dieser Website. Die Branche heißt: Garten-, Landschafts- und Sportplatzbau, kurz: GaLaBau.

Quelle: http://galabau.de

1. Beschreibe die Probleme, die mit den lustigen Darstellungen zu unterschiedlichen Berufen ausgedrückt werden sollen.

2. Bewerte die vier Darstellungen aufgrund eigener Erfahrungen. Wenn du zu einigen Abbildungen bisher noch keine eigenen Erfahrungen gemacht hast, kannst du auch in deiner Familie oder deinem Bekanntenkreis nachfragen.

3. Beurteile die Werbequelle für Trendberuf „Grün“. Wie wird auf die Berufsgruppe aufmerksam gemacht, wen soll der Text ansprechen?

Im Folgenden findest du Beispiele von Stellenausschreibungen und Ausbildungsangeboten.

Ausbildung zur/zum Bankkauffrau/Bankkaufmann

Wir bieten
- praxisnahe und interessante Aufgaben in der Kundenbetreuung und -beratung
- attraktive Ausbildungsvergütung von durchschnittlich 800 Euro und zahlreiche Zusatzleistungen
- umfangreiche Schulungen durch interne Kurse sowie Verhaltens- und Verkaufstrainings
- zahlreiche Weiterbildungsmöglichkeiten und Aufstiegschancen

Was bringen Sie mit
- Kontaktfreude und Spaß am Umgang mit Menschen
- Kunden- und Serviceorientierung
- positive Einstellung zum Verkauf
- Kommunikationsvermögen, Teamfähigkeit
- freundliches, sicheres und offenes Auftreten
- Mittlere Reife, Realschulabschluss oder Abitur/Fachabitur

Wir freuen uns darauf, Sie kennenzulernen.

Ausbildung Heilerziehungspfleger/in (staatlich anerkannt)

Wir bieten Ihnen:
- Fachpraxisplätze in unseren 17 verschiedenen Niederlassungen
- Schulische Ausbildung im Seminar (Fachschule für Sozialwesen)

Die fachpraktische Ausbildung gliedert sich in folgende Schwerpunkte:
- Heilerziehungspflegerische Praxis
- Pädagogik und Methodik
- Individuelle Projektphase

Im Rahmen Ihrer praktischen Ausbildung
- Leben Sie in einer unserer 17 sozialtherapeutischen Wohngemeinschaften
- Erfahren Sie die Vielfalt unserer 12 Werkstätten
- Erweitern Sie das Erfahrungsfeld in Ihrer sozialen und personalen Kompetenz

Ihre Voraussetzungen:
Mittlere Reife und ein Jahr Praktikum im sozialen Bereich

Wir bieten außerdem die Möglichkeit, Vorpraktika für soziale Berufe oder Praktika im Rahmen eines freiwillig sozialen Jahres „FSJ" sowie den Bundesfreiwilligendienst bei uns zu leisten.

Wollen Sie uns kennenlernen und einen Weg mit uns gehen?

Kollege gesucht! Du!

Wir sind ein expandierendes Unternehmen im Bereich der Elektroinstallation und suchen zum nächstmöglichen Eintrittstermin:

Elektromeister/Projektleiter (m/w)
Elektro Helfer (m/w)
4 Auszubildende Elektroniker (m/w)

Wir bieten:
Angenehmes Betriebsklima, leistungsgerechte Bezahlung, Aufstiegsmöglichkeiten

Wir erwarten:
Hohe Flexibilität, Zuverlässigkeit, Eigeninitiative, Verantwortungsbewusstsein

Sollten wir Ihr Interesse geweckt haben …

Für unsere Filiale in Frankfurt suchen wir
engagierte Verkäufer/innen in Voll- und Teilzeit.

Als Verkäufer/in unseres Spielwarenladens tragen Sie grundlegend zum Erfolg und zur Entwicklung von Imaginarium bei. Im direkten Kontakt sorgen Sie für Kundenbindung und prägen unser Unternehmensimage.

Ihr Tätigkeitsbereich umfasst folgende Aufgaben:
- Kunden empfangen und beraten
- auf Grundlage der Bedürfnisse Produkte empfehlen und deren Funktionen und Werte erklären
- den Verkauf abschließen
- Kassieren und Kontrolle der Kasse
- Warenannahme und Bestellung
- Inventur
- Pflege und Organisation des Ladens

Anforderungsprofil:
Wir suchen dynamische und motivierte Personen, die gerne verkaufen und im Team arbeiten und gut kommunizieren können.

Anforderungen:
- Mindestens ein Jahr Erfahrung im Verkauf und/oder in der Kundenberatung
- Ausbildung in den Bereichen Handel und Verkauf von Vorteil
- Ergebnisorientierte, dynamische Personen mit Eigeninitiative, die gerne verkaufen und im Team arbeiten
- Bereitschaft, Verantwortung zu übernehmen und die Imaginarium-Philosophie zu verinnerlichen und zu vermitteln
- Flexibilität und Bereitschaft, zu Ladenöffnungszeiten zu arbeiten

1. Setze dich mit den Stellenanzeigen und Ausbildungsangeboten auseinander, indem du die folgenden Arbeitsaufträge beantwortest.

a) Nenne die Berufe/Ausbildungswege, die jeweils angesprochen werden.

b) Notiere stichpunktartig, was jeweils geboten wird und was man erwartet.

c) Vergleiche die Erwartungen in den Stellenanzeigen mit deinen eigenen Fähigkeiten.

Am Ende dieses Kapitels solltest du einen grundlegenden Wissensstand bezüglich:
- deiner eigenen Interessen und Fähigkeiten, die du mithilfe einer Selbsteinschätzung ermittelt hast, haben.
- deiner Möglichkeiten in Bezug auf deine weitere schulische und berufliche Laufbahn haben.
- der dir zur Verfügung stehenden Entscheidungshilfen, die dir bei deiner Berufswahl behilflich sein können, erworben haben.

Mit den folgenden Aufgaben kannst du überprüfen, ob du das Wissen anwenden kannst.

1. Nenne Beispiele für Interessen, die ihr als Schüler habt. ○

2. Erläutere, welche Bedeutung deine/eure Fähigkeiten für die spätere Berufswahl haben können. ◒

3. Nenne Beispiele, wodurch die Berufswahl beeinflusst werden kann, und begründe warum. ○

4. Ordne folgende Berufe den 16 Berufsfeldern zu. ○
- Baumaschinenführer
- Chemielaborantin
- Beleuchter
- Betonsanierer
- Dachdecker
- Elektroanlagenmonteur
- Energiemanagerin
- Altenpflegerin
- Assistent Innenarchitektur
- Dorfhelfer
- Fachkraft für Audiotechnik
- Biochemiker
- Heilerziehungspfleger
- Fachverkäuferin Sanitätsfachhandel
- Fachkraft Hafenlogistik
- Fitnesstrainer
- Mechatroniker

5. Erläutere, um welchen Abschluss es sich bei den folgenden Berufen handelt: ◒
- Staatlich geprüfter Techniker
- Meister im Handwerk
- Kauffrau im Gesundheitswesen

↗ Starthilfe zu Aufgabe 4: Informationen zu den aufgezählten Berufen findest unter Berufenet.

6. Erkläre den Begriff „duale Ausbildung" und benenne die Vorteile, die eine duale Ausbildung haben kann. ○

7. Notiere Argumente, die deiner Meinung nach für und gegen eine betriebliche Ausbildung im dualen System sprechen. ○

8. Erstelle eine Liste mit den wichtigen Inhalten für deinen persönlichen Berufswahlpass. ●

9. Erläutere, warum die Einschätzung deiner Fähigkeiten durch andere Personen wichtig ist. ◒

10. Erkläre den Unterschied zwischen einer Fachoberschule und einer Fachschule. ○

11. Nehmt Stellung zu den folgenden Aussagen von Susi und Lars. Diskutiert eure Meinungen in der Klasse. ◒

Susi

Lars

12. Erkläre einem Mitschüler, was eine Stufenausbildung ist. ●

13. Ordne die Wörter den Gruppen der Personen, Institutionen oder Medien zu, die Entscheidungshilfen bei der Berufswahl sein können. ○

Handwerker Nachbarn Zeitungen
Berufsschulen Geschwister Innungen Internet
Berufsberater Fachoberschule Lehrer

➚ Starthilfe zu Aufgabe 6: Lies den Text zur betrieblichen Ausbildung auf der Seite 21.

II Technische Systeme und Prozesse

In diesem Kapitel geht es darum, am Beispiel der Fertigung eines Werkstückes, sich mit den einzelnen Entscheidungen und Arbeitsschritten auseinanderzusetzen, die von der Idee bis zur Fertigung erforderlich sind. Dies fängt mit den Planungsunterlagen an, geht weiter mit dem Einsatz der benötigten Maschinen und endet schließlich mit dem fortwährenden Prozess des technischen Wandels, der Unternehmen und Beschäftigte vor immer neue Aufgaben stellt.

Im Einzelnen geht es darum:

- Welchen Zusammenhang gibt es zwischen der Wahl eines Werkstückes und den dafür erforderlichen Werkstoffen?

- Wie muss ein Fertigungsablaufplan erstellt werden?

- Welche Aufgaben haben Maschinen und wie beeinflussen sie die neuen Informations- und Kommunikationstechniken?

- Welche Herausforderungen bringt der technische Wandel mit sich?

1 Die Fertigung eines Werkstückes

Holzarten

Vorbereitung der Fertigung

Bei der Planung und Vorbereitung der Fertigung eines Werkstückes ist es zunächst sinnvoll, einige grundlegende Fragen zu klären, um sicher zu sein, dass das geplante Ergebnis auch erreicht werden kann.

1. Welche Grundfertigkeiten, Fähigkeiten und Kenntnisse sind für die Fertigung dieses Werkstückes besonders wichtig?

Bei der Auswahl des zu fertigenden Gebrauchsgegenstandes ist Folgendes zu beachten:

- Welche Fertigkeiten sind dazu erforderlich?
- Beherrschen alle Schüler diese Fertigkeiten?
- Sind die notwendigen Kenntnisse vorhanden?

Werkraum

2. In welche Teilschritte können wir unser Vorhaben zerlegen? Welche Arbeitsschritte sind notwendig?

Eine entscheidende Voraussetzung für den Erfolg der Fertigungsaufgabe ist eine gründliche Planung der Vorgehensweise. Für die Fertigung von Gebrauchsgegenständen ist es notwendig, die einzelnen Arbeitsschritte genau zu planen.

3. Wer ist für welche Aktivitäten und anfallenden Arbeiten verantwortlich? Wer übernimmt welche Aufgaben?

Bei der Festlegung, wer welche Aufgaben bei der Planung, Fertigung und beim Verkauf des Gebrauchsgegenstandes übernimmt, sollten die Interessen der einzelnen Schüler berücksichtigt, aber auch ihre Fertigkeiten in der Werkstoffbearbeitung beachtet werden. Nur die notwendigen Fähigkeiten und Fertigkeiten sichern die Qualität des Produktes.

Werkzeuge

4. Welche Materialien und Hilfsmittel benötigen wir?

- Welche Materialien und Werkstoffe benötigen wir für die Fertigung des Gebrauchsgegenstandes?
- Sind die Materialien kostengünstig zu beschaffen?
- Sind die notwendigen Werkzeuge und Maschinen im Werkraum der Schule vorhanden?
- Müssen zusätzliche Vorrichtungen oder Schablonen hergestellt werden?
- Reichen die vorhandenen Kenntnisse oder sind zusätzlich Fachbücher notwendig?

5. Welche Personen, Institutionen und Organisationen können uns bei der Umsetzung unseres Vorhabens unterstützen?

Sind z. B. Unternehmen in der Region bereit, Materialabfälle günstig abzugeben, die für die Fertigung des Gebrauchsgegenstandes geeignet sind?

6. Welche Probleme und Schwierigkeiten kann es im Verlauf der Fertigung des Werkstückes geben?
Auf einige typische Probleme kann man sich durchaus vorbereiten: Was machen wir, wenn
- das Material nicht preisgünstig beschaffbar ist?
- zu viel Ausschuss produziert wird und dadurch das Material nicht ausreicht?

7. Wie lassen sich unsere Ergebnisse auswerten?
Die Auswertung kann zunächst in den einzelnen Arbeitsgruppen und danach mit der gesamten Klasse erfolgen. Der Verlauf der Fertigung kann in Videos oder Wandzeitungen festgehalten werden.

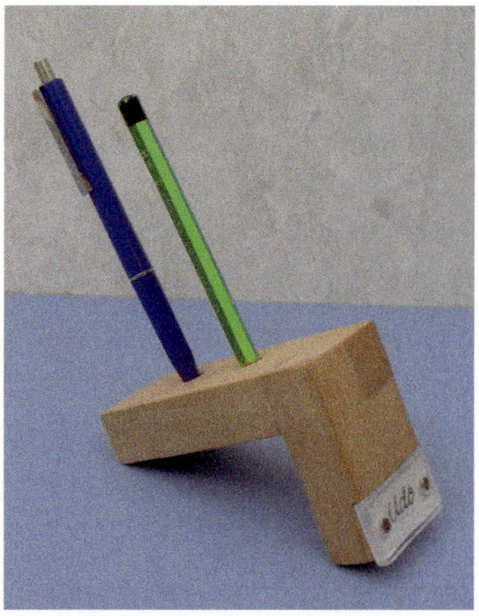
Stiftehalter

Bedarfsanalyse

Zunächst ist zu überlegen, welchen Gebrauchsgegenstand wir fertigen wollen. Es sollten nur Gegenstände hergestellt werden, für die ein Bedarf vorhanden ist. Nur so kann ein eventueller Verkauf gesichert werden. Von den auf der Randspalte dargestellten Beispielen sind sicherlich die Verkaufsaussichten für den Getränketräger am besten.

Kerzenständer

Die Wahl von Werkstücken und Werkstoffen

Nach der Bedarfsanalyse der für die Fertigung vorgeschlagenen Werkstücke muss die Entscheidung für ein Werkstück fallen. Zugleich ist zu klären, aus welchem Werkstoff das Produkt gefertigt werden sollte. Bei der Werkstoffauswahl sind neben dem Materialpreis die Bearbeitbarkeit, die Belastbarkeit und das Gewicht zu beachten.
Zur Klärung der Auswahl kann auch eine experimentelle Untersuchung verschiedener Werkstoffe durchgeführt werden.

Es muss weiterhin untersucht werden:
- Ist das notwendige Material preiswert zu beschaffen?
- Stehen die für die Fertigung notwendigen Werkzeuge und Maschinen zur Verfügung?
- Reichen unsere Fähigkeiten und Kenntnisse zur Werkstoffbearbeitung aus, um das Werkstück qualitätsgerecht zu fertigen?

Getränketräger

Um die Auswahl des zu fertigenden Produktes zu erleichtern, sollte man die verschiedenen Vorschläge nach bestimmten Kriterien vergleichen.
So z. B.: Die Fertigung von Kerzenständern wäre möglich. Vielfältige Formen sind denkbar. Eine ästhetische Gestaltung ist Voraussetzung für einen Verkaufserfolg. Sie erfordert aber handwerkliches Geschick. Als Material könnte Metall oder eine Kombination von Holz und Metall eingesetzt werden.

Ein Getränketräger kann in der Schulwerkstatt gefertigt werden. Es kann z. B. eine arbeitsteilige Fertigung organisiert werden. Da es ein praktischer Gebrauchsgegenstand ist, bestehen gute Verkaufschancen.
Eine weitere Möglichkeit ist die Fertigung eines Stiftehalters. Einzelne Schülergruppen können dabei unter Berücksichtigung ihrer praktischen Fertigkeiten unterschiedliche Stiftehalter entwerfen und fertigen. Eine Fertigung im Werkraum der Schule wäre sicher möglich.

Ermittlung des für die Fertigung im Werkraum der Schule geeigneten Erzeugnisses

Erzeugnis / Anforderungen	Kerzenständer	Getränketräger	Stiftehalter
Arbeitsaufwand			
Verkaufschancen			
Verkaufspreis			
Gebrauchswert			
Materialbedarf			
Eignung für Fertigung in der Schulwerkstatt			
++ sehr gut, sehr hoch; + gut, hoch; – ausreichend, gering; – – ungenügend, sehr gering			

Die möglichen Varianten können z. B. mithilfe der oben stehenden Tabelle bewertet werden. Auf dieser Grundlage ist dann die Entscheidung zu treffen, welches Produkt im Werkraum der Schule gefertigt werden soll.

Die Planungsunterlagen für die Gestaltung des Fertigungsprozesses

Wenn die Entscheidung gefallen ist, welches Werkstück gefertigt werden soll (z. B. der Getränketräger), kann die Planung für die Fertigung beginnen. Zunächst wird eine Skizze von dem zu fertigenden Werkstück erstellt. Daraus wird eine technische Zeichnung entwickelt, in der die Form und die Maße der Bauteile für das Werkstück enthalten sind. Der Getränketräger besteht aus mehreren Einzelteilen, die in unterschiedlicher Stückzahl benötigt werden. Um eine ständige Übersicht zu haben, welche Teile für das Werkstück benötigt werden, welche Abmessungen sie haben müssen und welcher Werkstoff dazu notwendig ist, wird eine Stückliste angefertigt.

1. Übertrage die oben angeführte Tabelle in deine Unterlagen. Wähle anschließend nach den aufgeführten Kriterien das für die Fertigung im Werkraum der Schule geeignete Produkt aus.

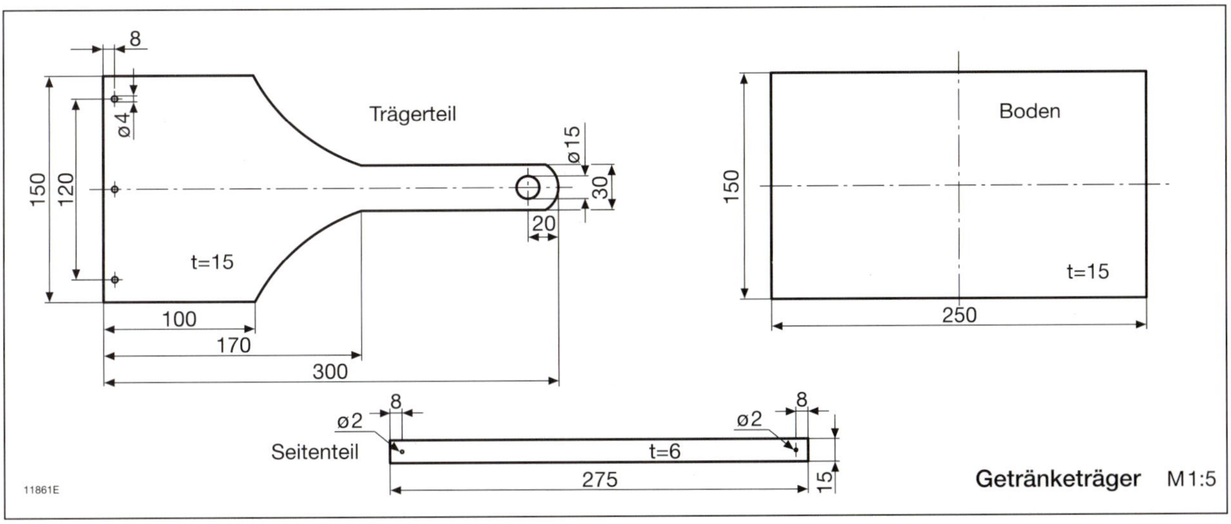

Technische Zeichnung des Getränketrägers

Stückliste für Getränketräger				
Lfd. Nr.	**Anzahl**	**Benennung**	**Material**	**Maße in cm**
1	2	Trägerteil	Holz	300 x 150 x 15
2	1	Boden	Holz	250 x 150 x 15
3	6	Seitenteil	Holz	275 x 15 x 6
4	1	Tragestange	Holz	Ø 15 x 280
5	6	Holzschraube	Stahl verzinkt	3 x 35
6	12	Holzschraube	Stahl verzinkt	1,5 x 15

CAD-Arbeitsplatz

In der Vergangenheit mussten die technischen Zeichnungen und Stücklisten in mühevoller Handarbeit von Konstrukteuren und Technischen Zeichner/-innen gefertigt werden. Heute wird diese Arbeit meist am Computer erledigt.

Die Werkstücke werden am Bildschirm mithilfe spezieller Computerprogramme (CAD = Computer Aided Design) konstruiert. Auf dieser Grundlage erstellt der Computer dann die Zeichnungen und die Stückliste.

Auf diese Weise können bei der Entwicklung neuer Produkte viel Zeit und Kosten gespart werden.

1. Beschreibe die Vorteile der Nutzung von CAD bei der Konstruktion von Produkten. ○

2. Begründe, weshalb sich die Anforderungen an das Berufsbild „Technischer Zeichner" durch den Einsatz von CAD verändert haben. ◒

Einzelfertigung

Serienfertigung

Abholzung des Regenwaldes

Fertigungsablaufplan

Bei der Vorbereitung der Fertigung muss zunächst entschieden werden, ob der Getränketräger in Einzel- oder Serienfertigung hergestellt werden soll. Bei der Einzelfertigung stellt jeder „sein" Produkt her. Bei der Serienfertigung stellt jeder nur bestimmte Teile her. Die Einzelfertigung hat den Vorteil, dass jeder Schüler alle Arbeitsgänge durchführt und so den gesamten Fertigungsprozess kennenlernt. Es besteht allerdings die Gefahr, dass der Gebrauchsgegenstand entsprechend der unterschiedlichen Fähigkeiten eine sehr unterschiedliche Qualität hat. Bei der Serienfertigung kann jeder entsprechend seiner Fähigkeiten eingesetzt werden. Da der Einzelne immer wieder das gleiche Einzelteil fertigt, können die Teile sicherlich schneller und in gleichmäßigerer Qualität hergestellt werden.

Vor Beginn der Produktion sollten auch Überlegungen angestellt werden, welche ökonomischen und ökologischen Gesichtspunkte zu beachten sind. Zu den ökonomischen Fragen zählt, wo in Baumärkten u. Ä. nach Brettresten nachgefragt werden kann, die dann billig zu erwerben sind. Beim Anreißen der einzelnen Bauteile ist darauf zu achten, dass möglichst wenig Abfall entsteht. Aus ökologischen Gründen sollten auf jeden Fall einheimische Schnitthölzer und keine Tropenhölzer genutzt werden. Für die Oberflächenbehandlung der Bauteile sollten möglichst lösungsmittelfreie Anstriche gewählt werden. Damit wird eine Umweltbelastung vermieden.

Fertigungsplanung

Um ein Werkstück rationell und in der richtigen Reihenfolge herstellen zu können, ist eine Fertigungsplanung notwendig. Damit wird Folgendes festgelegt:
- das Fertigungsverfahren (z. B. Bohren, Sägen),
- die Arbeitsmittel und Arbeitsplätze,
- die Arbeitsabläufe (Fertigungsformen und Fertigungstypen).

Diese Daten werden in einer Tabelle, dem Arbeitsplan, zusammengefasst. Zuerst ermittelt man die Arbeitsschritte.

1. Arbeitsschritt: Trägerteil anreißen: An einem Brettstück mit den Maßen von mindestens 310 x 160 werden zunächst zwei Seiten rechtwinklig zueinander gesägt. Sie werden dann mit der Raspel oder Schleifpapier weiterbearbeitet, um die notwendige Genauigkeit zu erreichen. Damit sind zwei Maßbezugsebenen vorhanden. Davon ausgehend werden mit Lineal und Bleistift zunächst die Mittellinie und die weiteren Maße des Trägerteils angerissen.

2. Arbeitsschritt: Aussägen der Grundmaße: Die Grundmaße 300 x 150 werden ausgesägt.

3. Arbeitsschritt: Aussägen der Form des Trägerteils: Die angerissene Form des Trägerteils wird an beiden Seiten ausgesägt. Die Bogen sollten abschnittsweise ausgesägt und dann mit der Raspel bzw. Feile nachgearbeitet werden. Dazu ist es sinnvoll, eine Schablone von der Form der Bogen anzufertigen und sie dann als Prüfmittel zu nutzen.

4. Arbeitsschritt: Anreißen der Bohrungen: Die Bohrungen werden erst mit einem Bleistift angerissen und anschließend vorgestochen.

5. Arbeitsschritt: Bohren der Durchbrüche für die Tragestange und die Holzschrauben: Mit der Bohrmaschine werden die Bohrungen für die Holzschrauben und anschließend für die Tragestange angebracht.

6. Arbeitsschritt: Säubern und Glätten der Schnittflächen: Mit einer Feile werden alle Schnittflächen nachbearbeitet, um die Maßgenauigkeit zu sichern. Um eine ebene und glatte Oberfläche zu erhalten, werden alle Schnittflächen mit Schleifpapier bearbeitet.

7. Arbeitsschritt: Qualitätskontrolle: Alle Maße des fertigen Werkstückes werden überprüft. Abschließend wird die Oberflächenbeschaffenheit durch Vergleich mit einem bereits kontrollierten Werkstück überprüft.

Benennung: Trägerteil **Werkstoff:** Holz **Abmessungen:** 300 x 150 x 15		**Zeichnungs-Nr.:** 1 **Losgröße:** 2	
Arbeits-folge	**Arbeitsvorgang**	**Arbeitsplatz**	**Werkzeug Vorrichtung**
1	Trägerteil anreißen	Werkbank	Stahlmaßstab, Winkel, Schablone, Bleistift
2	Aussägen der Grundmaße	Werkbank	Schraubstock, Feinsäge
3	Aussägen der Form des Trägerteils	Werkbank	Schraubstock, Feinsäge
4	Anreißen der Bohrungen	Werkbank	Bleistift, Lineal, Vorstecher
5	Bohren	Werkbank, Ständerbohrmaschine	Bohrmaschine, Bohrer
6	Säubern/Glätten der Schnittflächen	Werkbank	Feile, Schleifpapier
7	Qualitätskontrolle	Werkbank	Lineal, Winkel

1. Erarbeitet in Gruppen einen Ablaufplan für die Fertigung eines Produktes in eurem Werkraum und erstellt eine Tabelle für die Ablaufplanung.

2. Nenne Gründe für die vorrangige Nutzung einheimischer Hölzer bei der Fertigung von Produkten.

Arbeitssicherheit und Arbeitsschutz

B **Eine ganz „normale" Unterrichtsstunde**

Nachdem die Fachlehrerin den Werkraum aufgeschlossen hatte, warfen die Schüler ihre Jacken und Taschen schnell an ihre Plätze. Jeder wollte zuerst an Material und Werkzeug heran. Einige liefen schon eilig mit ihrem Werkzeug zu den Tischen. Ein Schüler, der sich mit Werkzeug beladen aus dem Gedrängel vor den Werkzeugschränken befreite, stolperte über eine hinter ihm liegende Schultasche. Dabei bohrte er einem Mitschüler einen Vorstecher ins Bein. Dieser wich vor Schmerz zurück, stieß dabei einen weiteren Mitschüler von hinten an, der in einem Stapel Holzabfällen auf seinem Arbeitstisch nach einem passenden Stück Holz suchte und durch den Anstoß seinen Daumen in die Klinge eines darunter verborgenen Stechbeitels rammte. Beide Schüler mussten im Krankenhaus behandelt werden.

Sicherheit im Werkraum

Im Werkraum deiner Schule können sich, wie die kleine Geschichte zeigt, Unfälle ereignen. Häufigste Gründe für Unfälle sind oftmals Unordnung, Hektik und immer wieder leichtfertiger und unsachgemäßer Umgang mit scharfen Werkzeugen und elektrischen Maschinen. Deshalb müssen im Werkraum bestimmte Regeln eingehalten werden, die helfen, DEINE Gesundheit zu schützen.

Regel Nummer 1: Den Weisungen der Fachlehrerin/des Fachlehrers ist unbedingt Folge zu leisten.

Beim Aufenthalt und bei der Arbeit im Werkraum gelten die folgende Grundregeln:

- Angemessenes Verhalten: Herumtoben, Schubsen, Drängeln und Stoßen von Mitschülern im Werkraum und besonders im Bereich von Maschinen ist strengstens verboten. Essen und Trinken sind ebenfalls verboten. Dies gilt besonders bei Lötarbeiten. Hier können giftige Schwermetalle in den Körper gelangen.
- Ordnung und Sauberkeit vermeiden Unfälle: Werkzeuge, Material oder Unterlagen, die nicht unmittelbar gebraucht werden, bleiben in Schränken und Taschen. Herumliegende Materialreste und Staub auf Fußboden und Arbeitstischen sorgen für Unübersichtlichkeit. Deswegen: rechtzeitig beseitigen.
- Feuerlöscheinrichtungen: Feuerlöscher und Löschdecken sind nicht zum Spielen. Wenn sie im Notfall nicht einsatzbereit sind, kann dies tödliche Folgen haben.
- Jacken, Schals u. Ä. gehören an die Garderobe, sie liegen sonst im Weg und können zu Stolperfallen werden.
- Taschen sind so zu verstauen, dass sie nicht im Weg liegen, am besten unter dem Tisch. So bilden sich keine Stolperfallen.

INFO

- Werkzeuge nur bestimmungsgemäß einsetzen
- sicherheitsbewusst arbeiten
- Gefährdungen erkennen

Regeln für den Umgang mit Werkzeugen

Entnahme:
- Achtet auf Spitzen und Schneiden. Von ihnen droht Verletzungsgefahr. Werkzeuge deshalb nur an den Griffen anfassen.
- Vor Arbeitsbeginn werden Werkzeuge auf festen Sitz, Beschädigungen und Funktionsfähigkeit geprüft. Elektrische Geräte, wie z. B. Bohrer, müssen vor jedem Einsatz auf Beschädigungen der Netzkabel geprüft werden.

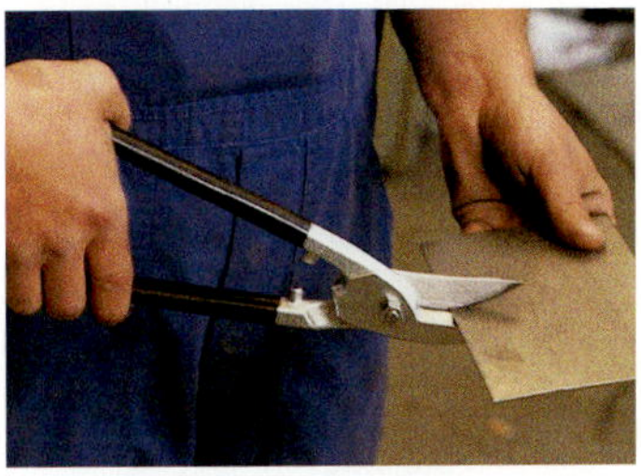
Korrekter Umgang mit Werkzeug

Transport:
- Spitzen und Schneiden der Werkzeuge werden nach unten und niemals in Richtung Körper oder gar auf Mitschüler gerichtet.
- Werkzeuge zum Transport nie in Hosen- oder Jackentaschen stecken.
- Werkzeuge an Mitschüler immer an Griffteilen übergeben.
- Maschinen, z. B. Handbohrmaschinen, werden nur abgeschaltet weitergereicht.

Verwendung:
- Werkzeuge werden nur bestimmungsgemäß verwendet, z. B. mit dem Beitel keine Schrauben ein- oder herausdrehen und gehärtete Metallflächen niemals gegeneinander schlagen (Hammer gegen Hammer). Es könnten leicht Metallsplitter abfliegen und dein Augenlicht zerstören.

Rückgabe:
- Werkzeuge und Maschinen werden nur gereinigt in den Werkzeugschrank einsortiert.
- Maschinen müssen vor der Reinigung abgeschaltet werden.
- Beschädigte oder zerstörte Werkzeuge werden zur Begutachtung von einem Fachmann aussortiert.

Gefahren- und Sicherheitshinweise

Auf besondere Gefahren oder notwendige Arbeitsschutzmaßnahmen weisen i. d. R. genormte Schilder hin, die nicht nur im Werkraum, sondern auch in Werkstätten, Handwerksbetrieben und Fabriken zu finden sind. Auf Gefahren wird häufig in Form von Piktogrammen hingewiesen, man erkennt sofort die Gefahr und die notwendigen Vorsorgemaßnahmen.

VDE, GS und CE sind Prüfzeichen, die u. a. auf elektrischen Maschinen zu finden sind. Sie sagen aus, dass die Maschine oder das Werkzeug Sicherheitsüberprüfungen unterzogen wurde.

1. Beurteile, ob im Werkraum deiner Schule die Grundregeln für den Arbeitsschutz und die Arbeitssicherheit eingehalten werden.

2. Ermittelt, welche Symbole zur Arbeitssicherheit auf Heimwerkergeräten zu finden sind und welche Bedeutung sie für die Nutzung haben.

Hinweise und Prüfzeichen

2 Funktion technischer Systeme

Aufbau und Funktion von Maschinen

Maschinen sind immer für einen bestimmten Zweck konstruiert. Sie sind aus Einzelteilen aufgebaut, die man meist nicht erkennen kann, weil sie durch das Gehäuse verdeckt sind.

Welche Vorgänge laufen in der Maschine ab? Vor Arbeitsbeginn wird die Zuleitung in die Steckdose gesteckt und die Maschine über einen Druckschalter (Steuerorgan) eingeschaltet. Dadurch wird dem Elektromotor (Antriebsorgan) Energie zugeführt. Der Motor dreht sich mit hoher Drehzahl. Über einen Schalter kann je nach Material zwischen verschiedenen Geschwindigkeiten gewählt werden. Zwischen dem Bohrer und dem Elektromotor ist ein Getriebe (Übertragungsorgan) eingebaut. Motor und Getriebe sind in einem schlagfesten Kunststoffgehäuse (Trägerorgan) untergebracht, das vor der Berührung stromführender Teile bewahrt. Das Bohrfutter nimmt den Bohrer (Arbeitsorgan) auf. Allgemein bezeichnet man die Gesamtheit von Bauteilen bzw. Bauelementen, die im Zusammenwirken innerhalb der Maschine einen bestimmten Zweck erfüllen, als Funktionsorgane. Die meisten Maschinen bestehen aus den Funktionsorganen Antriebsorgan, Arbeitsorgan, Übertragungsorgan, Steuerorgan und Trägerorgan.

Funktion	**Funktionsorgan**	**Beschreibung**	**Beispiele**
Antreiben	Antriebsorgan	Antriebsenergie in geeigneter Form und Menge bereitstellen	Elektromotoren, Verbrennungsmotor, Druckluftmotoren
Energie übertragen	Übertragungsorgan	Antriebsenergie an Arbeitsorgan weitergeben und deren Größe anpassen	Riemengetriebe, Zahnradgetriebe, Kurbelgetriebe, Rohrleitungen
Steuern/ Regeln	Steuerungsorgan	Informations- und Signalumsetzung zur Beeinflussung des Energie- und Stoffflusses	Schalter, Ventile, Steuer- und Regelgeräte
Stützen/ Tragen	Trägerorgan	Funktionsorgane zusammenhalten und -führen, die Funktion der Maschine sowie deren Handhabung sicher gewährleisten	Gestelle, Rahmen, Lager, Führungen, Säulen
Arbeiten	Arbeitsorgan	Verwirklicht die eigentliche Aufgabe der Maschine	Werkstück- und Werkzeugaufnahme

Übersicht über die prinzipiellen Funktionen, Funktionsorgane und Bauteile von Maschinen

➚ Starthilfe zu Aufgabe 1: Ermittle die wichtigsten Bauteile und ordne sie den Funktionsorganen zu (siehe Tabelle).

1. Untersuche eine Küchenmaschine und einen Handmixer nach dem Beispiel der Bohrmaschine. ●

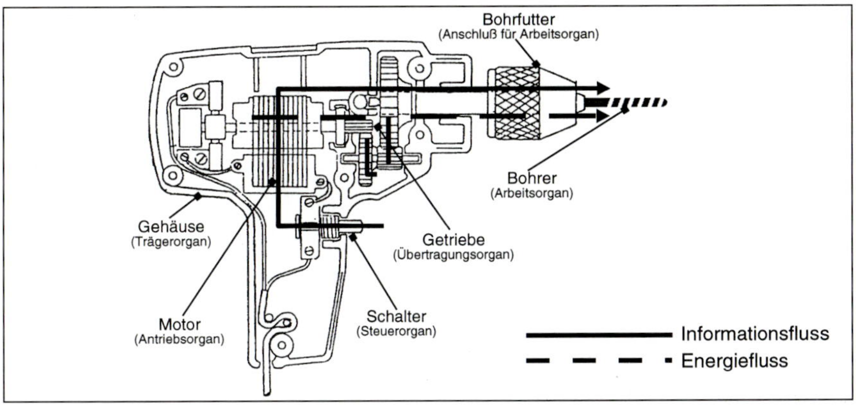

Bohrmaschine

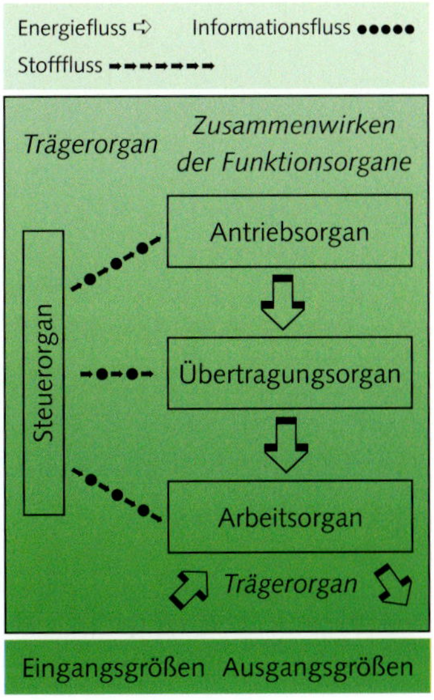

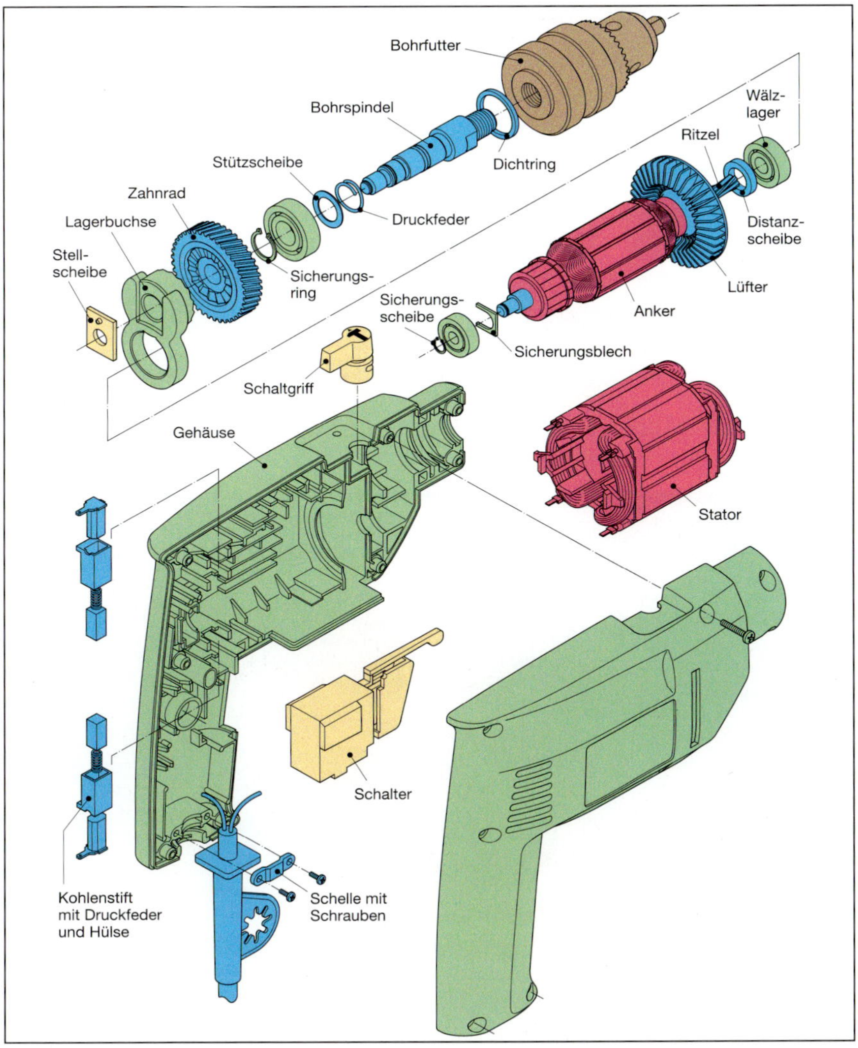

Explosionszeichnung einer Bohrmaschine

1. Ordne die Bauteile der Bohrmaschine in der Explosivdarstellung den einzelnen Funktionsorganen zu. ○

Arbeitsfunktionen der Maschinen

Alle Maschinen funktionieren nach dem gleichen Prinzip:

- Sie ver- oder bearbeiten Stoff. Mit dem Bohrer werden z. B. Holzwände bearbeitet, eine Walzmaschine dient zur Herstellung von Blechen usw.
- Zur Stoffver- oder -bearbeitung benötigt die Maschine Energie, heute meist in Form von Strom (Elektromotoren).
- Die Maschine benötigt Informationen, was mit dem Stoff geschehen soll. Eine solche Information ist bei der Bohrmaschine z. B. die Einstellung für „langsam bohren". Das Walzwerk wird so eingestellt, dass das Blech z. B. 3 mm dick ist.

Am Beispiel der Getreidemühle könnt ihr nachvollziehen, wie diese Ströme innerhalb der Maschine verlaufen.
Der Informationsfluss: Über den Wahlschalter wird die Geschwindigkeit des Mahlwerkes gesteuert. Eine weitere Steuerungsmöglichkeit ist der Anpressdruck im Mahlwerk, mit dem die Feinheit des Mahlgutes bestimmt wird.

Der Stofffluss beginnt mit dem eingefüllten Getreide im Trichter der Mühle, weiter über die Förderschnecke zum eingestellten Mahlwerk.
Das Ergebnis ist Mehl.

Mehl kann durch diese Maschine nur entstehen, wenn Energie zum Elektromotor fließt. Mithilfe von Getrieben und Wellen wird die Energie weitergeleitet und schließlich so umgeformt, dass das Werkzeug angetrieben wird.

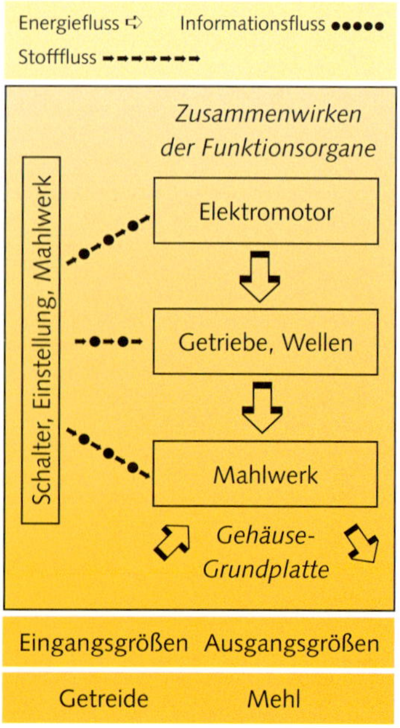

Getreidemühle

Die Funktionsanalyse einer Universal-Sägemaschine zeigt, dass sie trotz großer äußerlicher Unterschiede zur Getreidemühle nach dem gleichen Prinzip funktioniert.
Die Ausgangsform eines Halbzeuges, z. B. U-Profil, ist die Eingangsgröße für den Stofffluss. Durch das Sägeblatt wird der Werkstoff des U-Profils zerspant und die Späne werden mitgenommen. Damit werden die Abmessungen des Halbzeuges verändert (Ausgangsgröße).
Um diesen Stofffluss zu realisieren, ist ein Energiefluss notwendig. Dazu wandelt ein Elektromotor elektrische Energie (Eingangsgröße) in mechanische Energie um. Damit leistet das Sägeblatt Zerspanungsarbeit (Ausgangsgröße). Weitere Energieflüsse sind für das Spannen des Materials sowie für den Transport des abgesägten Rohteils notwendig.
Die Maschine kann aber nur arbeiten, wenn ein entsprechender Informationsfluss vorhanden ist. Durch Schaltsignale (Eingangsgröße) wird die Maschine eingeschaltet, die Drehzahl und der Vorschub werden festgelegt. Die Blockdarstellung macht die Zusammenhänge nochmals deutlich.

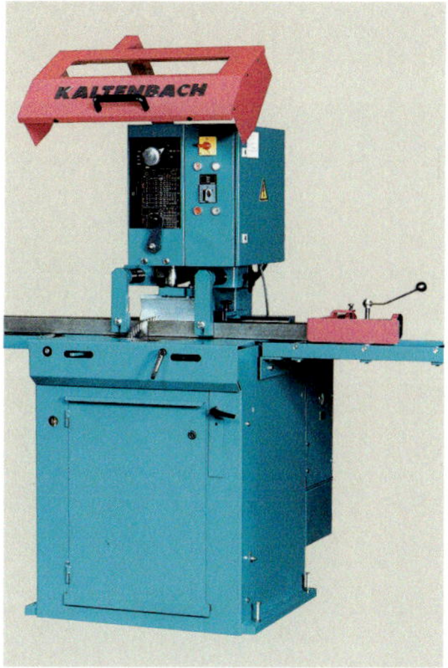

Universal-Sägemaschine

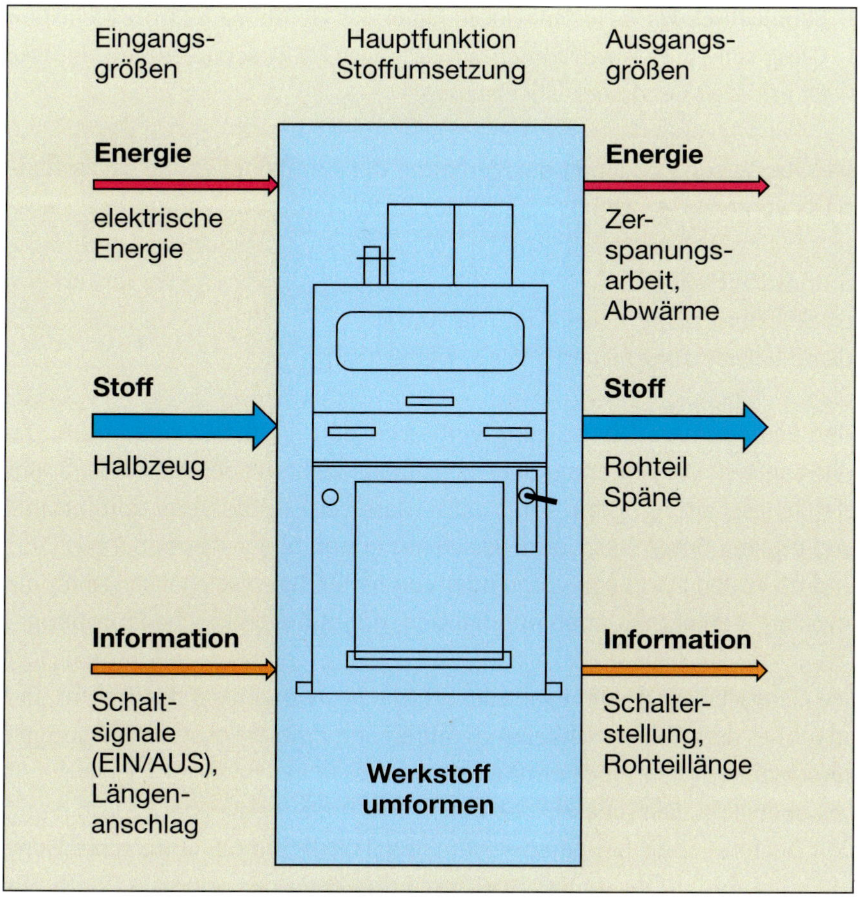

Blockdarstellung einer Sägemaschine

Zuordnung der Funktionsorgane

	Antriebsorgan	Übertragungsorgan	Arbeitsorgan
Fahrrad	?	?	?
Bohrmaschine	?	?	?
Roller	?	?	?
Waschmaschine	?	?	?
Kraftfahrzeug	?	?	?
Nähmaschine	?	?	?

1. Übertrage die Tabelle „Zuordnung der Funktionsorgane“ in deine Mappe und fülle die mit Fragezeichen versehenen Felder aus. ○

Übertragung der Antriebsenergie

Hochrad

In der Regel kann die Antriebsenergie nicht direkt an die Bauteile herangeführt werden, die die Bewegung ausführen sollen. So hängt die notwendige Antriebsenergie von verschiedenen Bedingungen ab, z. B. von der Geschwindigkeit eines Fahrzeuges, dem Streckenprofil (eben oder bergig). Es ist daher sehr mühevoll, die Räder eines Fahrrades direkt mit Muskelkraft anzutreiben. Bei den ersten Fahrrädern (Hochräder) war das der Fall. Es waren große Anstrengungen notwendig, um sie in Bewegung zu halten. Die Übertragung der Muskelkraft über eine Kette zum Hinterrad brachte eine große Erleichterung. Das Fahren mit unterschiedlichen Geschwindigkeiten oder im bergigen Gelände war trotzdem noch sehr anstrengend.

B Als Daniel völlig fix und fertig auf der Passhöhe ankommt, wird er von seinem Freund Max mit den Worten begrüßt: „Wo bleibst du denn, ich warte hier oben schon seit 20 Minuten!“ Daniel erzählt von seinen Qualen, dass er beinahe vom Rad gefallen wäre, seine Pedalen unheimlich schwer zu treten waren und er das Gefühl hatte, trotz kleinstem Gang seinen Fahrradrahmen zu verbiegen. Max setzte entgegen: „Das ist mir klar, bei deiner Übersetzung!“

Die Übersetzung bedeutet das Verhältnis der Anzahl der Zähne des Kettenblatts vorne zur Anzahl der Zähne des Ritzels hinten.

Kettenschaltung

Grundsätzlich gilt:
große Übersetzung = viel Weg, viel Kraft
kleine Übersetzung = wenig Weg, wenig Kraft

Eine veränderbare Übersetzung verbessert den Rhythmus und erhöht die Wirksamkeit. Die Änderung der Übersetzung während der Fahrt übernimmt die Gangschaltung. Diese sorgt dafür, dass der Fahrradfahrer komfortabel und effektiv treten kann, ganz gleich, ob er nun bergauf oder bergab fährt und ob er den Wind von vorne oder von hinten hat. Welche Gänge für die jeweilige Verkehrssituation optimal sind, ergibt die praktische Erprobung.

Schaltwerk

Die Gangschaltung eines Fahrrades erhöht die Wirksamkeit des Tretens und erlaubt es dem Fahrer, schneller zu fahren und problemloser mit Steigungen zurechtzukommen. Auch ermöglicht sie, dessen individuellen Tretrhythmus beizubehalten. Der menschliche Körper liefert die meiste Energie und damit den besten Schub bei einem optimalen Tretrhythmus. Unterschiedliche Meinungen darüber gibt es, welches nun genau der optimale Rhythmus für den Fahrradfahrer ist. Je nach Trainingszustand kann das Optimum sehr unterschiedlich sein. 60 bis 90 Kurbelumdrehungen pro Minute dürfte ein Richtwert für sportliche Fahrer sein. Radprofis erreichen bis zu 120 Kurbelumdrehungen pro Minute.

Die Nabenschaltung

Die Alternative zur klassischen Kettenschaltung mit verschiedenen Ritzeln auf der Antriebsnabe ist die Nabenschaltung.

Die Pedalkraft wird zwar auch auf ein Ritzel übertragen, doch das Schalten der Gänge funktioniert innerhalb des geschlossenen Räderwerks auf der Nabe.

Die Vorzüge auf einen Blick:
- großer Übersetzungsbereich: 526 %
- gleichmäßige Gangsprünge bei 14 Gängen
- witterungsunabhängig durch gute Abdichtung
- Das Getriebe läuft in einem Ölbad (wartungsfrei).

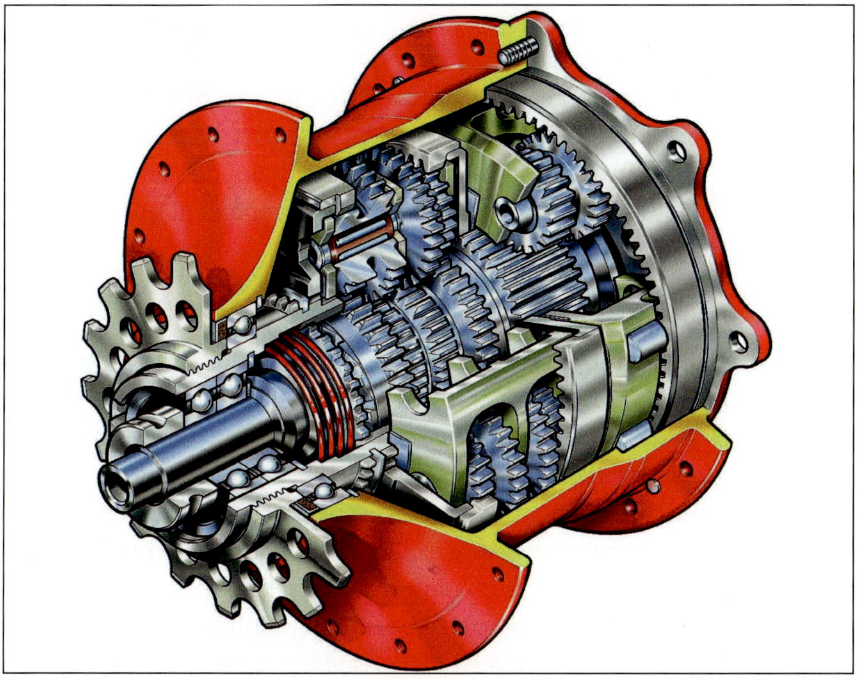

Getriebenabe im Schnitt

Kettenantrieb über Nabenschaltung

1. Begründe, weshalb eine Gangschaltung am Fahrrad das Fahren im bergigen Gelände erleichtert.

2. Ermittle bei deinem Fahrrad die Anzahl der Zähne an den Kettenblättern und an den Ritzeln und berechne daraus die mögliche Übersetzung. (Bspw. hat ein Kettenblatt 54 und ein Ritzel 27 Zähne, so dreht sich das Kettenblatt ein und das Ritzel zwei Mal. Das ergibt eine Übersetzung von 2 zu 1 = 2 : 1 = 2.)

3. Vergleiche die Kettenschaltung mit der Nabenschaltung und beschreibe die Vor- und Nachteile der beiden Schaltungsarten.

Informations- und Kommunikationstechnik

Blick hinter die Kulissen: Aufbau heutiger Personalcomputer

INFO

Informatik ist die Wissenschaft der automatischen Verarbeitung von Informationen.
INFORMATIK =
INFORmation +
AutoMATIK

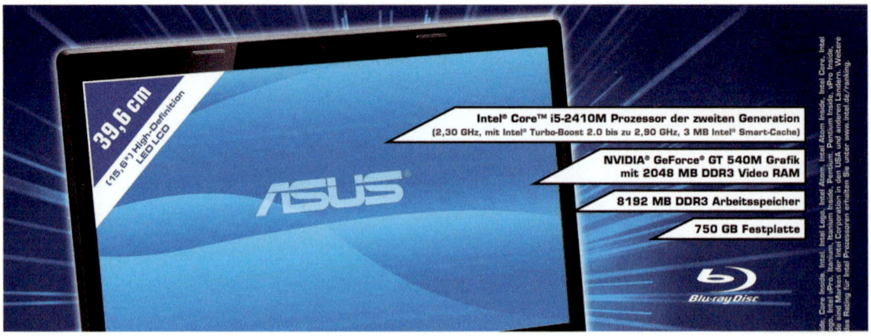

Anzeige für ein Notebook

Diese Art von Inseraten ist häufig in Zeitungen zu sehen. Wer sich aber nicht mit Computern beschäftigt, kann mit den technischen Begriffen und Angaben kaum etwas anfangen. So entsteht bei vielen Menschen der Eindruck, dass ein Computer etwas unglaublich Kompliziertes sein muss. Auf den nächsten Seiten könnt ihr euch ein Wissensfundament aneignen, um solche Anzeigen beurteilen und erklären zu können.

Eingabe – Verarbeitung – Ausgabe

Obwohl sich die Technik rasant entwickelt hat, sind bestimmte Grundlagen im Aufbau eines Computers gleich geblieben. Ein Computer wird mit Daten in irgendeiner Form „gefüttert", die mithilfe eines oder mehrerer Programme verarbeitet und in einer bestimmten Form wieder ausgegeben werden. Kernstück einer vollständigen Computeranlage ist die Zentraleinheit (Computer), an die weitere Komponenten angeschlossen sind. Im Computer enthalten ist der Prozessor (CPU = central processing unit), der die Hauptarbeit leistet und viele Befehle mit hoher Geschwindigkeit ausführen kann. Den Computer und alles, was an Geräten daran angeschlossen ist, bezeichnen wir als Hardware.

CPU

Damit aber ein Computer etwas Vernünftiges leisten kann, braucht er ein Programm, mit dem wir z. B. einen Text schreiben können. Das Programm enthält eine Folge von Befehlen, die vom Prozessor Schritt für Schritt abgearbeitet werden. Alle Programme werden als Software bezeichnet. Programme sind wie Kochrezepte, die festlegen, was „der Koch", die CPU, der Reihe nach zu tun hat. Um einen Text zu schreiben, müssen die Buchstaben und Zeichen aus dem Kopf des Autors in den Computer hineinkommen. Das erfolgt durch die Eingabe über eine Tastatur. Anschließend sollen sie nicht nur am Bildschirm lesbar sein, sondern auch auf dem Papier. Damit der geschriebene Text nach dem Ausschalten des PC nicht wieder verschwunden ist, muss er im Computer fest gespeichert werden. Dazu benötigen wir Ein- und Ausgabegeräte sowie einen Speicher.

Arbeiten mit dem Computer
Ihr habt bisher viele wichtige Dinge über Computer erfahren können. Doch wie kommen Daten in den Computer hinein und vor allem wieder heraus? Ihr könnt ja schließlich nicht mit dem Prozessor sprechen und ihm sagen, was er tun soll.

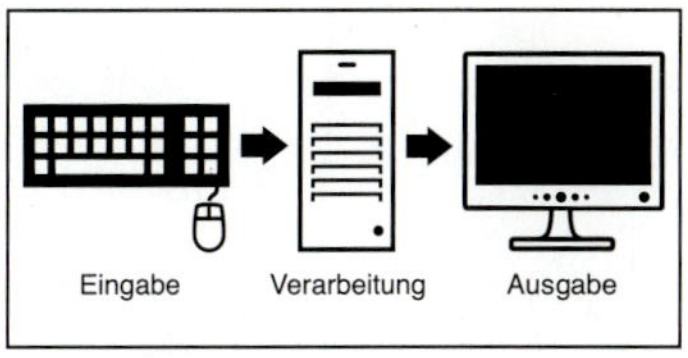

EVA-Prinzip

Eingabe, Verarbeitung, Ausgabe.: das EVA-Prinzip
Die Software, in Form von Programmen, steuert den Computer, also die Hardware. Doch von allein wird ein Computer nicht arbeiten. Ein Computer muss Anweisungen erhalten wie z. B. Zahlen, Texte oder Bilder (**E**ingabe). Diese werden in einem Programm ausgeführt (**V**erarbeitung) und es liefert letztlich ein Ergebnis (**A**usgabe). Dieses Prinzip nennt man das „EVA-Prinzip" (Eingabe – Verarbeitung – Ausgabe). Es verläuft bei allen Computern gleich, egal, ob damit die Ampelanlagen einer Stadt gesteuert werden, ein Brief ausgedruckt werden soll oder Maschinen in einem produzierenden Unternehmen gesteuert werden.

INFO

Computer sind „dumme" Maschinen. Erst Menschen machen etwas Sinnvolles oder manchmal auch wenig Sinnvolles aus ihnen.

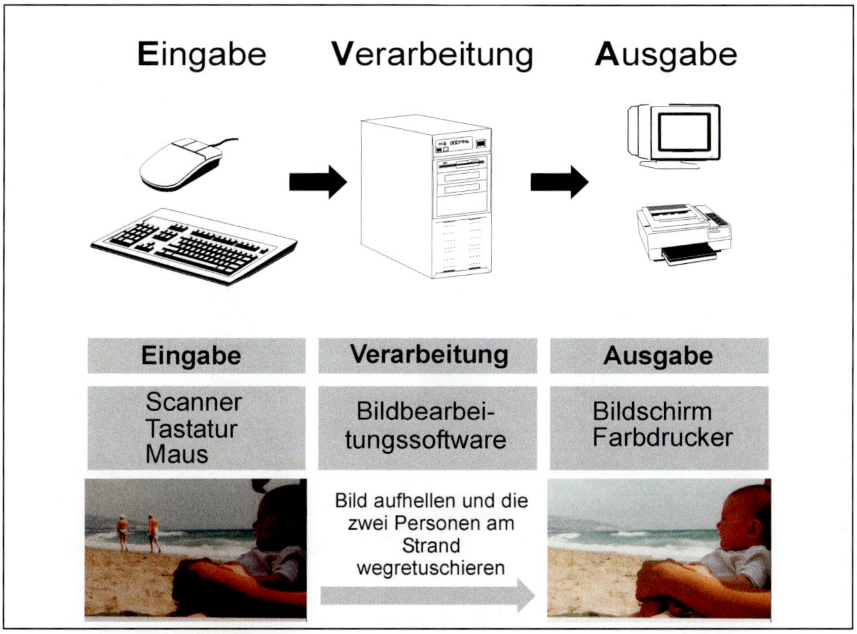

Das EVA-Prinzip am Beispiel einer Bildbearbeitung

In der folgenden Tabelle findet ihr weitere Ein- und Ausgabegeräte:

Eingabe	Verarbeitung	Ausgabe
Tastatur Maus Scanner Modem ...	Prozessor Speicher Software	Bildschirm Drucker Roboter ...

Ein berührungssensitiver Bildschirm als Eingabegerät (Touchscreen)

Arbeitest du am Computer, so machst du deine Eingaben über die Tastatur oder mit Mausklick. Der Computer verarbeitet sie mit seinen Programmen. Auf dem Monitor wird das Ergebnis ausgegeben.

Einige Zusatzgeräte, wie du sie bereits in der Tabelle auf der Seite 53 kennengelernt hast, sind meist reine Eingabegeräte (Tastatur, Maus), andere reine Ausgabegeräte (Monitor, Drucker). Manche Geräte sind für Eingaben und Ausgaben geeignet.

Was steckt unter dem Blech?

Fast alle wichtigen Teile eines PCs sind auf der sogenannten Hauptplatine (motherboard) untergebracht. Einer der wichtigsten elektronischen Bausteine der Zentraleinheit eines Computers ist der Prozessor (CPU). Er ist direkt mit dem Arbeitsspeicher verbunden. In diesem befindet sich das Programm, das vom Prozessor abgearbeitet wird.

In der Datenverarbeitung muss immer alles möglichst schnell gehen. Die CPU ist hauptsächlich für die Leistungsfähigkeit und Geschwindigkeit eines Computers verantwortlich. Eine Art innere Uhr „sagt" dem Prozessor, in welchen Zeitabständen er Befehle zu verarbeiten hat. Je schneller der „Uhrtakt" schlägt, desto schneller wird auch der Computer arbeiten. Heute (2013) liegt die sog. Taktfrequenz bei 3 GHz (GigaHertz). Der erste elektronische Röhrenrechner – ENIAC – brachte es gerade einmal auf 10.000 Hz (Hertz).

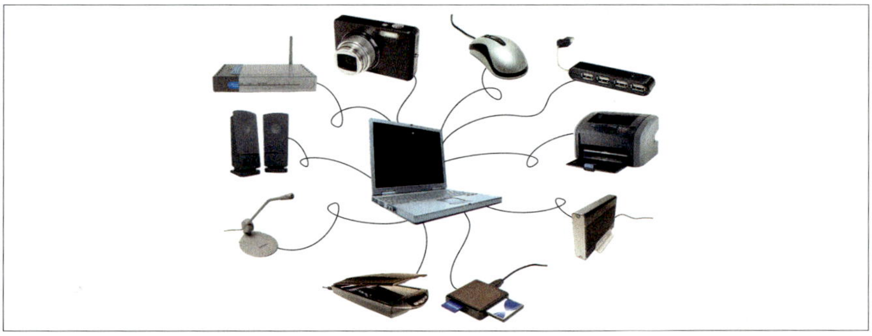

INFO

Die **Taktfrequenz** wird in **Hz** (sprich Hertz) gemessen. 600 Millionen Takte pro Sek. nennen wir 600 **MHz** (sprich: Megahertz).

1. Beschreibe die Funktionen der abgebildeten Geräte für die Ein- bzw. Ausgabe von Daten. ○
2. Nenne die Ein- und Ausgabegeräte bei einem Computerspiel. ○
3. Erstelle eine Übersicht mit Beispielen für das EVA-Prinzip. ●
4. Beschreibe die Funktionen von Geräten, die sowohl für die Eingabe als auch für die Ausgabe von Daten genutzt werden können. ○
5. Begründe, weshalb eine Soundkarte auch als Eingabegerät genutzt werden kann. Informiere dich ggf. im Computerfachhandel. ◒

Der Arbeitsspeicher

Im Arbeitsspeicher (random access memory, kurz: RAM) werden Programme und Daten zwischengespeichert und gelesen. Nach dem Ausschalten des Rechners gehen alle hier gespeicherten Daten verloren. Die Speicherkapazität wird in Megabyte (MB) angegeben:

- 1 MB (Megabyte) = 1024 kB (Kilobyte) = 1024 x 1024 Byte
- 1 Byte entspricht einem Buchstaben oder Zeichen

Üblich sind heute (2012) bis 6 GB (Gigabyte).

Arbeitsspeicher: Heute übliche Speichermodule haben eine Kapazität von bis zu 6 GB.

Der Datenbus

Der Prozessor muss mit verschiedenen Geräten für Ein- und Ausgabe, zur Datenspeicherung usw. verbunden werden. Diese Verbindung, über die Daten ausgetauscht werden, erfolgt über den sogenannten Bus. Es gibt verschiedene Arten solcher Busse. Ziel ist es, möglichst viele Informationen in einer gewissen Zeit transportieren zu können. Zurzeit werden z. B. gute Soundkarten für den PCI-Bus angeboten, Grafikkarten für die Verbindung zum Bildschirm benutzen den AGP-Bus. Zum Anschluss externer Ein-/Ausgabegeräte wird häufig der USB-Bus benutzt – ein einheitlicher Anschluss, an den die verschiedensten Geräte angeschlossen werden können. Bus-Typen und Steckkarten werden sehr schnell weiterentwickelt.

Soundkarte zum Einstecken in die Hauptplatine

Anschlüsse am Computer

Um Eingabe- und Ausgabegeräte an den Computer anzuschließen, braucht man geeignete Anschlüsse (Schnittstellen). Es gibt sehr viele verschiedene Anschlüsse. Sehr häufig wird die USB-Schnittstelle verwendet, denn sie ist sehr vielseitig. Einige andere Anschlüsse sind farblich gekennzeichnet, sodass man sie leichter findet. Vorsicht: Stecke niemals mit Gewalt einen Stecker in die Buchse!

Die **USB-Schnittstelle** ① sorgt für eine schnelle Datenübertragung, hier können sehr viele verschiedene Geräte angeschlossen werden.
Die **Ethernet-Schnittstelle** ② verbindet den Computer mit dem Netzwerk.
An der **VGA-Schnittstelle** ③ wird der Monitor angeschlossen.
Die **DVI-Schnittstelle** ④ ist für den Anschluss moderner Flachbildmonitore gedacht.
Über den **Display Port (DP)** ⑤ können Bild- und Tonsignale übertragen werden.
Die **HDMI-Schnittstelle** ⑥ dient dem Anschluss von modernen Fernsehgeräten und Beamern.
Die **eSATA-Schnittstelle** ⑦ zum Anschluss von z. B. externen Festplatten ermöglicht eine schnelle Datenübertragung. Datenträger können sogar während des Betriebs ausgetauscht werden.
Audioverbindungen ⑧ ermöglichen den Anschluss von Kopfhörern (grüner Anschluss), Lautsprechern (blauer Anschluss) oder einem Mikrofon (roter Anschluss).

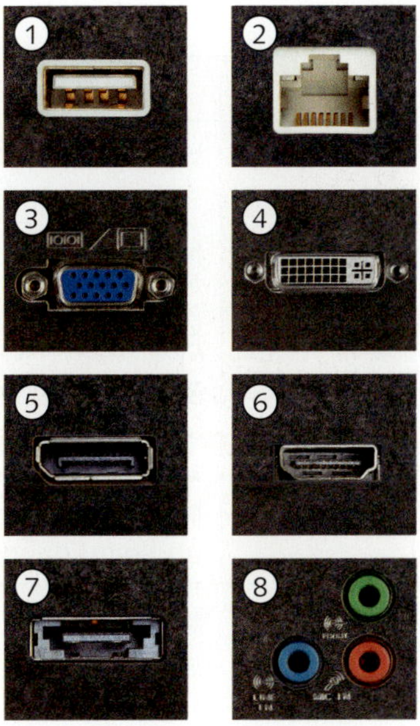

Schema der Darstellung eines Buchstabens auf einem Monitor aus 4 x 5 Pixeln und 10 x 12 Pixeln.

Ausgabegerät: Bildschirm oder Monitor

Die gesamte Bildfläche ist aus vielen einzelnen Punkten (engl. pixel) aufgebaut. Die Punkte sind in Zeilen und Spalten angeordnet. Wenn ein Text oder ein Bild angezeigt werden soll, müssen nur die entsprechenden Bildpunkte vom Computer ein- oder ausgeschaltet werden. Im nebenstehenden Beispiel sind zwar nur wenige Bildpunkte „angeschaltet", trotzdem ist der Buchstabe „C" leicht zu identifizieren.

Für Bildschirme gibt man die Auflösung an, um zu zeigen, wie viele Spalten und Zeilen dargestellt werden können. Ist die Auflösung beispielsweise 800 x 600, so ist das Bild 800 Punkte breit und 600 Punkte hoch. Heute liegt die Auflösung zwischen 800 x 600 und 1 920 x 1 080 Pixeln. Je mehr Punkte auf dem Bildschirm, umso besser ist das Bild. Ein wichtiges Merkmal für Monitore ist die Größe der Bildfläche. Dazu gibt man die Länge der Diagonalen über die sichtbare Bildfläche an. Sie wird aber nicht in Zentimetern angegeben, sondern in der englischen Einheit inch, bei uns auch Zoll genannt (1" = 2,54 cm). Üblich sind heute Monitore von 15", 17", 19" und 24".

Ausgabegerät: Drucker

Der Drucker bringt zu Papier, was wir geschrieben oder gezeichnet haben. Beim Drucken wird nach demselben Prinzip vorgegangen wie beim Bildschirm: Einzelne Punkte werden gedruckt oder bleiben weiß. Die Punkte sind so klein, dass sie einzeln kaum erkannt werden können. Um die Druckqualität zu beschreiben, wird angegeben, wie viele Punkte auf einer bestimmten Länge gedruckt werden. Wieder wird das englische Maß verwendet: 300 dpi (dots per inch) = 300 Punkte auf 2,54 cm Länge, das entspricht etwa 40 Punkten pro cm. Weit verbreitet sind Drucker mit 600 dpi oder 240 Punkte/cm. Professionelle Geräte bringen es auf 3 000 dpi (entspricht 1 200 Punkten/cm). Man kann Drucker in die folgenden Klassen einteilen:

Druckertyp		Vorteile	Nachteile
Tintenstrahldrucker	Winzige Düsen spritzen Tinte auf das Papier.	sehr leise relativ schnell recht hohe Druckqualität auch in Farbe	hohe Unterhaltskosten bei Farbdruckern
Laserdrucker	Eine rotierende Trommel wird elektrostatisch geladen und verliert diese Ladung an den Stellen, auf die ein Laserstrahl das Druckbild schreibt. Das ebenfalls geladene Tonerpulver bleibt nur an den entladenen Stellen hängen und wird dann mit Hitze auf dem Papier fixiert.	sehr hohe Druckgeschwindigkeit, sehr gute Druckqualität, leise	teuer in Anschaffung und Unterhalt

1. Ermittle, aus wie vielen Einzelpunkten ein Quadrat von 1 cm Seitenlänge besteht, das mit 300 dpi gedruckt ist. ○

Speichermedien

Wenn man am Computer gearbeitet hat, kann man seine Texte, Bilder und Aufgaben speichern. Heute gibt es viele verschiedene Speicher für unterschiedliche Zwecke mit unterschiedlicher Speicherkapazität. Hier werden einige wichtige Speichermedien abgebildet und erklärt:

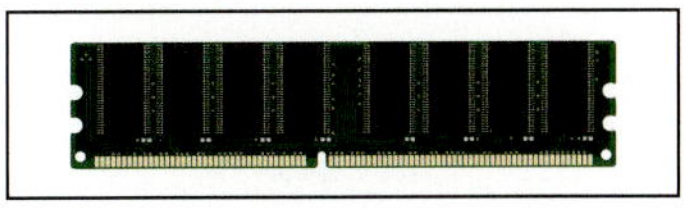

Ein Arbeitsspeicher ist ein Speicher, den der Computer für den laufenden Betrieb benötigt, um z. B. Programme oder Dateien zu laden. Nach dem Ausschalten des Computers wird der Arbeitsspeicher wieder gelöscht. Daher müssen die Dateien stets auf einem anderen Speichermedium abgespeichert werden.

Die Festplatte ist der wichtigste Speicher, den man im Computer findet. Hier werden viele Daten auf Dauer gespeichert (Massenspeicher): das Betriebssystem, die Programme und alle Dateien. Externe Festplatten sind Festplatten, die nicht im Computer eingebaut sind, sondern extra angeschlossen werden.

Auf CD-ROM, DVD-ROM oder Blu-Ray-Disc können Dateien auf Dauer gespeichert werden. Hierzu ist ein „Brenner" notwendig.

USB-Sticks können leicht transportiert werden. Diese Speichermedien können wie ein zusätzliches Laufwerk benutzt werden. Ganz ähnlich funktionieren Speicherkarten (digitale Speicherchips). Es gibt sie heute in Handys, digitalen Fotoapparaten und zahlreichen elektronischen Geräten.

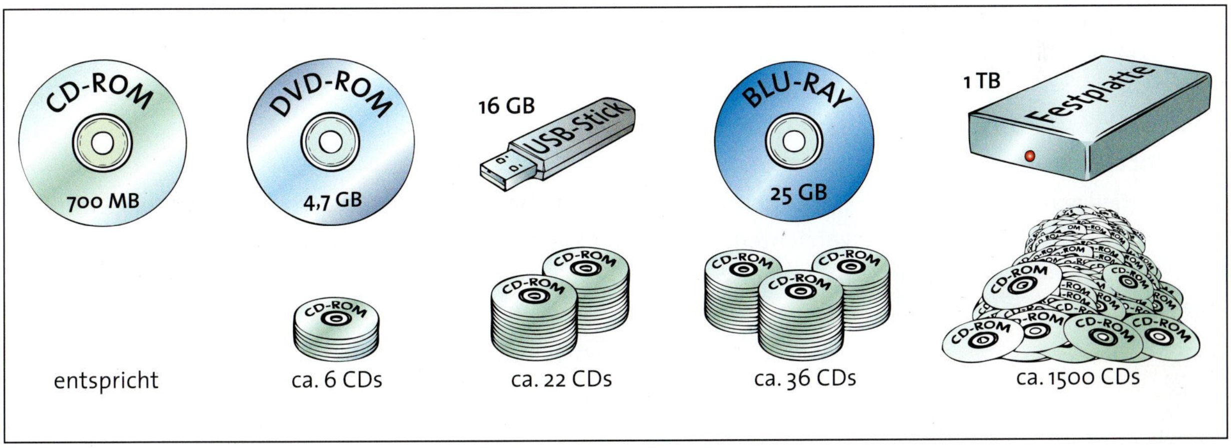

1. Beschreibe die Einsatzmöglichkeiten der gezeigten Speichermedien.

2. Nenne weitere Speichermedien für Dateien und Programme.

3. Finde Vorteile von externen (von außen angeschlossenen) Speichern gegenüber internen (von innen angeschlossenen) Speichermedien.

3 Technischer Wandel

Rationalisierung und technischer Wandel

Industrieroboter in der Automobilindustrie
Industrieroboter übernehmen mechanische Tätigkeiten und entlasten den Menschen von schwerer körperlicher, teilweise auch gesundheitsgefährdender und manchmal stumpfsinniger Arbeit mit zumeist ungünstigen Arbeitsplatzbedingungen, wie z. B. Lärm, Hitze, Schmutz, Dämpfe. Industrieroboter haben natürlich auch noch eine andere Eigenschaft. Sie schaffen mehr als ein Arbeiter. Sie sind „Jobkiller" und weniger „Jobknüller". Für einen neuen Arbeitsplatz, der durch die Produktion von Robotern entsteht, fallen in der Automobilindustrie fünf Arbeitsplätze weg.

Automobilbau früher: viel Handarbeit

Industrieroboter – ein Symbol für den technischen Wandel – sind für die einen Wunderwerke der Technik, die keine Nahrung verlangen, keine Pause brauchen und keine Gehaltserhöhungen fordern, für andere sind sie Vernichtungsmittel von Arbeitsplätzen.
Wie dem auch sei: Die Unternehmen setzen Roboter ein, um mehr produzieren zu können, ihre Wettbewerbsfähigkeit zu steigern, die Lohnkosten zu senken und um ihren Gewinn zu erhöhen.

Automobilbau heute: Industrieroboter erledigen die Arbeit

Natürlich spielt auch die Verringerung der Belastung der Arbeitskräfte eine Rolle: die Entlastung von eintönigen Tätigkeiten, für die zuweilen auch keine geeigneten Arbeitskräfte vorhanden sind. Insgesamt hat der technische Wandel, der sich im Produktionsbereich vollzieht, vielfache Auswirkungen auf Betriebe und Arbeitnehmer.

Die Unternehmen können aber auf den Einsatz von Industrierobotern nicht verzichten, wenn sie gegenüber der starken internationalen Konkurrenz bestehen wollen.

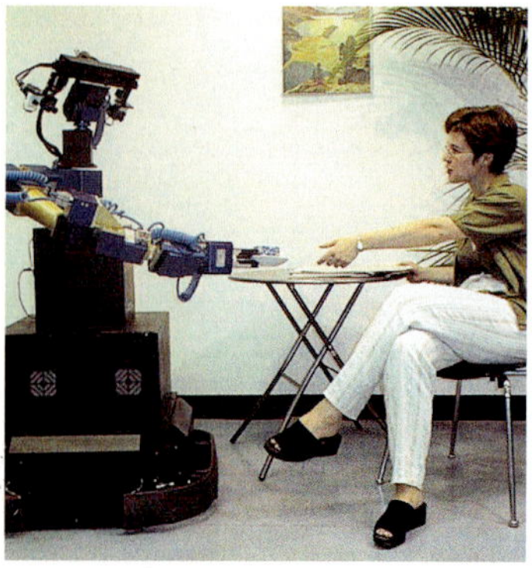
Dieser Roboter führt einfache Kommandos auf Zuruf aus.

Für die Beschäftigten ist es notwendig, immer neu hinzuzulernen, um mit dem technischen Wandel Schritt halten zu können und damit ihren Arbeitsplatz zu sichern.

Durch technischen Wandel verändern sich nicht nur Produkte, technische Verfahren und Organisationsstrukturen, sondern auch die Menschen und die Gesellschaft. Wenn wir uns in eine Welt ohne Autos zurückversetzen, dann hatten die Menschen andere Vorstellungen von Zeit, Geschwindigkeit und Reisen. Eine Reise, für die wir heute nur noch Stunden oder Tage benötigen, dauerte früher Wochen oder Monate.

Unser tägliches Leben ist ohne Elektrotechnik kaum noch denkbar. Sie hat wesentlich zur Veränderung der Lebensumstände in den letzten hundert Jahren beigetragen. Wie groß die Abhängigkeit der Gesellschaft von der Elektroenergie ist, zeigten nicht zuletzt die Auswirkungen der großflächigen Stromausfälle in der letzten Zeit, z. B. in den USA. Der Verkehr brach zusammen, Unternehmen und Handelseinrichtungen mussten schließen, weil sie ohne Elektroenergie nicht arbeitsfähig waren. Auch im Wohnbereich hat ein Stromausfall katastrophale Folgen. Da die Haushaltsgeräte nicht mehr funktionieren, kann man weder waschen noch kochen, wenn kein Gasanschluss vorhanden ist. Bei längerem Ausfall verderben die Vorräte in der Tiefkühltruhe, aber auch die Wasserversorgung und die Heizung fallen aus, da die notwendigen Pumpen nicht arbeiten.

Erste Versuche, beim Waschen mechanische Mittel und Strom zu nutzen

Seit Beginn der Nutzung der Elektroenergie im Wohnbereich Anfang des vorigen Jahrhunderts haben sich die Einsatzbereiche vervielfacht. Zunächst wurde der elektrische Strom fast ausschließlich für Beleuchtungszwecke genutzt. Dann folgten die ersten Haushaltsgeräte wie Staubsauger, Nähmaschine, Waschmaschine, allerdings wurde bei Letzterer zunächst nur die Handkurbel durch einen Elektromotor ersetzt.

Moderner Waschvollautomat

Auch die Entwicklung des Rundfunks in den 1930er-Jahren war erst möglich, als die meisten Wohnungen einen Stromanschluss hatten. Inzwischen spielt die Kommunikationstechnik bei der Ausstattung der Wohnungen eine wichtige Rolle. Neben Rundfunk- und Fernsehgeräten findet man in den meisten Haushalten Computer, Notebooks, DVD-Player, Spielekonsolen und Telefonanlagen.

Die Ausstattung der Wohnungen mit elektrischen Haushaltsgeräten hat sich in den letzten Jahrzehnten ebenfalls wesentlich erweitert. Zum Standard gehören heute neben Waschmaschinen auch Geschirrspüler, Kaffeeautomaten und Mikrowellen.

Solaranlage auf einem Wohnhaus

Die Entwicklung der Steuerungstechnik bewirkte einen weiteren Schub bei der Nutzung der Elektrotechnik im Haushalt. So werden zunehmend Sicherungssysteme in die Häuser eingebaut, Garagentore und Sonnenschutzanlagen werden elektrisch betrieben und elektronisch gesteuert, auch Solaranlagen werden verstärkt installiert.
Der Trend geht zur zentralen Steuerung der gesamten Haushaltstechnik und zum Einsatz von Robotern.

1. Beschreibe und beurteile den Einfluss des technischen Wandels auf deine Lebensumstände. ◒

2. Erarbeite eine Übersicht, wie sich die Informations- und Kommunikationstechnik in den letzten 10 Jahren verändert hat. ●

Starthilfe zu Aufgabe 1:
Nutze als Grundlage die Entwicklung in deinem Zuhause.

Fertigung eines Werkstückes

Wenn man in der Schule oder zu Hause einen Gebrauchsgegenstand herstellen will, z. B. einen Kerzenständer als Geburtstagsgeschenk oder ein Regal zur Aufbewahrung der Musik-CDs, ist eine genaue Planung der Vorgehensweise notwendig.

Zunächst muss geklärt werden, wie der Gegenstand aussehen soll, welches Material eingesetzt werden soll und welche Abmessungen notwendig sind. Bei der Materialauswahl ist zu beachten, dass die Kosten nicht zu hoch sind und es mit den vorhandenen Werkzeugen bearbeitet werden kann.

Um eine genaue Planung des Materialbedarfs und der notwendigen Arbeitsschritte vornehmen zu können, ist es sinnvoll, eine Skizze vom geplanten Gebrauchsgegenstand herzustellen.

Um erfolgreich und zielgerichtet arbeiten zu können, ist es außerdem notwendig, einen Plan für den Ablauf der Arbeiten zu erstellen, z. B. zur Herstellung eines Aufbewahrungssystems/Regals für CDs.

Arbeitsfolge	Arbeitsschritt	Werkzeuge
1	Anreißen der Seitenwände, der Abdeckung, des Bodens und der Rückwand	Stahlmaßstab, Winkel Bleistift
2	Anreißen der Einlegeböden	Stahlmaßstab, Winkel, Bleistift
3	Aussägen der Einzelteile	Schraubstock, Feinsäge
4	Anreißen der Bohrungen für den Zusammenbau der Teile	Bleistift, Lineal, Vorstecher
5	Bohren	Bohrmaschine, Bohrer
6	Säubern und Glätten der Schnittflächen	Feile, Schleifpapier
7	Verbinden der Einzelteile mit Holzschrauben oder Dübeln	Schraubendreher

Zum Abschluss sollte überprüft werden, ob das Aufbewahrungssystem/Regal den Anforderungen zur Aufbewahrung von CDs gerecht wird.

Wichtig: Bei den Arbeiten die Regeln des Arbeitsschutzes und der Arbeitssicherheit beachten.

Aufbau und Funktion von Maschinen

Betrachten wir den Aufbau von Fahrrädern, so sind sie trotz des sehr unterschiedlichen Aussehens aus grundlegend gleichen Bauteilen aufgebaut. Es ist ein Rahmen vorhanden, der die verschiedenen Bauteile miteinander verbindet und die Last des Fahrers trägt.

Weiterhin sind Bauteile notwendig, die die Muskelkraft von den Pedalen auf das Antriebsrad übertragen. Andere wiederum sichern, dass das Fahrrad gesteuert werden kann.

Mountainbike

Schließlich sind Bauteile notwendig, die die eigentliche Aufgabe des Fahrrades, die Fortbewegung, möglich machen.

Nicht nur bei Fahrrädern, sondern bei allen Maschinen haben die Bauteile trotz unterschiedlichen Aussehens bestimmte Funktionen, die bei den meisten Maschinen zu finden sind.

Man bezeichnet sie deshalb als **Funktionsorgane**.
- Das **Trägerorgan** hält die Bauteile zusammen und sichert damit die Funktion der Maschine (z. B. Fahrradrahmen, Autokarosserie).
- Das **Arbeitsorgan** erledigt die eigentliche Arbeitsaufgabe der Maschine (z. B. die Räder am Fahrrad).
- Das **Übertragungsorgan** überträgt die Antriebsenergie zum Arbeitsorgan (z. B. Kette und Gangschaltung am Fahrrad).
- Das **Steuerorgan** sichert die Funktion der Maschine bei unterschiedlichen Anforderungen (z. B. beim Fahrrad Lenkung, Schalthebel).
- Das **Antriebsorgan** stellt die für die Funktion der Maschine notwendige Energie bereit (z. B. Elektromotor).

Elektrofahrrad

Informations- und Kommunikationstechnik

Das wichtigste Gerät der Informations- und Kommunikationstechnik ist der Computer. Er ist inzwischen in den Unternehmen, aber auch im Haushalt unentbehrlich geworden. Wir brauchen ihn, um uns zu informieren, Musik oder Videos aus dem Internet herunterzuladen oder online einzukaufen.

Speichermedien

Um den Computer optimal nutzen zu können, ist es wichtig, sich einige Grundkenntnisse zum Aufbau und zur Funktion anzueignen.

Den Computer und alle Geräte, die daran angeschlossen sind, z. B. der Drucker, bezeichnet man als Hardware. Alle Programme, die sichern, dass der Computer überhaupt arbeiten kann, werden als Software bezeichnet.

Um am Computer arbeiten zu können, benötigen wir Eingabe- und Ausgabegeräte sowie Speicher.
Ein Eingabegerät kann eine Tastatur oder auch ein Touchscreen sein. Ausgabegeräte sind z. B. der Bildschirm oder ein Drucker.

Da ein Computer immer größere Datenmengen verarbeiten kann, muss die Möglichkeit der Speicherung von Daten vorhanden sein. Wichtige Speichermedien sind die Festplatte sowie CDs, DVDs. In letzter Zeit gewinnen USB-Sticks und Speicherchips immer mehr an Bedeutung.

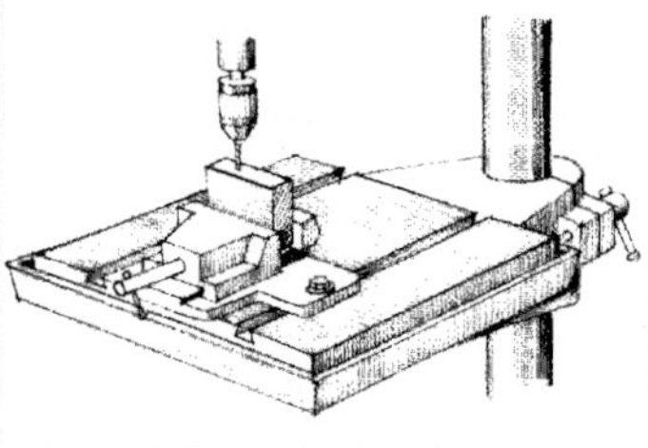

In diesem Kapitel wurde an einem konkreten Beispiel gezeigt, nach welchen Gesichtspunkten die Auswahl eines zur Fertigung geeigneten Produktes erfolgen sollte und wie die Fertigung systematisch geplant werden muss. Zugleich wurde dargestellt, wie die einzelnen Arbeitsschritte exakt geplant und von euch in einer Tabelle erfasst werden können.
Des Weiteren wurden wichtige Hinweise zum Arbeitsschutz und zur Arbeitssicherheit gegeben. Diese sind sowohl bei der Arbeit im Werkraum eurer Schule als auch für Tätigkeiten bei euch zu Hause im Haushalt unbedingt zu beachten.

Daraufhin habt ihr erfahren, wie Maschinen unabhängig von ihrer konkreten Funktion prinzipiell aufgebaut sind und welche Funktionen die verschiedenen Baugruppen haben.

Die Informations- und Kommunikationstechnik spielt in allen Lebensbereichen eine immer größere Rolle. Deshalb wurden in einem besonderen Abschnitt wesentliche Grundlagen zur Funktion von Computern und den dazugehörigen Geräten angeführt. Aufgrund der rasanten Entwicklung dieses Technikbereichs kann nur der Stand der Entwicklung zum Zeitpunkt des Erscheinens dieses Schulbuches dargestellt werden. Der aktuelle Stand kann im Internet oder anderen Medien ermittelt werden.

Zum Abschluss dieses Themenfeldes wurden einige Beispiele für den technischen Wandel dargestellt, die ihr durch eure eigenen Erkenntnisse und Erfahrungen ergänzt habt.

Die folgenden Aufgaben sollen euch nun noch einmal helfen, die Inhalte des Kapitels zu festigen und zu vertiefen:

1. Erarbeite und begründe einen Vorschlag für die Fertigung eines Produktes im Werkraum. ●

2. Erstelle eine Skizze für das zu fertigende Produkt und einen Plan für die Arbeitsorganisation und den Arbeitsablauf. ●

3. Erarbeite eine Bewertungstabelle, nach der das fertige Produkt beurteilt wird. ●

4. Beschreibe die Sicherheitsregeln bei der Arbeit an einer Ständerbohrmaschine. ○

5. Analysiere eine Maschine aus dem Werkraum oder dem Haushalt und bestimme den prinzipiellen Aufbau und die Funktion der einzelnen Bauteile. ○

6. Beschreibe die Funktion eines Betriebssystems, z. B. Windows 7, in einem Computer.

7. Erkundige dich beim Computerhandel, welche Leistungsdaten ein Computer heute hat, und vergleiche sie mit den Leistungsdaten eines Computers in eurem Haushalt. Wo liegen die größten Unterschiede und welche Auswirkungen hat das auf die Leistungsfähigkeit des Computers.

8. Beschreibe das EVA-Prinzip eines Computers und die dafür notwendigen Geräte oder Bauteile.

9. Erkunde in einem Unternehmen der Region, welche Folgen der Einsatz moderner Technik auf die Arbeitsplätze und die notwendige Qualifikation der Mitarbeiter hat.

10. Ermittle Beispiele für die positiven und negativen Auswirkungen von Techniknutzung für die Umwelt.

Atomkraftwerk

Windkraftanlage

11. Erläutere den technischen Wandel am Beispiel des Antriebes für Fahrzeuge.

Pferdekutsche

Elektroauto

Altmetall
Altpapier
WEISSGLAS

III Organisation von Arbeit

Arbeit und Arbeitsteilung ist ein Versuch, die menschliche Arbeitskraft im privaten Haushalt und in Unternehmen so einzusetzen, dass es zu guten Arbeitsergebnissen kommt und über Arbeitsteilung mehr erreicht wird, als es jeder für sich alleine könnte.

Im Einzelnen geht es darum:

- **Welche Formen der Arbeitsteilung gibt es im privaten Haushalt und im Betrieb und wie sind sie historisch entstanden?**

- **Wie lässt sich Arbeit arbeitsteilig, z. B. in Schulen, organisieren?**

- **Wie lässt sich Arbeit im Betrieb menschengerecht gestalten und wie kann man Arbeitsplätze mithilfe von Arbeitsplatzerkundungen näher untersuchen?**

- **Welche Bedeutung hat Umweltschutz im privaten Haushalt und im Betrieb?**

1 Arbeit und Arbeitsteilung im Haushalt

Arbeitsteilung in der Familie

Durch ihre Arbeit und den Beruf erhalten die Menschen das notwendige Geld für Nahrung, Kleidung, Wohnung usw. Der Beruf ist also die wichtigste Quelle für das Einkommen. Aber er ist noch mehr. Der Beruf bestimmt das Ansehen eines Menschen. Viele Menschen sind stolz auf ihren Beruf. Andere sind mit der Arbeit, die sie im Beruf ausüben, unzufrieden. Die berufliche Arbeit beeinflusst alle Lebensbereiche: das Familienleben, die Freizeit und den Freundeskreis.

Es gibt aber, neben der Erwerbsarbeit, mit der man Geld verdient, auch noch andere Formen der Arbeit. Eine andere Form ist z. B. die Hausarbeit. Dabei handelt es sich um eine wichtige Tätigkeit, die aber viel zu wenig anerkannt wird. Für die eigene Arbeit im Haushalt erhält man kein Einkommen. Sie ist für die Versorgung der Familie und für das Wohlbefinden allerdings von großer Bedeutung.

In vielen Familien sind beide Eltern berufstätig und müssen zudem die Hausarbeit organisieren. Sie sind erwerbstätig, weil sie Freude am Beruf haben oder gezwungen sind, gemeinsam für den Unterhalt zu sorgen.

Lest euch einmal durch, welche Arbeiten die Mitglieder der Familie Weber im Beruf, in der Schule oder im Haushalt regelmäßig ausführen:

Karin bei den Schularbeiten

B

Tochter Karin, 14 Jahre

„Um 7.50 Uhr beginnt jeden Tag der Unterricht. Um 14.00 Uhr bin ich wieder zu Hause. Nach dem Mittagessen döse ich erst einmal ein bisschen rum, ich lese oder höre Musik. Dann mache ich meine Hausaufgaben und hinterher treffe ich mich mit Freunden oder gehe zum Sport. Zu meinen Aufgaben im Haushalt gehören Geschirrspülmaschine ein- und ausräumen, Müll rausbringen oder auch ein bisschen Gartenarbeit. Da ich gerade für ein Notebook spare, trage ich jeden Sonntag Zeitungen aus. Für immerhin 6 Euro die Stunde."

Herr Weber bei der Arbeit

B

Herr Weber

„Ich bin gelernter Elektrotechniker und angestellt bei der Firma „Kluge und Kluge". Das ist ein größerer Maschinenbaubetrieb, der Maschinen und Anlagen herstellt. Zum Beispiel Melkmaschinen für die Landwirtschaft. Da ich 38,5 Stunden in dem Betrieb arbeite und täglich auch noch dreißig Kilometer zum Arbeitsplatz fahren muss, bleibt am Abend kaum Zeit für die Hausarbeit. Allerdings bin ich für das Staubsaugen und die Reparaturen zuständig. Außerdem engagiere ich mich als Schatzmeister im Schützenverein. Dadurch bleibt noch weniger Zeit für gemeinsame Wochenendaktivitäten mit der Familie. Und dann muss ich ja auch Fortbildungen machen, um im Beruf am Ball zu bleiben …"

B **Frau Weber**

„Seit einigen Jahren bin ich wieder berufstätig. Ich arbeite halbtags in der örtlichen Bank als Bankkauffrau. Wenn ich mittags nach Hause komme, koche ich Mittagessen für Karin und mich. Danach steht Hausarbeit auf dem Programm: Einkaufen, Waschen, Bügeln, Putzen, Aufräumen, Gartenarbeit … Da fast alle Hausarbeit an mir hängen bleibt, ist die Zeit eigentlich immer zu knapp. In meiner Freizeit bin ich noch ehrenamtlich für den Kinderschutzbund tätig."

Formen der Arbeit		
Erwerbsarbeit	Hausarbeit	Ehrenamt

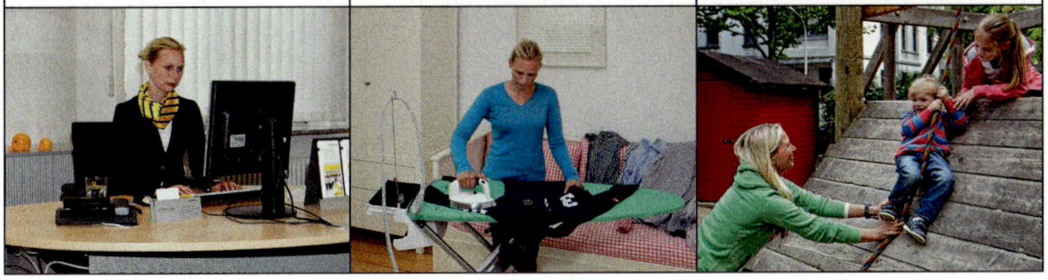

Für das Familienleben ist es wichtig, dass die Arbeiten im Haushalt sinnvoll und gerecht auf alle Familienmitglieder aufgeteilt werden. Wichtig ist, zu überlegen, wer was verantwortlich übernehmen kann und welche Arbeiten gemeinsam oder im Wechsel erledigt werden können. Bei der Aufgabenverteilung ist auch zu berücksichtigen, ob diese täglich anfallen oder nur einmal in der Woche oder sogar noch seltener.

1. Erläutere, warum Beruf und Arbeit so wichtig für den Menschen sind. ◒

2. Übertrage die folgende Übersicht in dein Heft und ordne die Formen der Arbeit den Mitgliedern der Familie Weber zu. Lege dann eine Tabelle für deine eigene Familie an und beschreibe die Arbeitsteilung. ○

	Karin Weber	Frau Weber	Herr Weber
Hausarbeit			
Schule und Fortbildung			
Erwerbsarbeit/Beruf			
Ehrenamt			

3. Werte die Tabelle danach aus, ob die Arbeit gerecht aufgeteilt ist, und erkläre, wo es in der Familie häufig zu Konflikten kommt und wie diese gelöst werden könnten. ◒

4. Nimm Stellung zu der Aussage: „Auch Schularbeit ist Arbeit." ◒

2 Arbeit und Arbeitsteilung im Betrieb

Arbeitsteilung im Betrieb

Ihr habt gelernt, dass es unterschiedliche Formen der Arbeit gibt. Vor allem wird unterschieden zwischen der Hausarbeit, der Erwerbsarbeit und der ehrenamtlichen Arbeit.
Auch in einem Betrieb, ähnlich wie im Haushalt, müssen die Aufgaben sinnvoll und gerecht aufgeteilt werden. Nur dann kann ein Betrieb auf Dauer funktionieren und auch erfolgreich sein am Markt. Von den Aufgaben, die ein Mitarbeiter in einem Betrieb ausführt, hängt vieles ab. Dazu gehört an erster Stelle die Höhe des Einkommens. Eine Managerin, die die Aufgabe hat, den gesamten Betrieb zu führen, und Verantwortung für alle Mitarbeiter hat, verdient mehr Geld als ein Angestellter. Aber auch die allgemeinen Arbeitsbedingungen, wie etwa die Umwelteinflüsse, hängen davon ab. Ein Buchhalter sitzt z. B. normalerweise die ganze Zeit am Schreibtisch, aber ein Kollege in der Produktion bedient vielleicht Maschinen und ist damit Lärm ausgesetzt und muss körperlich viel härter arbeiten.

Arbeiten als Schweißer

Arbeiten am Fließband

Arbeiten als Pförtner

B

Doch zurück zur Familie Weber:
Frau Weber: „Auf meiner Arbeit sind wir insgesamt sechs Personen. Die Filialleiterin, vier weitere Bankkaufleute und ich. Eine Kollegin ist überwiegend an der Kasse tätig, zwei weitere beraten die Privatkunden und ich selbst betreue unsere Firmenkunden und das Immobiliengeschäft.
Herr Weber: „Unsere Firma „Kluge und Kluge“ stellt Verpackungsmaschinen her. Der Betrieb ist mit 60 Mitarbeitern recht groß. Deshalb gibt es einige Abteilungen wie den Einkauf, die Produktion und den Vertrieb. Außerdem haben wir natürlich eine Geschäftsführung, eine Buchhaltung und eine IT-Abteilung. Ich bin als Elektrotechniker in der Produktion beschäftigt.“
Karin Weber: „Tja, ich gehe ja noch zur Schule, meine Arbeit ist also die Schularbeit. Eine Schule ist aber auch ein Betrieb, wenn auch ein öffentlicher. Hier findet auch Arbeitsteilung statt. Doch dazu später mehr …“

Später schauen wir uns den Betrieb von Herrn Weber näher an. Vorher stellen wir uns aber die Frage, wie Arbeitsteilung entstanden ist.

Wie ist Arbeitsteilung entstanden: ein Blick in die Geschichte

Arbeitsteilung ist eine Voraussetzung für die Entstehung von Berufen.
Die Berufe, in denen die Menschen heute arbeiten, haben zum Teil eine Entwicklung von vielen Jahrhunderten hinter sich. Diese Entwicklung ist eng mit der Arbeitsteilung und der technischen Entwicklung verbunden. Arbeitsteilung war und ist aber auch eine wesentliche Ursache für die Entstehung von Berufen.

Erste Wirtschaftsform: geschlossene Hauswirtschaft
In der Frühzeit der Menschheit versorgten sich die einzelnen Familien oder Sippen selbst mit allem, was sie benötigten. Aber auch dort, wo nur für den Eigenbedarf der Sippe Waren hergestellt wurden, zeigte sich, dass einige Mitglieder des Stammes bestimmte Tätigkeiten besser konnten als andere und mit der Zeit diese Tätigkeiten für den gesamten Stamm übernahmen. Daraus entwickelten sich erste Formen der Arbeitsteilung: Schuhe fertigte der Schuster, Hufeisen der Schmied usw.

Entwicklung der handwerklichen Arbeitsteilung
Große Bedeutung für die Arbeitsteilung hatte die Städtebildung im Mittelalter. Einige Handwerker aus den ländlichen Gebieten wanderten in die Städte ab. Zwischen diesen Gebieten und den Städten entwickelte sich ein reger Handel auf den Märkten. Die Handwerker gewannen beachtlichen Einfluss und sie organisierten sich zu Zünften. Die handwerklichen Grundberufe gliederten sich im Mittelalter immer mehr auf, z. B. der Handwerksberuf des Schmiedes in Hufschmied, Nagelschmied, Wagenschmied, Waffenschmied, Scherenschmied, Klingenschmied.

Arbeitsteilung in der Industrialisierung
Mit der Erfindung der Dampfmaschine im 18. Jahrhundert veränderte sich die Erwerbsarbeit. Bis dahin war die Familie eng mit dem Arbeitsplatz und der Produktion verbunden. Mit der aufkommenden Industrie ging dies verloren. Viele neue Berufe entstanden und alte veränderten sich. Um 1900 entstand die Fließbandproduktion. Dabei wurden viele Produkte, die früher mit der Hand hergestellt wurden, maschinell gefertigt.

1. Nenne Probleme, die auftreten können, wenn die Arbeit in einem Betrieb nicht sinnvoll aufgeteilt ist, und erläutere denkbare Folgen. ◒

2. Beschreibe die Entstehung von drei verschiedenen Berufen, indem du diese nachvollziehbar darstellst und präsentierst. ○

3. Erarbeite zur Geschichte eines von dir gewählten Berufs ein Referat oder eine Präsentation für die Klasse. ●

Schreiner früher …

… und heute

Starthilfe zu Aufgabe 1:
Was passiert zu Hause in eurer Familie, wenn nicht klar ist, wer was tun soll? Und was sind die Folgen? Im Betrieb kann natürlich etwas richtig schiefgehen, wenn die Arbeitseinteilung nicht klar ist. Überleg dir, was z. B. passieren kann, wenn die Ärzte bei einer Operation nicht wissen, wer was tun soll …

Arbeitsteilung zwischen Betrieben

Produktion in einem Maschinenbaubetrieb

Unternehmen produzieren Sachgüter …

„Kluge und Kluge" produziert z. B. Maschinen, die in anderen Betrieben eingesetzt werden, um damit ihrerseits Güter herstellen zu können. Durch den Produktionsprozess entstehen neue Produkte: z. B. Maschinen wie im Fall von „Kluge und Kluge" oder auch Brot, Brötchen und anderes Gebäck in einer Bäckerei. Viele Unternehmen produzieren für die privaten Haushalte: Nahrungs- und Genussmittel, Haushaltsgeräte, Wasser, Strom usw. Man kann also unterscheiden:

- Produktion von Gebrauchsgütern (z. B. Haushaltsgeräte) und Verbrauchsgütern (z. B. Brot) für die Haushalte
- Herstellung von Produktionsgütern (z. B. Maschine) für andere Betriebe

… und Dienstleistungen

Neben Unternehmen, die Sachgüter herstellen, gibt es solche, die auf den ersten Blick etwas ganz Merkwürdiges produzieren, etwas, von dem ihr vielleicht sagt, es sei gar keine Produktion: Sie produzieren Dienstleistungen. Dazu gehört z. B. die Arbeit von Reisebüros, von Friseuren oder Reinigungen.

Dienstleistung Verkauf

Unternehmen sind auf Einkaufsmärkten tätig

Die Firma „Kluge und Kluge" stellt Güter her, könnte das aber nicht, wenn sie nicht zuvor Güter und Leistungen eingekauft hätte:

- Arbeitskräfte, die die Produkte herstellen
- Maschinen (Betriebsmittel) und Materialien (Werkstoffe), die sie für die Produktion benötigt
- Finanzmittel, um die notwendigen Maschinen kaufen zu können

Unternehmen verkaufen Güter

Die schönsten und besten Güter sind wertlos, wenn sie nicht verkauft werden können. „Kluge und Kluge" z. B. muss in der ganzen Welt Kunden für ihre Maschinen gewinnen. Andere müssen Konsumenten gewinnen, z. B. euch Jugendliche. Daher hat jedes Unternehmen eine mehr oder weniger große Verkaufsabteilung. Ihre Aufgabe ist es zum einen, sich über den Markt zu informieren, d. h. herauszufinden, ob es für das Produkt überhaupt Käufer gibt, und zum anderen die Käufer für das Produkt zu gewinnen, d. h. den Markt zu beeinflussen. Dazu dient z. B. die Werbung, die ihr aus dem Fernsehen, aus dem Internet oder von Plakaten kennt.

1. Ordne die folgenden Beispiele den Gebrauchsgütern, Verbrauchsgütern, Produktionsgütern oder Dienstleistungen zu: ○
Marmelade, Bohrmaschine, Fahrrad, Massage, Tattoo, Hebebühne, Zapfanlage, Schnitzel, Föhn, Rechtsschutzversicherung, Aktie, Autowäsche, Zahnpasta, Benzin, Handy, Kreuzfahrt, Make-up, Kugelschreiber, Turnschuhe

Ein Betrieb benötigt für die Herstellung von Gütern viele Einzelteile, die sogenannten Vorprodukte oder auch Vorleistungen. Es muss entschieden werden, ob diese Einzelteile selbst produziert oder bei Zulieferbetrieben gekauft werden. Das hängt jeweils davon ab, was für den Betrieb kostengünstiger ist. Zulieferbetriebe haben sich spezialisiert und können ihre Produkte daher häufig preiswerter anbieten.

Leistung		Was ist passiert?
Getreideernte		– ... – ... – ... – ... – ... – ...
Mühle		– ... – ... – ... – ... – ... – ...
Mehlgroßhandel		– ... – ... – ... – ... – ... – ...
Bäckerei		– ... – ... – ... – ... – ... – ...

Beispiel für Arbeitseinteilung

1. Benenne die Sachgüter und Dienstleistungen, die in dem obigen Beispiel innerhalb der einzelnen Arbeitsschritte anfallen. Übertrage dazu die Tabelle in dein Heft. ○

2. Erkläre in eigenen Worten, warum Unternehmen Werbung machen müssen, um ihre Produkte zu verkaufen. ○

3. Wähle dir ein eigenes Beispiel für die Arbeitsteilung zwischen Betrieben und beschreibe die Arbeitsteilung nach dem Muster „Brotherstellung“. Präsentiere deine Ergebnisse der Klasse. ●

Der Bäcker stellt das richtige Mischverhältnis ein.

Eine Formmaschine befüllen

Brötchen vor dem Backen

Fertige Brötchen in der Bäckerei

Produktion

Dienstleistung

Die Unterscheidung von Unternehmen

Bei der Betrachtung der Unternehmen in der Stadt und in der Region erkennen wir sofort, dass sie unterschiedliche Aufgaben haben. Einige produzieren Sachgüter wie Kleidung, Nahrungsmittel, Zeitungen usw., andere wiederum bieten Dienstleistungen an wie z. B. der Friseur oder ein Reiseunternehmen.

Wie ihr schon wisst, produzieren nicht alle Unternehmen für die Verbraucher. Sehr viele Unternehmen produzieren für andere Unternehmen. Alle diese Produkte nennt man Vorleistungen. Deshalb lassen sich Unternehmen von ihrem Sachziel in vielfältiger Weise gliedern, z. B. nach der Art der erstellten Leistungen oder nach den Wirtschaftszweigen. Die folgende Zusammenstellung zeigt eine Gliederung nach der Art der erstellten Leistungen.

Unternehmen produzieren

Rohstoffe
z. B. Erzbergwerk, Kohlengrube
→ = Urproduktion
liefert die Rohstoffe für ein Produkt

Produktionsgüter
z. B. Maschinenfabrik

Gebrauchsgüter
z. B. Möbelfabrik

Verbrauchsgüter
z. B. Nahrungsmittelfabrik
→ = industrieller Bereich
hier werden die Rohstoffe verarbeitet

Dienstleistungen
z. B. Einzelhandel, Restaurants, Versicherungen, Banken, Verkehrsunternehmen
→ = Dienstleistungsbereich

Haushalte und Unternehmen – zwei Seiten einer Medaille

In deinem Haushalt werden täglich viele Dinge gebraucht und verbraucht: Haushaltsgeräte, Fernseher, Mineralwasser, Brot, Strom ... Natürlich wird auch in den Haushalten produziert: Es wird gewaschen und gekocht, der Garten wird gepflegt, Reparaturen werden durchgeführt und vieles mehr. Doch stammen alle Güter von außerhalb der Haushalte: Sie werden in den Unternehmen produziert und von den Haushalten gekauft – Autos, Kleidung, Fahrräder, Computer, Wurst und Käse usw.

Zwischen Haushalten und Unternehmen gibt es also zwei Beziehungen: (1) Die Haushalte bekommen sogenannte Konsumgüter (z. B. Kleidung, Käse) und (2) zahlen dafür Konsumausgaben, meist in Form von Geld.

Doch woher stammt das Geld für die Konsumausgaben? Das Einkommen erhalten die Beschäftigten von den Unternehmen für Arbeit, die sie leisten, für Boden oder das Kapital, das manche Haushalte den Unternehmen zur Verfügung stellen. Auch hier gibt es zwei Beziehungen: Haushalte stellen Leistungen zur Verfügung und erhalten dafür Einkommen. Wenn man dies darstellt, erhält man den „einfachen Wirtschaftskreislauf" zwischen Haushalten und Unternehmen.

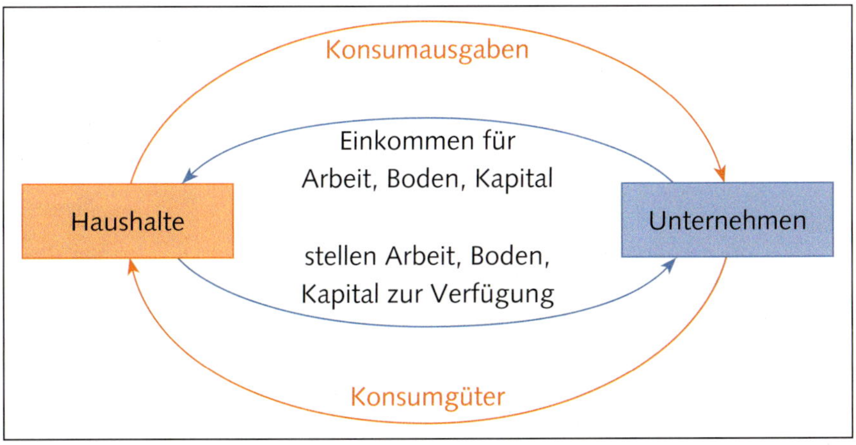

Der einfache Wirtschaftskreislauf

INFO

In Deutschland gibt es rund 37 Millionen Haushalte. In den meisten leben Eltern mit einem oder zwei Kindern. Es gibt aber auch Zwei-Personen-Haushalte und viele Single-Haushalte.

Im wirtschaftlichen Leben werden alle Haushalte zu der Größe „private Haushalte" z. B. der Bundesrepublik Deutschland zusammengefasst. Ihr Merkmal ist, dass sie alle konsumieren.

In Deutschland gibt es ca. 3 300 000 Unternehmen. Die kleineren und mittleren Betriebe stellen die größte Anzahl dar. Sie produzieren Sachgüter und Dienstleistungen. In Unternehmen erzielen die Beschäftigten und natürlich auch die Unternehmer Einkommen. Im wirtschaftlichen Leben werden alle Unternehmen zusammengefasst.

1. Erkläre den einfachen Wirtschaftskreislauf und nenne eigene Beispiele für die Beziehungen zwischen Haushalten und Unternehmen. ○

2. Erläutere den Satz „Haushalte und Unternehmen – zwei Seiten einer Medaille". ◒

3. Recherchiert in eurer Region nach Unternehmen aus den drei Bereichen Urproduktion, Industrie und Dienstleistungen. Erstellt eine Übersicht dazu und präsentiert diese in der Klasse. ●

➐ Starthilfe zu Aufgabe 2: Haushalte brauchen die Leistung von Unternehmen, und Unternehmen brauchen die Mitglieder der privaten Haushalte. Schaut euch die Abbildung auf dieser Seite an und sucht Beispiele zur Beantwortung der Frage.

3 Arbeitsteilung und Spezialisierung weltweit

INFO

Infrastruktur: Die Wirtschaft muss reibungslos funktionieren. Dafür benötigt man wirtschaftliche Grundlagen (z. B. Straßen, Bildungsangebote, Energie). Diese heißen zusammengefasst Infrastruktur.

Unternehmen bieten ihre Sachgüter (z. B. Zucker oder Autos) und Dienstleistungen (z. B. eine Urlaubsreise) nicht nur in einer Stadt oder einem Land, z. B. Deutschland an. Sie handeln weltweit mit ihren Produkten, wenn es dafür Käufer gibt. Die Unternehmen in den Ländern spezialisieren sich dabei auf solche Produkte, die sie besser herstellen können als andere. Es spielt dabei eine Rolle, wie teuer die Arbeitskräfte in dem Land sind, wie gut sie ausgebildet sind und wie gut die allgemeine Infrastruktur ist. Außerdem können nur Produkte verarbeitet und in andere Länder ausgeführt werden, die unter den klimatischen Bedingungen eines Landes wachsen oder für die es Rohstoffvorkommen gibt. Zusammengefasst produziert jedes Land das, was es am besten und billigsten kann. Ein paar Beispiele zur weltweiten, man sagt auch globalen Arbeitsteilung, findet ihr in der folgenden Tabelle.

INFO

Produkte, auf die Deutschland sich spezialisiert hat, sind z. B. Autos, Maschinen oder auch chemische Erzeugnisse.

Gründe für weltweite Arbeitsteilung			
Verfügbarkeit (Klima, Rohstoffe …)		Kostenunterschiede (Arbeitskräfte, Boden …)	
 Bananen wachsen z. B. in …	 Erdöl gibt es z. B. in …	 Viele landwirtschaftliche Flächen gibt es z. B. in …	 Viele günstige Arbeitskräfte gibt es z. B. in …
 Kaffee wird z. B. anbebaut in …	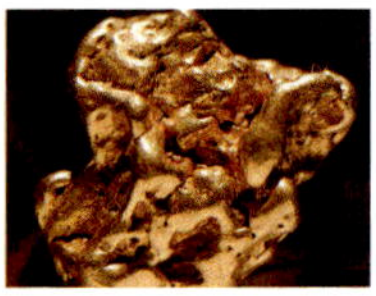 Goldvorkommen gibt es z. B. in …	 Viele gut ausgebildete und damit teure Fachkräfte gibt es z. B. in …	 Viel Kapital z. B. für teure Maschinen gibt es in reichen Ländern.

1. Fasse die Gründe für eine weltweite Arbeitsteilung mit eigenen Worten zusammen. ○

2. Benenne Beispiele für Länder in der abgebildeten Tabelle. ○

3. Die Bedeutung der weltweiten Arbeitsteilung lässt sich z. B. auch beim Einkauf im Supermarkt oder in anderen Geschäften erfahren. Finde Beispiele für internationalen Handel und internationale Arbeitsteilung. ○

Starthilfe zu Aufgabe 3: Schaut im Glossar auf S. 186 nach, wenn ihr euch unsicher seid, was man unter internationalem Handel und internationaler Arbeitsteilung versteht.

4 Was Arbeit und Arbeitsteilung noch bedeuten können

Würde man einen Arbeiter und einem Unternehmer die Frage stellen: „Was bedeutet für Sie Arbeit?", so würde vielleicht der eine antworten: „Arbeit bedeutet für mich, dass ich Einkommen für meinen Lebensunterhalt bekomme", und der oder die andere: „Arbeit ist für mich ein Kostenfaktor." Es ist also eine Frage des Blickwinkels, wie man Arbeit betrachtet.

Wenn man keine Arbeit hat ...

Arbeit kann Mühe, Plackerei und Zwang sein, eintönig und menschenunwürdig erscheinen. Sie kann aber auch Freude bereiten, sie kann Anerkennung und Ansehen bringen. In der Arbeit kann der Mensch die Erfüllung seines Lebens finden, Ideen umsetzen und für sich/andere viel Nützliches bewirken. Es ist für den Menschen eine schlimme Erfahrung, wenn er keine Erwerbsarbeit findet oder seinen Arbeitsplatz verliert. Wenn die Suche nach einem Arbeitsplatz über lange Zeit erfolglos ist, fühlt man sich vielleicht minderwertig und nicht in der Lage, seine eigene Familie zu versorgen. Man kann sich nicht mehr viel leisten und oft wachsen deshalb die Probleme in den betroffenen Familien.

Ihr habt in diesem ersten Abschnitt etwas darüber erfahren,
- welche Bedeutung die Arbeit für den Menschen hat,
- welche Formen der Arbeit sich unterscheiden lassen und
- warum es Arbeitsteilung im privaten Haushalt, im Betrieb, zwischen Betrieben und sogar weltweit gibt.

Im nächsten Schritt geht es um das Thema, warum Arbeit organisiert werden muss. Als Beispiel dient uns dazu der öffentliche Betrieb, in dem euer eigener „Arbeitsplatz" ist, eure Schule.

1. Notiere stichpunktartig, welche Bedeutung Arbeit und Beruf für dich persönlich haben. ○

2. Beschreibe, was Arbeitslosigkeit für den betroffenen Menschen und/oder seine Familien bedeuten kann. ◒

5 Warum muss Arbeit organisiert werden?

Im Schulsekretariat

INFO

Organigramme bilden die Organisation eines Betriebes oder einer Schule ab. Mit Kästchen, Pfeilen und Linien werden Zusammenhänge gezeigt:

Wer ist für welche Aufgaben und Mitarbeiter verantwortlich? Wer ist wessen Vorgesetzter oder wem unterstellt?

Die Schule als Organisation

Es gibt ganz unterschiedliche Schulen. Ihr seid entweder an einer kleinen oder größeren Schule, an einer Schule in der Stadt oder in einer ländlichen Region. Alle Schulen haben aber die Gemeinsamkeit, dass die Arbeit organisiert werden muss. Und zwar so, dass alles jeden Tag reibungslos läuft. Ohne eine gute Organisation würde in einer Schule schnell ein Chaos ausbrechen und keiner wüsste, was eigentlich zu tun ist. Es muss also klar sein, wer was tut, womit und wann. Hierzu nutzt man Organigramme. Sie zeigen die Zusammenhänge auf. Hier ein Beispiel für ein Schul-Organigramm:

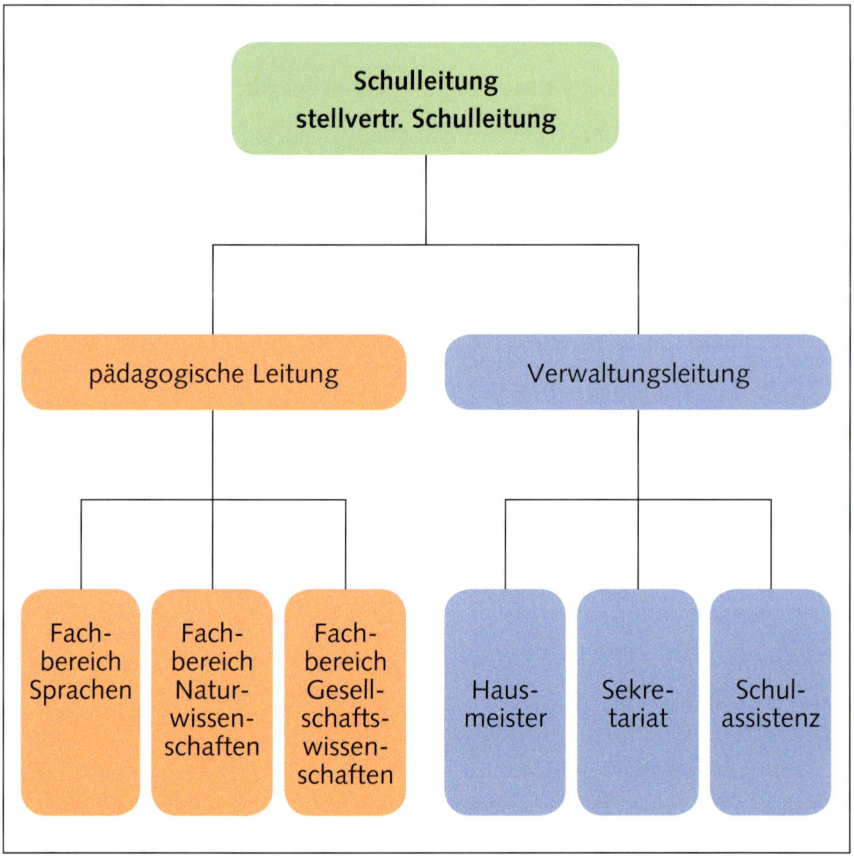

Aufbauorganisation einer Schule

1. Nenne Aufgaben, die in einer Schule erfüllt werden müssen.

2. Erkläre, welche Folgen es haben kann, wenn die Mitarbeiterinnen und Mitarbeiter einer Schule nicht wissen, wer was zu tun hat.

3. Analysiere, wer an der Aufbauorganisation deiner Schule beteiligt ist, und zeichne ein Organigramm für deine Schule.

Aufbau- und Ablauforganisation in der Schule

Bei der Organisation unterscheidet man zwischen:

Aufbauorganisation | **Ablauforganisation**

Die Aufbauorganisation regelt, wer, wo, mit welchen Mitteln etwas tun soll. Sie regelt, wer welche Aufgaben hat, denn jeder Mitarbeiter muss wissen, was er tun soll und was nicht. Auch ist festgelegt, wer für bestimmte Aufgaben verantwortlich ist und anderen Anweisungen erteilen darf.

Die Ablauforganisation regelt alle Arbeitsabläufe, wie beispielweise auch in in einer Schule. Es geht darum wie, wann und warum bestimmte Aufgaben erledigt werden müssen.

An einem einfachen Beispiel können wir feststellen, dass Abläufe in einer Schule geregelt sein müssen:

Ein Telefongespräch führen wir meist, ohne uns die einzelnen Schritte zu überlegen. Tatsächlich besteht diese Aufgabe aus einer ganzen Reihe von Tätigkeiten und Entscheidungen. In unserem einfachen Beispiel gibt es die folgenden Tätigkeiten und Abfragen:

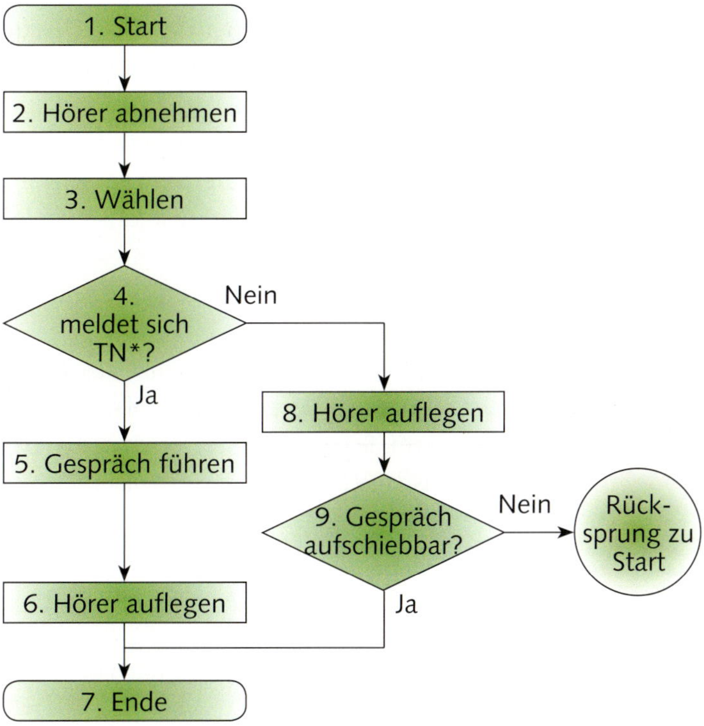

* Teilnehmer

Flussdiagramm „Telefongespräch“

Arbeitsplatzerkundung: Arbeitsplätze in einer Schule

Wenn ihr etwas über Arbeitsplätze in einem Betrieb oder einer öffentlichen Institution wie einer Schule erfahren wollt, müsst ihr Arbeitsplätze erkunden. Dann erfahrt ihr, was eine Person an einem Arbeitsplatz macht, unter welchen Bedingungen sie arbeitet, welche Ausbildung sie benötigt usw. Das Ergebnis kann unterschiedlich ausfallen – je nachdem, aus welcher Sicht ihr den Arbeitsplatz betrachtet. Für den Schulleiter oder die Schulleiterin, die „Chefin" oder den „Chef" der Schule, ist der Arbeitsplatz in erster Linie eine „Stelle". Wer auf einer Stelle sitzt, muss bestimmte Aufgaben erledigen. Für die Arbeitsperson ist der Blickwinkel aber anders.
Die Arbeitsplatzerkundung hat einen klassischen Ablauf: Wo wird etwas getan? Was wird getan? Wie wird etwas getan?

Vorbereitung

1. Soll mit dieser Methode erfolgreich gearbeitet werden, ist diese Erkundung sorgfältig vorzubereiten. Als Hilfsmittel der Beobachtung könnt ihr euch an folgenden Aspekten orientieren:

Merkmale eines Arbeitsplatzes
Wer einen Arbeitsplatz aus der Sicht der Arbeitsperson untersuchen will, sollte sieben Merkmale zur Unterscheidung von Wichtigem und Unwichtigem kennen, hier am Beispiel der Bürokauffrau:
1. Die Arbeitsaufgabe: Organisation des Sekretariats
2. Die Eingabe (input): Dazu gehören die Materialien und die Informationen, die zur Erfüllung der Arbeitsaufgabe erforderlich sind, etwa Anweisungen von der Schulleitung oder auch Schreibmaterial.
3. Die Betriebsmittel: Geräte oder Maschinen, die zur Erfüllung der Arbeitsaufgabe nötig sind, wie etwa ein PC, ein Telefon oder ein Drucker
4. Der Arbeitsablauf: die notwendigen Arbeitsschritte, die zu erledigen sind
5. Die Arbeitssituation: Bspw. Einzelarbeit oder Teamarbeit
6. Umgebungseinflüsse: Einflüsse, die auf den Arbeitsplatz einwirken, z. B. Lärm, Schmutz, Kälte, Wärme, blendendes Licht
7. Die Ausgabe (output): das Arbeitsergebnis in Form eines Produkts oder einer Dienstleistung, hier reibungslose Organisation des Schulsekretariats

Durchführung

2. Die Arbeitsplatzerkundung wird nach dieser Vorbereitung durchgeführt.

Auswertung

3. Die Ergebnisse dieser Arbeitsplatzerkundung werden dann in der Klasse besprochen, um sie im Unterricht für die weitere Arbeit zu nutzen.

Das folgende Schema zeigt am Beispiel einer Bürokauffrau/Sekretärin im Schulsekretariat die wesentlichen Aspekte, die im Rahmen der arbeitenden Person eine wichtige Rolle spielen.

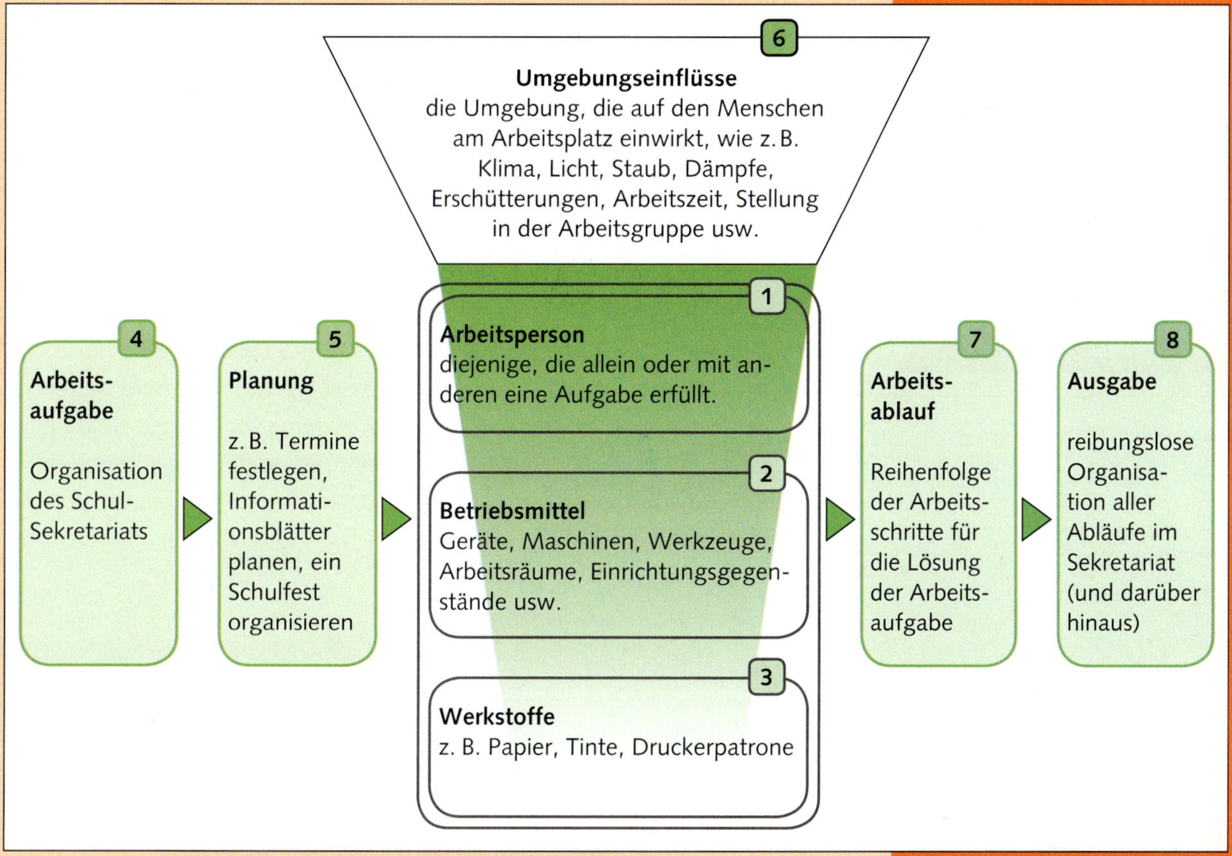

Merkmale des Arbeitsplatzes einer Bürokauffrau/Sekretärin (Die Nummern zeigen die Reihenfolge der Beobachtungen.)

Aufgaben zur Erkundung des Arbeitsplatzes einer Bürokauffrau/Sekretärin:

Die Grafik liefert euch eine Grundlage und Arbeitshilfe für die Entwicklung eines Erkundungsbogens für den Arbeitsplatz einer Bürokauffrau (Sekretärin) in eurer Schule. D. h. ihr sollt mithilfe dieser Grafik einen eigenen Erkundungsbogen entwickeln. Neben den untenstehenden Fragen sollt ihr außerdem auch eigene Fragen ergänzen. Diese können z. B. mit der Situation an eurer eigenen Schule zu tun haben.

Die folgenden Fragen sind für eure Arbeitsplatzerkundung vorgegeben:
- Wo wird die Arbeit ausgeführt?
- Wann und wie lange wird gearbeitet?
- Was ist ein typischer Arbeitsablauf?
- Welche Materialien und Informationen werden verwendet?
- Wie viel Zeit erfordert der Arbeitsprozess?

6 Menschengerechte Arbeit im Betrieb

„Mir macht meine Arbeit Spaß, weil ich Kontakt mit Menschen habe.“
„Ich bin ganz unzufrieden mit meiner Arbeit, weil sie so langweilig ist.“
„Meine Arbeit macht mich krank, weil ich so hart arbeiten muss.“
„Ich gehe gerne zur Arbeit, weil ich dort Anerkennung bekomme.“
„In meinem Job gibt es keine Möglichkeiten sich weiterzuentwickeln.“

Eine Arbeit zu haben ist sehr wichtig. Sie ist Grundlage für die Existenz und kann auch sehr zufrieden machen. Arbeit kann aber auch sehr anstrengend sein. Auf Dauer kann sie sogar krank machen. Es kann sein, dass jemand am Arbeitsplatz überfordert ist, weil die Aufgaben zu schwer sind oder man viel zu viel zu tun hat und immer unter Zeitdruck arbeiten muss. Genauso gibt es Menschen, die unterfordert sind. Sie arbeiten z. B. am Fließband und machen immer die gleichen stumpfen Arbeitsvorgänge. Vielleicht haben sie auch eine Arbeit, die sie einsam macht, weil es keine sozialen Kontakte gibt. Die Arbeit sollte im Idealfall so gestaltet sein, dass die Bedürfnisse und Fähigkeiten des Menschen berücksichtigt werden. Auf den folgenden Seiten geht es daher um die Frage: Was versteht man unter menschengerechter Arbeit im Betrieb?

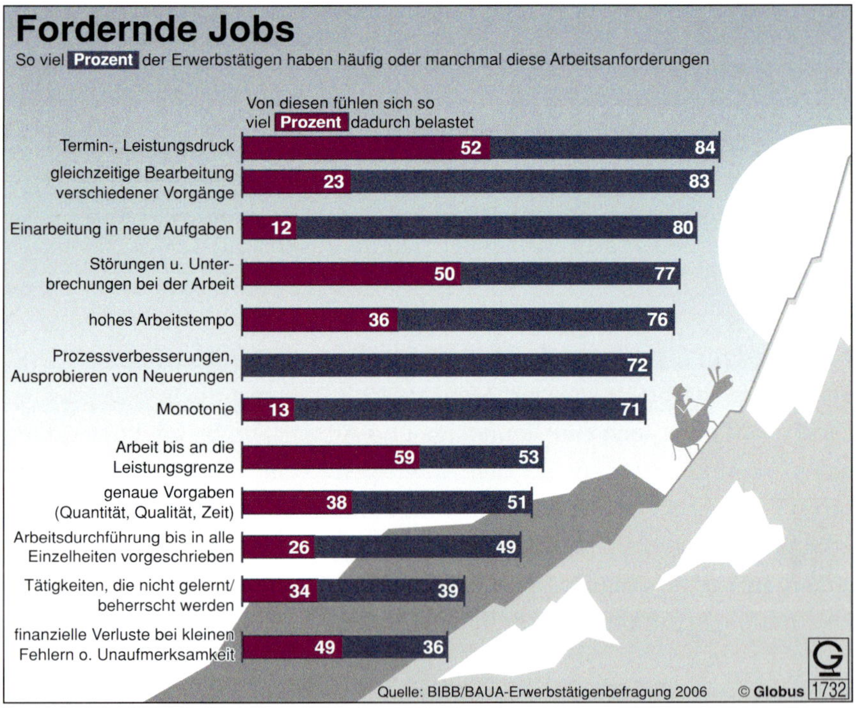

Von menschengerechter Arbeit kann man z. B. sprechen, wenn die Aufgaben zu bewältigen sind und die Kommunikation/Kooperation zwischen Kollegen gefördert wird. Man sollte von der Arbeit den Lebensunterhalt sichern können und nicht täglich Angst haben müssen, morgen den Job zu verlieren.

Kriterien für eine gute Arbeitsaufgabe

Wann ist eine Arbeit oder eine Arbeitsaufgabe gut gestaltet? Hierfür hat man Kriterien festgelegt. Dies ist der Fall, wenn …

	Kriterium
1.	die Erfahrungen und Fähigkeiten der Beschäftigten berücksichtigt werden
2.	sie die Entfaltung unterschiedlicher Fertigkeiten und Fähigkeiten gestatten, die Arbeit also vielseitig ist
3.	sie Arbeitsschritte von der Planung bis zur Kontrolle ermöglichen, die Arbeit ganzheitlich ist
4.	der Arbeitende seinen Beitrag am Gesamten erkennt, die Verantwortungsbereiche klar geregelt und die Arbeitsaufträge eindeutig sind
5.	angemessener Handlungsspielraum besteht, d. h., die Mitarbeiter können weitgehend selbst entscheiden, wie gestellte Arbeitsaufgaben zu bewältigen und welche Arbeitsschritte in welcher Reihenfolge zu gehen sind
6.	ausreichende Rückmeldung erfolgt
7.	vorhandene Fertigkeiten genutzt und neue entwickelt werden können

„Ich finde es toll, dass wir immer im Team alles besprechen und entscheiden können."
„Von meinen Kunden bekomme ich immer viel Lob für meine Arbeit, das motiviert mich sehr."
„Es ist auf die Dauer sehr nervig, immer die gleichen Dinge zu tun."
„Vom ewigen Sitzen habe ich Rückenprobleme. Außerdem ist es nicht leicht, immer so lange von zu Hause weg zu sein."
„Mir gefällt die Verantwortung, die ich habe. Außerdem kann ich jeden Tag mit den Kollegen ein Schwätzchen halten."

1. Analysiere die Grafik „Fordernde Jobs" auf der linken Seite. ○

2. Diskutiert in der Klasse, welche der oben genannten Kriterien auch für eure Arbeit in der Schule wichtig sind. ◒

3. Ordne die Aussagen den Menschen auf den Bildern zu. ○

4. Wähle eine Arbeit aus und schreibe aus der Sicht des Arbeitenden einen typischen Tagesablauf auf. Berücksichtige dabei, was an der Arbeit eher gut und was eher nicht so gut ist. ◒

Arbeiten der Hilfsarbeiter

Arbeiten als Kfz-Mechaniker

Arbeiten in einem Architekturbüro

Arbeiten als Fernfahrer

Wir schauen uns zwei Menschen an, die ganz unterschiedliche Arbeitsplätze haben:

Name: Claudia Peters
Alter: 39 Jahre
Familienstand: geschieden, 2 Kinder
Ausbildung: kein Schulabschluss
Tätigkeit: Fließbandarbeiterin
Arbeitszeiten: 35 Stunden, Mo.–Fr. von 7.00–15.00 Uhr, Pause von 9.00–9.15 Uhr und 11.30–12.15 Uhr
Verdienst: 1 500 Euro im Monat
Arbeitsbeschreibung: Ich arbeite bei einem Hersteller für Teigwaren. Ich stehe den ganzen Tag am Fließband. Es gibt drei verschiedene Bänder in unserer Halle, alle paar Stunden wechseln wir das Band. Ich muss z. B. die Portionierung der Nudeln kontrollieren oder die Verpackung beaufsichtigen. Es sind immer die gleichen Arbeitsabläufe. Anstrengend ist dabei vor allem, dass man sich die ganze Zeit so konzentrieren muss, dass man nicht aus dem Takt kommt. Ich kann mir nicht einfach mal einen Kaffee holen, dazu müsste das ganze Band angehalten werden. In der Halle ist es außerdem sehr laut, sodass ich mit meiner Kollegin am Band nicht sprechen kann. Dazu ist nur in der Pause Zeit.

Name: Stefan Meier
Alter: 26 Jahre
Familienstand: verheiratet, 1 Kind
Ausbildung: Realschulabschluss, kaufmännische Lehre
Tätigkeit: Versicherungskaufmann
Arbeitszeiten: 40 Stunden, Mo.–Do. von 8.00–17.00 Uhr, Pause 1 Std. (15 Min. am Vormittag, 45 Min. am Mittag)
Verdienst: 2 600 Euro im Monat
Arbeitsbeschreibung: Ich bin bei einem größeren Versicherungsunternehmen beschäftigt. Meine Aufgaben sind sehr vielfältig und interessant. Durch meine Ausbildung und die vielen Fortbildungen, die mir im Betrieb angeboten werden, bin ich für meine Aufgaben gut gerüstet. Der Kontakt zu den Kunden macht mir besonders viel Spaß. Mein Kollege gegenüber geht mir allerdings sehr auf die Nerven, weil er immer so schlecht gelaunt ist, und von meiner Chefin bekomme ich fast nie Anerkennung, für das, was ich mache.

1. Beurteile, welche eher guten und weniger guten Arbeitsbedingungen bei Frau Peters und Herrn Meier vorhanden sind.

2. „Die Aufgabe, die man macht, hängt ganz wesentlich von der eigenen Ausbildung ab." Nimm Stellung zu dieser Aussage, indem du die Steckbriefe von Frau Peters und Herrn Meier zu Hilfe nimmst.

Schülerarbeit in der Freizeit

Für Erwachsene gibt es Kriterien, was gute Arbeit ausmacht. Für Kinder und Jugendliche, die sich in ihrer Freizeit Geld verdienen möchten oder z. B. im elterlichen Betrieb mithelfen müssen, gibt es klare Regeln und Gesetze. Diese sind im Jugendarbeitsschutzgesetz festgehalten. Kinder ab 13 Jahre dürfen mit leichten Arbeiten beschäftigt werden, z. B. in privaten Haushalten, im Sport, im Bereich Kultur und Unterhaltung, aber auch in der Landwirtschaft.

Nebenjobs für Schüler

Mit Neben- und Ferienjobs können Schüler ihr Taschengeld aufbessern. Welche Arten der Beschäftigung Minderjähriger in Deutschland erlaubt sind und welche nicht, regelt das Jugendarbeitsschutzgesetz:

Beschäftigung von Kindern (13 bis 14 Jahre)		Beschäftigung von Jugendlichen (15 bis 17 Jahre)*
• täglich bis zu 2 Stunden nach dem Schulunterricht erlaubt • in landwirtschaftlichen Betrieben täglich bis zu 3 Stunden erlaubt • Kinder, die der Vollzeitschulpflicht** nicht mehr unterliegen: – täglich bis zu 7 Stunden, wöchentlich max. 35 Stunden erlaubt – Aufnahme einer Berufsausbildung möglich	**Arbeitszeit (Dauer)**	• täglich bis zu 8 Stunden, unter bestimmten Voraussetzungen bis 8 ½ Stunden erlaubt, wöchentlich max. 40 Stunden • in der Landwirtschaft während der Ernte täglich bis zu 9 Stunden für über 16-Jährige erlaubt, max. 85 Stunden in zwei aufeinanderfolgenden Wochen • Beschäftigung an max. 5 Tagen wöchentlich • Samstags-, Sonntags- und Feiertagsbeschäftigung in ausgewählten Branchen möglich • Berufsschüler können an den Tagen arbeiten, an denen sie max. 5 Unterrichtsstunden à 45 Min. haben, Beschäftigung nur in den Wochen möglich, in denen sie max. 25 Unterrichtsstunden innerhalb von 5 Tagen haben
• zwischen 8 und 18 Uhr erlaubt (Ausnahmen z. B. bei Theatervorstellungen oder sonstigen Aufführungen möglich)	**Tageszeit der Beschäftigung**	• zwischen 6 und 20 Uhr (Ausnahmen z.B. für über 16-Jährige im Gaststätten-, Schaustellergewerbe, in der Landwirtschaft oder in Bäckereien möglich) • bei Berufsschülern ist die Beschäftigung vor dem Unterricht nur möglich, wenn dieser erst um oder nach 9 Uhr beginnt
• leichte, kindgerechte Arbeit, die Sicherheit, Gesundheit und Entwicklung der Kinder nicht gefährdet	**Art der Arbeit**	• Arbeit, die die Leistungsfähigkeit der Jugendlichen nicht übersteigt und ungefährlich ist • keine Akkordarbeit oder tempoabhängige Arbeit • keine Arbeit unter Tage (Ausnahmen für über 16-Jährige möglich)
• Einwilligung der Sorgeberechtigten erforderlich	**Sonstiges**	

* für Jugendliche, die der Vollzeitschulpflicht ** unterliegen, gelten die Vorschriften für Kinder; Ausnahme: Beschäftigung in den Schulferien (bis zu 4 Wochen im Jahr unter Berücksichtigung der Regeln für Jugendliche)
** Vollzeitschulpflicht: je nach Bundesland 9 oder 10 Jahre in Grund- und weiterführender Schule

© Globus 4826

INFO

Zu den Tätigkeiten, die für Kinder ab 13 Jahren geeignet sind, gehören z. B.:
- Austragen von Zeitungen
- Hilfeleistungen im Haushalt und in der Landwirtschaft
- Erledigen von Einkäufen
- Betreuen von Kindern
- Erteilen von Nachhilfeunterricht
- Tätigkeiten bei Aktionen und Veranstaltungen von Kirchen, Vereinen, Parteien und Verbänden
- Versorgung von Tieren

1. Erkläre, warum Kinder und Jugendliche einem besonderen Schutz unterliegen. ○

2. Formuliere mithilfe der Grafik, was Kinder und Jugendliche ab 13 Jahren nach dem Jugendarbeitsschutzgesetz nicht dürfen. ○

3. Nenne Beispiele für mögliche Tätigkeiten bzw. Arbeiten für Jugendlichen zwischen 15 und 17 Jahren. ○

4. Befragt Menschen in eurer Umgebung nach ihren Arbeitsbedingungen. Erstellt dazu einen eigenen Fragebogen. Beachtet und respektiert dabei, dass nicht jeder gerne alle Fragen offen beantworten möchte. ●

Starthilfe zu Aufgabe 4: Orientiert euch bei der Erstellung des Fragebogens an den Seiten 78/79.

Zielsetzung

Planung

Durchführung

BEOBACHTEN

Beobachten ist mehr als nur kurz hinschauen. Beobachten kann man üben und trainieren. Genaues Beobachten muss man lernen. Gutes Beobachten macht schlau und erkenntnisreich: Es erweitert unser Wissen.

1. Die Beobachtung vorbereiten:
- Ziel der Beobachtung genau festlegen
- Hilfsmittel zur Beobachtung besorgen (z. B. Fotoapparat, Camcorder, Fernglas, Notizblock)
- Beobachtungsgesichtspunkte klären (z. B. einen Vorgang, den Ausschnitt einer Tätigkeit, Werkzeuge oder Geräte, womit jemand arbeitet) und die Beobachtung planen

2. Die Beobachtung durchführen:
- genau, konzentriert, ausdauernd, über längere Zeit beobachten
- Eindrücke der Beobachtung aufschreiben oder mit Hilfsmitteln dokumentieren
- bei Unklarheit nachfragen
- das zu Beobachtende erläutern, erklären, begründen

3. Die Beobachtung auswerten:
- Ziel und Ergebnis der Beobachtung vergleichen,
- Teilbereiche der Beobachtung ordnen,
- Beobachtungsfragen möglichst genau und klar formuliert beantworten.

4. Das Ergebnis der Beobachtung dokumentieren:
- … auf Folie für die Erläuterung in der Klasse
- … auf Plakat mit Bildern, Skizzen, Zeichnungen zum Aufhängen im Klassenzimmer
- … auf übersichtlich gestaltetem Arbeitsblatt für die Mitschüler

BEFRAGEN

1. Vorbereitung:
- Notizblock vorbereiten: Stichpunkte als Merkhilfe für die eigene Vorstellung aufschreiben: Name, Klasse, Schule (Wer bin ich?)
- höfliche Anrede überlegen (Mit wem spreche ich?)
- Anlass, Grund, Ziel der Befragung bekannt geben (Was will ich? Was möchte ich?)
- Stichpunkte für die Fragen notieren

2. Durchführung:
- höfliche Anrede verwenden, begrüßen
- für die Störung um Entschuldigung bitten
- den Anlass für die Befragung bekannt geben
- das Anliegen formulieren

Einleitung
- sich nach dem geeigneten Zeitpunkt für die Befragung erkundigen
- sich beim Beobachteten mit Namen und Klasse vorstellen

Interview
- Fragen nach den vorbereiteten Stichpunkten geordnet vorbringen

- aufmerksam zuhören und leserlich in Stichpunkten notieren
- für jedes Stichwort eine neue Zeile verwenden (übersichtlich!)
- bei ungenauer Auskunft höflich nachfragen
- etwas wiederholen lassen, wenn man mit dem Notieren nicht schnell genug nachkommt
- Schwieriges ausführlich erklären lassen
- Unbekanntes erläutern und zeigen lassen
- sich für die Auskunft bedanken
- sich verabschieden

Was ist beim Befragen zu beachten?
- höfliche Anrede verwenden
- sich vorstellen
- sich nach dem geeigneten Zeitpunkt für die Befragung erkundigen
- den Anlass für die Befragung bekannt geben
- das Anliegen formulieren
- nachfragen, wenn etwas nicht verstanden wurde
- bei ungenauer Auskunft höflich nachfragen
- Schwieriges ausführlich erklären lassen

NOTIEREN

Was ist beim Notieren zu beachten?
- Zeit, Ort, Anlass, Interviewpartner festhalten
- in Stichwörtern aufschreiben
- für jedes Stichwort eine neue Zeile verwenden (übersichtlich!)
- leserlich schreiben
- Protokoll übersichtlich auswerten
- nach Stichpunkten und Fragen ordnen, z. B.:
  - Arbeitsaufgaben (Was?)
  - Arbeitsplatz (Wo?)
  - Arbeitszeit (Wann? Wie lange?)
  - Arbeitsmittel (Womit?)
  - Arbeitsbedingungen und Arbeitsbelastungen (Wie?)

3. Auswertung:

Protokoll der Befragung anfertigen:
- Anlass der Befragung aufschreiben (z. B. Arbeitsplatz der Sekretärin in eurer Schule)
- Zeit, Ort, Interviewpartner festhalten
- Notizen ordnen und zusammenfassen
- übersichtlich nach Fragen und Stichpunkten gliedern

4. Beurteilung:
- Auftreten und Verhalten (z. B. höflich, sicher, überzeugend …)
- Sprache (verständlich, klar, flüssig; stockend …)
- Aufmerksamkeit (Blickkontakt, genau hinhören, nachfragen, konzentriert aufschreiben)
- Was sollte ich zukünftig besser machen?

Präsentation

Diskussion

Beurteilung

Waldsterben

Fischsterben

Vergiftetes Grundwasser

Umweltschutz und Nachhaltigkeit

Ölpest in der Nordsee: Tanker verunglückt!

Müllberg wächst weiter!

Der Wald stirbt!

Ozonwarnung in der Stadt!

Atomkatastrophe in Fukushima!

Täglich lesen wir in den Zeitungen und Illustrierten oder erfahren über Rundfunk und Fernsehen ähnliche Meldungen über die zunehmende Verschmutzung und Zerstörung unserer Umwelt.

Für die Verschmutzung bzw. die Zerstörung der Umwelt sind sowohl die privaten Haushalte, die Unternehmen als auch der Staat verantwortlich. Dadurch, dass Schadstoffe aus Produktion und Konsum in die Umwelt gelangen, kann sie in vielfacher Weise geschädigt und verändert werden. Beispiel: Schwefeldioxid, das durch Abgase in die Luft gelangt, schädigt und verschlechtert die Luftqualität. Durch unser wirtschaftliches Handeln, d. h. durch Produktion, Konsum, Handel und Verkehr, aber auch durch unsere Freizeitaktivitäten beeinflussen wir die Umwelt vor allem in dreifacher Hinsicht:

1. Wir verbrauchen unwiederbringbare Rohstoffe (Ressourcen) wie z. B. die Bodenschätze Öl, Kupfer, Eisen, Kohle und Gas. Soll die Wirtschaft jedoch wachsen, so werden aber Rohstoffe oder auch Energie benötigt. Das Ziel muss sein, dass mit dem Wachstum der Wirtschaft nicht in gleicher Weise der Verbrauch von Rohstoffen und Energie steigt.

2. Wir verschmutzen Boden, Wasser und Luft durch unser Verbraucherverhalten. Für unser eigenes Wohlergehen und unsere Bequemlichkeit kaufen und verbrauchen wir immer mehr Produkte und Dienstleistungen, wodurch auf Dauer immer mehr Umweltschäden verursacht werden.

3. Wir belasten damit die ökologischen Systeme wie den Wasserkreislauf, den Wald usw. Immer mehr Platz wird für Siedlungen und Industriegebiete benötigt und für den wachsenden Verkehr müssen neue Straßen gebaut werden. Durch neue Entwicklungen in der Landwirtschaft und die Erhöhung der landwirtschaftlichen Produktion werden ganze Landschaften tief greifend verändert.

Umweltschutz und Nachhaltigkeit im Betrieb

Am Beispiel einer Stadtbäckerei wird gezeigt, wie mit der Herstellung von Bioprodukten die Umweltbelastung verringert werden kann.

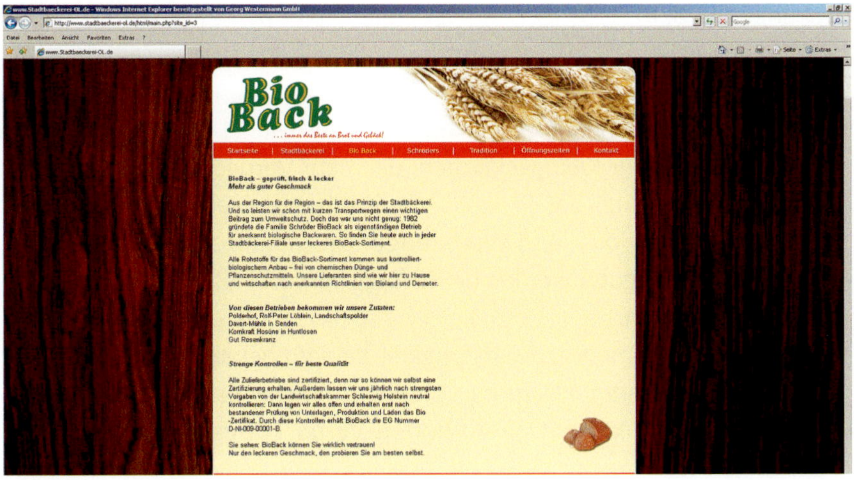

Q

BioBack – geprüft, frisch & lecker

Mehr als guter Geschmack

Aus der Region für die Region – das ist das Prinzip der Stadtbäckerei. Und so leisten wir schon mit kurzen Transportwegen einen wichtigen Beitrag zum Umweltschutz. Doch das war uns nicht genug: 1982 gründete die Familie Schröder BioBack als eigenständigen Betrieb für anerkannt biologische Backwaren. So finden Sie heute auch in jeder Stadtbäckerei-Filiale unser leckeres BioBack-Sortiment. Alle Rohstoffe für das BioBack-Sortiment kommen aus kontrolliert-biologischem Anbau frei von chemischen Dünge- und Pflanzenschutzmitteln.

Quelle: www.stadtbaeckerei-ol.de

Q

Vorteile von Produkten aus ökologischem Landbau

Der Leitgedanke des ökologischen Landbaus ist das Wirtschaften im Einklang mit der Natur, um gesunde und wertvolle Lebensmittel zu erzeugen und die Umwelt zu schützen. Der Verzicht auf chemisch-synthetische Dünge- und Pflanzenschutzmittel und die artgerechte Tierhaltung stehen dabei im Mittelpunkt.

Quelle: www.bio-fuers-baby.de/Vorteile.php

1. Diskutiert, inwiefern das Unternehmensziel, hohe Gewinne zu erzielen, dem Gedanken des Umweltschutzes im Weg stehen kann. ◒

2. Beschreibe mithilfe von Beispielen, was „Aus der Region – für die Region" bedeutet. ○

3. Sucht Beispiele aus eurer Region, wie Betriebe umweltgerecht wirtschaften. Präsentiert und diskutiert eure Ergebnisse. ●

Umweltschutz und Nachhaltigkeit im Haushalt

Müllproduzent Haushalt

Die Hälfte von dem, was in die Mülltonnen gestopft wird, brauchen wir nur, um unsere Einkäufe darin nach Hause zu tragen. Es sind alle Arten von Verpackungen, z. B. Kartons, Dosen, Flaschen, Papiertüten, Kunststoffbecher. Es gibt zahlreiche Gründe, warum der Müllberg seit langer Zeit stark anwächst:

- Wegen der zunehmenden Zahl kleinerer Haushalte (1–2 Personen-Haushalte) gibt es mehr Kleinpackungen, die mehr Verpackung brauchen.
- Verpackung schützt das Produkt vor Staub und Diebstahl. Sie ist aber auch als Informations- und Werbeträger ein „stummer Verkäufer".
- Viele Verbrauchsgüter werden heute fertig verpackt als Selbstbedienungsartikel angeboten.
- Durch die zunehmende Berufstätigkeit beider Ehepartner werden mehr industriell vorgefertigte Nahrungsmittel statt frischer Lebensmittel gekauft.
- Fast-Food-Produkte mit ihrem hohen Verpackungsaufwand nehmen ständig zu.

Herr und Frau Kumke beim Hausputz

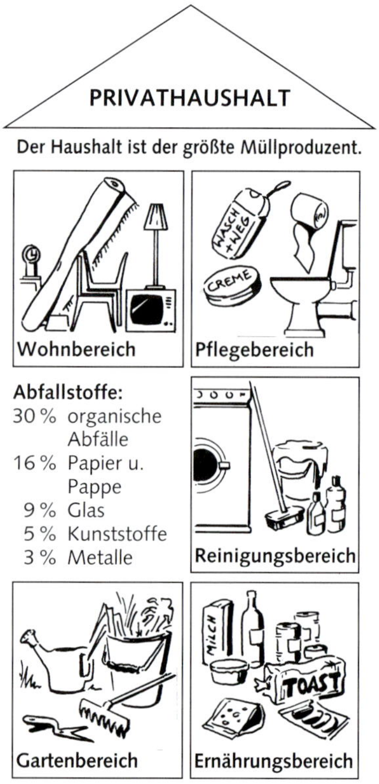

B Bei Familie Kumke ist wieder einmal Hausputz angesagt. Jedes Familienmitglied übernimmt eine bestimmte Aufgabe: Herr Kumke putzt die Küche, Frau Kumke die Fenster, Felix das Bad. Felix' Suche nach Spezialreinigern endet bei der Flasche Allzweckreiniger, die alle für die Putzaktion verwenden. „Haben wir keinen Bad- und WC-Reiniger?", fragt er seinen Vater. „Nein", entgegnet dieser und drückt ihm den Allzweckreiniger und dazu noch Essig in die Hand, „das tut's genauso gut, spart Geld und schont die Umwelt obendrein!"

Verantwortung fängt bei dir an!

Nicht nur bei der Vermeidung von Abfall sind wir gefordert, sondern in allen Bereichen, die Auswirkungen auf unsere Umwelt haben. So sollten wir
- beim Hausputz wie Familie Kumke umweltverträgliche Reiniger und Waschmittel in geringer Dosierung benutzen,
- Wäsche in der Regel bei höchstens 60 ° C waschen und nicht kochen,
- die Wäsche auf der Leine statt im Trockner trocknen,
- duschen statt baden,
- Lavendelblüten statt Mottenkugeln in den Kleiderschrank legen,
- organische Küchenabfälle auf den Kompost bzw. in die Biomülltonne geben,
- langlebige und reparaturfreundliche Produkte kaufen,
- Altpapier statt Neupapier verwenden,
- Getränke in Glasflaschen statt in Dosen kaufen usw.

Umweltbewusstes Verbraucherverhalten im Schüleralltag
Wenn Verantwortung bei jedem Einzelnen anfängt, dann gilt das auch für euch als Schülerinnen und Schüler. Wo gibt es denn im Schulalltag Möglichkeiten zum umweltgerechten und gesunden Handeln? Denkt dabei an die Produkte, die ihr im Unterricht oder in der Pause verwendet und konsumiert. Erstellt eine Tabelle nach folgendem Muster:

Produkt	Tipp
Schreibheft	Recyclingpapier verwenden, alte Hefte zum Altpapier geben usw.
...	...

INFO

Umwelt-Tipp:
Wenn ihr euch für die Erhaltung der Umwelt engagieren wollt, könnt ihr auch in Umweltorganisationen Mitglied werden, z. B.:
- Naturschutzbund „nabu"
- Naturschutzjugend „naju"
- BUND für Umwelt und Naturschutz Deutschland e. V.
- Deutsche Umwelt-Aktion e. V.
- Greenpeace

1. Erstelle eine Checkliste, worauf man achten muss, wenn man sich umweltfreundlich verhalten will: ●
- beim Einkauf
- beim Waschen und Hausputz
- bei der Entsorgung von Haushaltsabfällen

2. Eine chinesische Weisheit besagt: „Wenn viele kleine Leute an vielen kleinen Orten viele kleine Dinge tun, können sie das Gesicht der Welt verändern." Beurteile diese Weisheit. ◒

3. Überlege, warum es manchmal nicht so einfach ist, sich umweltfreundlich zu verhalten und zu konsumieren. ◒

4. Die Verantwortung fängt bei jedem Einzelnen an. Erörtere, warum es wichtig ist, dass es Regeln und Gesetze gibt, die umweltfreundliches Verhalten fördern. Nenne hierfür Beispiele. ◒

B In Katjas Familie wird nach dem Abendbrot gestritten.

Mutter: „Wieder muss ich den Tisch alleine abräumen und ihr sitzt schon vor dem Fernseher!"
Tom: „Ich hatte so viel Stress in der Schule, ich muss mich ausruhen".
Katja: „Und ich habe schon den Müll runter gebracht."
Mutter: „Meine Arbeit im Laden war heute Vormittag auch anstrengend, dann habe ich Mittagessen gekocht und die Wohnung geputzt. Ich möchte mich auch einmal ausruhen."
Vater: „Lasst uns am Wochenende mal überlegen, wie wir die Arbeit im Haushalt gerecht aufteilen können …"

Was wir hier erkennen können:

- Um die anfallenden Tätigkeiten in einem Haushalt gerecht zu verteilen, ist eine Arbeitsteilung sinnvoll.
- Arbeitsteilung bedeutet, dass anfallende Tätigkeiten aufgeteilt werden und gemeinsam oder im Wechsel erledigt werden.

B Katja spricht mit ihrer Freundin Lena auf dem Schulhof:

Katja: „Was ist los? Du siehst so traurig aus."
Lena: „Mein Vater hat seine Arbeitsstelle verloren. Er ist ganz deprimiert und hat gestern Abend gesagt, dass wir dieses Jahr in den Ferien vielleicht nicht an die Nordsee fahren können, weil das Geld nicht reicht."
Katja: „Dein Vater ist Dachdecker, oder? Vielleicht findet er bald eine neue Arbeitsstelle."
Lena: „Weiß nicht. Vielleicht hat die Arbeitsagentur etwas für ihn. Aber es sieht wohl nicht so gut aus im Moment. Was soll denn jetzt werden? Meine Mutter hat zwar eine Stelle in dem Jeansladen bei uns um die Ecke, aber sie sagt, sie kann uns ja nicht alle alleine durchfüttern …"
Katja: „Das tut mir leid, ich drücke euch die Daumen, dass dein Vater eine neue Stelle findet."

Was wir hier erkennen können:

- Der Verlust von Arbeit geht meist mit finanziellen Einbußen einher.
- Von den Begleiterscheinungen der Arbeitslosigkeit wie z. B. wenig Geld, Verzicht, aber auch Ängsten ist die ganze Familie betroffen.

B Katja und ihr Bruder Tom sind nach der Schule in der Stadt und bekommen folgendes Gespräch zwischen zwei Verkäufern mit:

Verkäufer 1: „Der Kunde da hinten möchte ein T-Shirt tauschen, was muss ich denn da machen?"
Verkäufer 2: „Also, ich kann dir erklären, was zu tun ist, aber du bist doch in der Ausbildung. Du darfst das gar nicht machen. Sag dem Müller Bescheid. Ich habe keine Zeit. Ich muss die neue Ware ins Regal packen."
Verkäufer 1: „Okay! Was ich bei der Gelegenheit noch fragen wollte: Bei wem muss ich meine Krankschreibung von letzter Woche abgeben?

Was wir hier erkennen können:

- Je nach Stellung in einer Organisation (Auszubildender oder Angestellter) darf man unterschiedliche Tätigkeiten durchführen.
- Auch ist festgelegt, wer welche Aufgaben/Tätigkeiten durchführen darf (der Auszubildende darf keine Ware zurücknehmen) und wer wem Anweisungen geben darf (der Verkäufer dem Auszubildenden).

B

Mutter Ursula unterhält sich mit ihrer Freundin Jutta:

Jutta: „Du, meine Arbeit ist so öde und so anstrengend, ich halte das bald nicht mehr aus. Ich muss immer das Gleiche machen, und es ist Knochenarbeit, den ganzen Tag zu stehen."

Ursula: „Das kann ich mir vorstellen. Ich stehe im Jeansgeschäft auch den ganzen Vormittag. Aber der Job gefällt mir ganz gut, weil ich Kontakt mit Kunden habe und mir das Beraten Spaß macht."

Jutta: „Vielleicht muss ich mal versuchen, eine andere Arbeit zu finden. Aber ohne abgeschlossene Ausbildung ist es im Moment gar nicht leicht, etwas zu finden. Ich gehe nächste Woche mal zur Arbeitsagentur …"

Was wir hier erkennen können:

- Arbeit kann, je nach der Ausgestaltung des Arbeitsplatzes, als belastend oder bereichernd empfunden werden.

B

Tom fährt mit seinem Vater am Samstag zur Mülldeponie.

Tom: „Och man, ich wäre jetzt lieber zum Fußballspielen gegangen. Warum fahren wir mit dem ganzen Zeug im Auto zur Deponie?"

Vater: „Also, jeder muss seinen Beitrag leisten für eine gesunde Umwelt. Und wir bringen jetzt den ganzen Schrott an die richtige Stelle, wo er sortiert und zum Teil recycelt wird."

Tom: „Und warum haben wir zu Hause schon den Müll sortiert?"

Vater: „Naja, manche Sachen sind Sondermüll, wie z. B. Batterien oder Elektroschrott. Das muss gesondert abgegeben und auch bezahlt werden."

Tom: „Warum tun das dann nicht alle Leute so wie wir? Warum werfen viele Leute ihren Müll einfach irgendwo in die Büsche?"

Vater: „Weil …"

Was wir hier erkennen können:

- Umweltschutz ist ein Thema, bei dem jeder angehalten ist, seinen Betrag für eine gesunde Umwelt z. B. in Form von Mülltrennung zu leisten.

1. Begründe, warum es wichtig ist, dass Arbeit organisiert wird.

2. Beurteile die Rolle einer guten Ausbildung für die Art der Erwerbsarbeit und warum Arbeit auf Dauer auch krank machen kann.

3. Nimm Stellung zu der Aussage: „Umweltschutz fängt bei dir selbst an".

Die folgenden Fragen geben euch die Möglichkeit, euer Wissen zu den behandelten Themenbereichen zu überprüfen.

1. Erkläre die Notwendigkeit von Arbeitsteilung und Spezialisierung. ◯

2. Beschreibe, welche Bedeutung Arbeit für den Menschen hat. ◯

3. Welche Art von Arbeit machen die Personen (Erwerbsarbeit, Schule/Fortbildung, Hausarbeit, ehrenamtliche Arbeit)? ◯

a) Frau B. ist als Reiseverkehrskauffrau beschäftigt.
b) Herr K. macht eine Weiterbildung zum Betriebswirt.
c) Frau Z. ist Schatzmeisterin im örtlichen Gesangsverein.
d) Herr M. repariert am Wochenende die Fahrräder seiner Kinder.
e) Tanja, 6. Klasse einer Realschule, lernt für eine Mathearbeit.

4. Betrachte die folgende Grafik. Sind die Aussagen richtig oder falsch? ◯

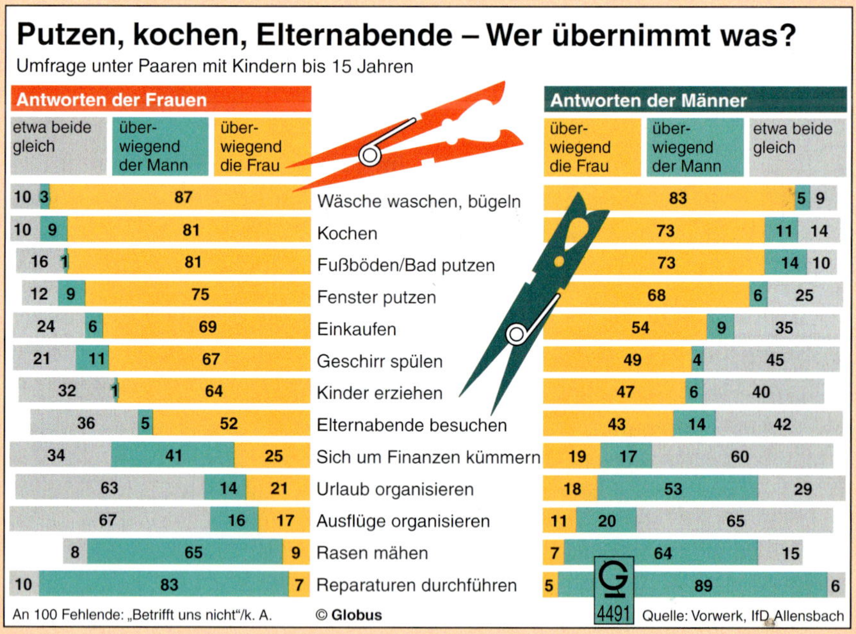

a) Die Reparaturen im Haushalt übernimmt in den meisten Fällen die Frau.
b) Um Geldangelegenheiten kümmern sich mehr Männer als Frauen.
c) Die Hausarbeit ist zwischen Männern und Frauen gleich verteilt.
d) Frauen und Männer schätzen teilweise unterschiedlich ein, wer wie viel im Haushalt übernimmt.
e) Es wurden für die Umfrage nur Männer und Frauen gefragt, die kleine Kinder haben.
f) Bei der Kindererziehung gibt es eine klare Rollenverteilung.

5. Erkläre an einem Musterhaushalt, wie eine sinnvolle Arbeitsteilung in der Familie funktionieren kann. ○

6. Was ist angesprochen: Aufbauorganisation oder Ablauforganisation? Ordne die Aussagen und Fragen zu. ○

a) „Wer leitet jetzt eigentlich die Abteilung Einkauf?"
b) „Hallo Maren, es ist wieder kein Papier mehr zum Kopieren da? Ist die Bestellung vergessen worden?"
c) „Wenn Ware eintrifft, muss sie zunächst kontrolliert werden."
d) „Der Meier ist nicht mehr zuständig für die Buchhaltung."
e) „Gibt es im Betrieb einen Ansprechpartner für die Presse?"
f) „Bei der Zubereitung eines Essens ist es wichtig, dass man zunächst alle Arbeitsmittel bereitlegt und den Arbeitsbereich organisiert."

7. Interpretiere die nebenstehende Karikatur. ◒

8. Erkläre, warum die auf den Bildern gezeigten Tätigkeiten die Umwelt belasten können, und entwickel Vorschläge, diese Belastung zu verringern. ◒

PROMENADE

IV Ökonomisch geprägte Situationen und Strukturen des Zusammenlebens

Dieses Kapitel setzt sich mit grundlegenden ökonomischen Sachverhalten auseinander, wie sie dir aus deinem Alltag bekannt sind.

Im Einzelnen geht es darum:

- **Worin besteht der Zusammenhang von Wirtschaften und Bedürfnissen?**
- **Warum entstehen Konsumkonflikte und wie kann man sich mit ihnen auseinandersetzen?**
- **Welche Einkommensquellen haben die privaten Haushalte und wie lassen sie sich unterscheiden?**
- **Welche hohe Bedeutung haben Kinder und Jugendliche für die Wirtschaft?**
- **Welche Einflüsse auf das Konsumverhalten lassen sich beobachten?**
- **Welche unterschiedlichen Aufgaben übernimmt das Geld im Wirtschaftsgeschehen?**

Fahrradkauf

Computer

Zärtlichkeit

1 Wirtschaften und Bedürfnisse

Was die Wirtschaft in Gang bringt: Bedürfnisse

Jeder Mensch hat Wünsche – ob jung oder alt, ob arm oder reich. Wünsche nennt man auch Bedürfnisse. Ihr habt sicherlich vielfältige Bedürfnisse, die ihr befriedigen möchtet. Materielle Bedürfnisse kann man durch den Kauf von Waren oder Dienstleistungen befriedigen. Sie sind in der Regel größer als die vorhandenen Geldmittel, man spricht dann von einer Knappheit. Wir sind gezwungen, mit dem zur Verfügung stehenden Geld zu wirtschaften.

Es gibt aber auch Bedürfnisse nach Glück, Erfolg, Liebe, Zuneigung, Anerkennung usw. Diese immateriellen Bedürfnisse sind für jeden Menschen ganz wichtig und nicht mit Geld zu befriedigen. Allerdings verstehen es Werbefachleute, diese Bedürfnisse zu nutzen. Sie versuchen, uns einzureden, dass wir durch den Kauf eines bestimmten Produktes z. B. Erfolg im Sport, im Beruf oder beim anderen Geschlecht hätten.

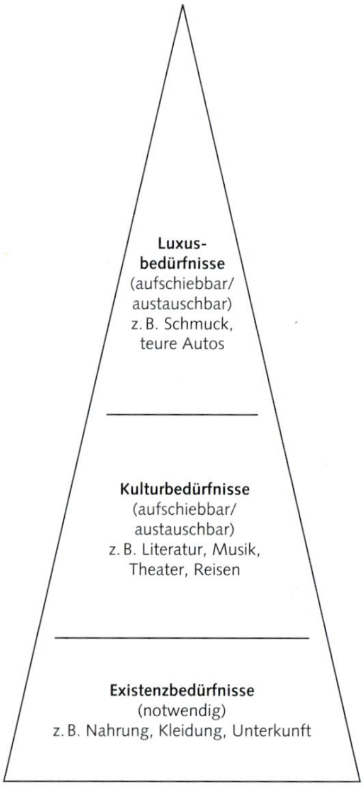

Bedürfnispyramide

1. Mit der Methode Brainstorming, einer Ideen- und Stoffsammlung, sollt ihr zum Thema „Bedürfnisse“ gemeinsam möglichst viele Wünsche zusammentragen. ●
- Schreibt jeden für euch wichtigen Wunsch (Bedürfnis) groß und deutlich quer auf jeweils eine Karte.
- Nun werden alle eure Karten mit Kreppband auf Packpapier oder an der Tafel befestigt und dabei geordnet. Doppelbenennungen werden übereinandergeheftet, damit man ihre Häufigkeit erkennt.
- Jetzt bildet ihr Kartengruppen mit ähnlichen Bedürfnissen. Die Karten werden evtl. umgehängt und mit Überschriften versehen.
- Notiert die Bedürfnisse, die für euch am wichtigsten sind (etwa zehn), und versucht, eine Rangfolge aufzustellen. Die nebenstehende Bedürfnispyramide kann euch dabei helfen.

Urlaub oder Spielkonsole?

B Mark ist 14 Jahre alt und hat immer mit dem gleichen Problem zu kämpfen: Das Geld reicht vorne und hinten nicht! Und das, obwohl er neben seinen 30 Euro Taschengeld im Monat noch ein bisschen Geld in den Ferien verdient. Gerade im Moment ist es wieder ganz schlimm. Eigentlich wollte er in drei Monaten mit seiner Clique auf große Fahrradtour gehen, alles ist schon lange geplant, günstige Unterkünfte sind schon ausgeguckt, und das Gesparte vom letzten Geburtstag liegt zur Abhebung bereit. Da erzählt sein Klassenkamerad Mike ihm, dass aus der Parallelklasse jemand seine Spielkonsole günstig verkaufen will, inklusive einiger Top-Spieletitel. Auf so eine Gelegenheit wartet Mark schon lange. Und nun? Beides geht nicht! Und selbst, wenn er die Zähne zuammenbeißt, seine Eltern um einen Vorschuss bittet und die Oma anbettelt, das wird kaum reichen. Und wenn doch, dann bleibt für die sonstigen Ausgaben rein gar nichts mehr. Über Monate kein neues Teil zum Anziehen, kein Kinobesuch … Das kommt gar nicht infrage! Aber was soll er machen? Mark ist sauer. „Warum muss ich mich immer einschränken, der ganze Stress in der Schule, und dann kann man sich nicht mal was leisten!“

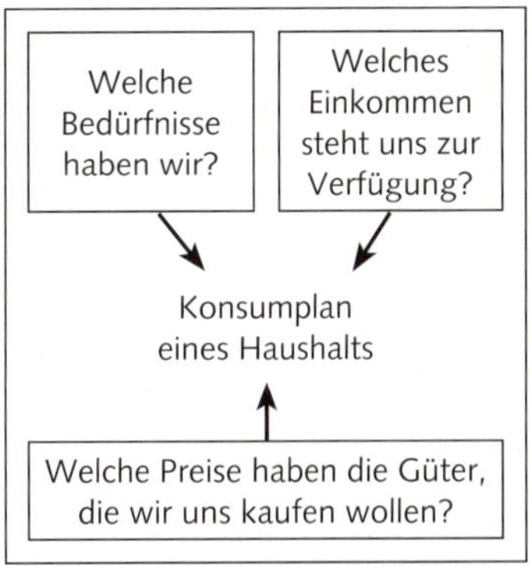

Bedürfnisse müssen mit Einkommen und Preisen in Einklang gebracht werden.

Mark hat, wie alle anderen Menschen, unterschiedliche Bedürfnisse. Diese Bedürfnisse werden von verschiedenen Seiten beeinflusst. Jemand, der in einer kalten Region lebt, hat bei der Ausstattung der Wohnung und bei der Kleidung andere Bedürfnisse als jemand, der in einem heißen Land lebt. Auch beeinflussen Freunde, Familie und die Medien die Bedürfnisse.

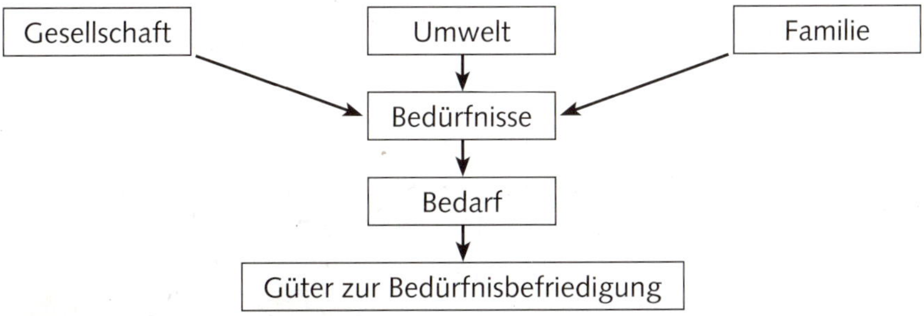

Leider reichen Marks vorhandene Geldmittel nicht aus, um alle seine Bedürfnisse zu befriedigen. Ein Punkt, der auf annähernd alle Menschen zutrifft. Wie bereits beschrieben, spricht man in diesem Fall von Knappheit. Das mag in einem Land wie Deutschland mit einem derart riesigen Konsumangebot überraschen. Man spricht immer dann von Knappheit, wenn die Bedürfnisse größer sind als die zu ihrer Befriedigung vorhandenen Mittel.

Wenn Mark sein Bedürfnis nach einer neuen Hose befriedigen möchte, hat er einen Bedarf. Ein Bedürfnis, das zum Kauf von Gütern führt, nennt man Bedarf.

Konflikt bei Familie Reinke – Ausgangssituation für ein Rollenspiel

B Familie Reinke ist ein Haushalt mit vier Personen. Herr und Frau Reinke haben ihrem Sohn Sebastian, der 17 wird, vor geraumer Zeit einen Computer versprochen. Jana, die 12 Jahre alt ist, wünscht sich schon seit Längerem ein neues Mountainbike.

An dem Abend, an dem Herr Reinke mit seinem Sohn den Computer kaufen will, kommt er verspätet mit dem Bus nach Hause. Sein Wagen ist auf dem Heimweg liegen geblieben und musste in die Werkstatt abgeschleppt werden. Der Motor ist hin. Herr Reinke würde jetzt am liebsten ein neues Auto kaufen, obwohl er eigentlich das alte noch weiterfahren wollte. Einen neuen Wagen kann die Familie sich allenfalls leisten, wenn

- der Sohn auf seinen Computer verzichtet,
- die Tochter doch kein neues Fahrrad bekommt,
- die geplante Urlaubsreise der ganzen Familie im Sommer nach Spanien ausfällt.

Die Mutter schlägt vor, einen preisgünstigen Wagen oder einen neuen Motor zu kaufen, um doch noch in den Urlaub fahren zu können.

Das Problem der Familie Reinke ist ein ökonomisches Problem, mit dem jede Familie fast täglich zu kämpfen hat. Wie soll man mit dem Einkommen auskommen?

Unsere Beispielfamilie hat die Entscheidung zu treffen, ob sie sich ein neues Auto kaufen soll oder einen Gebrauchtwagen. Das gleiche Problem stellt sich für jedes Mitglied anders dar. Am Abendbrottisch kommt es zur Diskussion zwischen den Familienmitgliedern. Dabei wird deutlich, dass jeder versuchen wird, seine Bedürfnisse durchzusetzen und zu begründen, warum z. B. der Sohn den Computer braucht – und zwar sofort – oder warum das neue Fahrrad unverzichtbar ist. Die Urlaubsreise betrifft die ganze Familie, aber das Interesse daran kann unterschiedlich sein. Ausschlaggebend für die Lösung ist, welche Dringlichkeit hinter den Wünschen steckt.

Ein neues Auto muss her.

Und Janas Mountainbike?

Und der Urlaub?

Und Sebastians Computer?

B *Sebastian:* Was wird nun …? Ich will endlich wissen, ob ich meinen Computer bekomme oder nicht.

Vater: Freut euch, ich habe noch mal alles genau durchgerechnet. Bald steht der neue Wagen vor der Tür. Wir müssen zwar einen Kredit aufnehmen, aber mit den 243 Euro, die wir monatlich übrig haben, können wir die Raten abzahlen. Das reicht gerade.

Mutter: Aber ein Gebrauchtwagen würde es sicherlich auch tun oder vielleicht ein neuer Motor … Dann brauchen wir auch nicht auf die Urlaubsreise zu verzichten.

Vater: Mit dem alten Rostschlitten fahre ich nicht mehr. In spätestens zwei Jahren müssten wir so oder so einen neuen Wagen haben. Ich habe gestern schon mit dem Händler gesprochen. Der Kauf ist so gut wie perfekt. Ich muss froh sein, dass er mir so kurzfristig einen neuen Wagen besorgen kann.

Sebastian: Das ist doch mal wieder typisch! Du entscheidest allein und wir gucken in die Röhre.

Mutter: Ich versteh dich wirklich nicht, Andreas.

Jana: Was hast du eigentlich erwartet? Hast du es schon mal erlebt, dass Vater eine Entscheidung nicht alleine trifft? Du kennst doch seine Meinung. Wer das Geld nach Hause bringt, der entscheidet auch, wofür es ausgegeben wird. Da ist es dann auch egal, dass ich auf mein Mountainbike noch ewig warten kann.

Vater: Ja, ja … ist ja gut.

Mutter: Wir sollten noch mal gemeinsam über das Problem sprechen. Dann kann jeder von uns erneut seinen Standpunkt darstellen.

INFO

Kriterien zur Analyse von Konflikten

- *Konfliktgegenstand*
  Worum geht es bei dem Konflikt? Wird der Konfliktgegenstand in der Spielszene benannt oder wird er verschleiert?
- *Konfliktursache*
  Wo liegen die Ursachen für den Konflikt?
- *Status (Stellung) der Konfliktparteien*
  Wer argumentiert gegen wen? Wer verbündet sich mit wem?
- *Austragungsweise*
  Wie wird der Konflikt ausgetragen? Sind die Auseinandersetzungen sachlich, handgreiflich oder emotional (gefühlsbetont)?
- *Argumentation*
  Wie und durch welche Hinweise begründen die Konfliktparteien ihre Meinungen und Handlungen?
- *Konfliktverlauf*
  Was gibt den Anstoß zum Ausbruch des Konflikts? Wie setzt er sich fort?

1. Bearbeitet die nachfolgenden Methodenseiten zum Rollenspiel. ●
   a) Lest die Spielsituation und erstellt einzelne Rollenkarten für die Familienmitglieder.
   b) Bildet zur Vorbereitung des Rollenspiels Gruppen für Mutter, Vater, Jana und Sebastian.
   c) Bezieht die Standpunkte der Familienmitglieder ein und sucht Argumente für die Meinungen.
   d) Führt das Rollenspiel entsprechend der Methodenbeschreibung (S. 100/101) mit je einem Vertreter der Gruppe durch.
   e) Diskutiert und bewertet die gefundenen Lösungen danach, wie dringlich und sinnvoll sie erscheinen.

Rollenspiel: Wie werden Konflikte ausgetragen?

Information

Vorbereitung

Durchführung

Diskussion

Definition

Das Rollenspiel ist geeignet, Konflikte oder Interessengegensätze zu verdeutlichen, soziale Verhaltensweisen einzuüben und Lösungsstrategien zu entwickeln und zu erproben. Rollenspiele konfrontieren uns mit einer vorgegebenen Konflikt- und Problemsituation, die durch spielerisches Handeln bewältigt werden soll.

Verlauf des Rollenspiels

1. Informationsphase:
- „Anwärmen" der Gruppe
- Konfrontation mit dem Problem

2. Vorbereitungsphase für das Rollenspiel:
- Konfliktsituation darstellen
- verschiedene Rollen vorstelln,
- Rollenkarten erstellen
- Teilnehmer für das Rollenspiel festlegen
- Planen des Szenenaufbaus/der Sitzordnung
- Einstellen der Zuschauer auf ihre Rolle als teilnehmende Beobachter
- Verteilung von Beobachtungsaufträgen

Die Rollenspieler lesen ihre Rollenkarten und sammeln Argumente für das Rollenspiel. Alle Schülerinnen und Schüler, außer den Rollenspielern, lösen Aufgaben zur Ausgangssituatuion.

3. Rollenspielphase:

Die Teilnehmer spielen das Rollenspiel, die anderen Schülerinnen und Schüler verfolgen die Diskussion der Rollenspieler, bilden sich eine eigene Meinung und notieren Beobachtungen. Es kann sinnvoll sein, einen zweiten und dritten Durchgang durchzuführen und die Durchgänge danach zu vergleichen. Achtet darauf, dass nicht immer dieselben Argumente vorgebracht werden. Spielt eure Rolle so realistisch wie möglich.

4. Diskussionsphase:

Nach den verschiedenen Durchgängen des Rollenspiels wird in der Klasse über die vorgebrachten Argumente der Rollenspieler diskutiert. Das Spielgeschehen wird besprochen und analysiert. Vor allem geht es um das Verhalten und die Aussagen der Spieler:
- Waren die Argumente stichhaltig?
- Sind die Spieler aufeinander eingegangen?
- Wer hat sich durchgesetzt?
- Wie hat sich der Spieler/die Spielerin durchgesetzt?
- Wie haben die Spieler sich gefühlt?

5. Ergebnisphase:
Durch den Spielleiter, Lehrer oder andere Schülerinnen und Schüler werden die Ergebnisse der Diskussion zusammengefasst (z. B. an der Tafel).

6. Verallgemeinerungsphase:
Alle Schülerinnen und Schüler erhalten Informationen, die über das spezielle Thema des Rollenspiels hinaus allgemeine Erkenntnisse vermitteln. Weitere Rollenspieldurchgänge können das Ergebnis bestätigen oder vertiefen.

7. Übertragungsphase:
Die gewonnenen Informationen und Erkenntnisse aus dem Rollenspiel ermöglichen die Lösung anderer Fallsituationen.

Um den Konflikt der Familie Reinke einmal oder mehrmals durchspielen zu können, braucht ihr vier Rollenspielkarten, die ihr noch erweitern könnt:

Andreas Reinke (Vater), 50 Jahre, Angestellter
- „Bringt das Geld nach Hause."
- Ist der Meinung, dass seine Kinder eigentlich alles haben, was man sich wünschen kann.
- Ist seit Langem mit dem alten Auto unzufrieden und möchte die entstandene Situation für die Neuanschaffung des Pkws nutzen.

Ingrid Reinke (Mutter), 46 Jahre, Hausfrau
- Mag es nicht, wenn über Geld gestritten wird.
- Findet, dass ihre tägliche Arbeit im Haushalt zu wenig gewürdigt wird.
- Legt großen Wert auf Urlaub und will nicht darauf verzichten.

Sebastian Reinke, 17 Jahre, Schüler
- Bezeichnet sich selbst als Computerfreak.
- Braucht dringend einen neuen PC, weil der alte seinen Anforderungen seit Langem nicht mehr genügt.
- Erwartet von seinen Eltern, dass sie seinen Wunsch erfüllen, da er sich mit der Computerarbeit ja auch auf das spätere Berufsleben vorbereitet.
- Ihm ist es egal, was für ein Auto die Familie fährt bzw. wohin sie in Urlaub fährt, er will sowieso nicht mehr mit.

Jana Reinke, 14 Jahre, Schülerin
- Hat das Gefühl, sich in der Familie nie durchsetzen zu können. Sie ist der Meinung, dass sich am Ende der Vater sowieso durchsetzt.
- Findet es peinlich, mit dem alten Hollandrad ihrer Mutter zur Schule fahren zu müssen.
- Denkt, dass sie jetzt auch mal dran ist und dass ein neues Fahrrad wirklich nicht zu viel verlangt ist.
- Urlaub wäre schon schön, aber das Fahrrad ist wichtiger.

Ergebnis

Verallgemeinerung

Übertragung

2 Güter als Mittel der Bedürfnisbefriedigung

B Michael unternimmt an einem warmen Sommertag eine anstrengende Bergtour durch das Gebirge. Er bekommt Durst. Er trinkt das klare Wasser einer Bergquelle. Gabi verbringt einen heißen Sommertag in einem öffentlichen Schwimmbad. Auch sie bekommt Durst. Am Kiosk kauft sie eine Flasche Mineralwasser.

INFO

In der Umgangssprache setzen wir das Wort „Güter" häufig mit „Waren" gleich. Wie wir in der Skizze sehen, weicht jedoch die wirtschaftliche Bedeutung des Wortes „Güter" von seiner Bedeutung in der Umgangssprache ab.

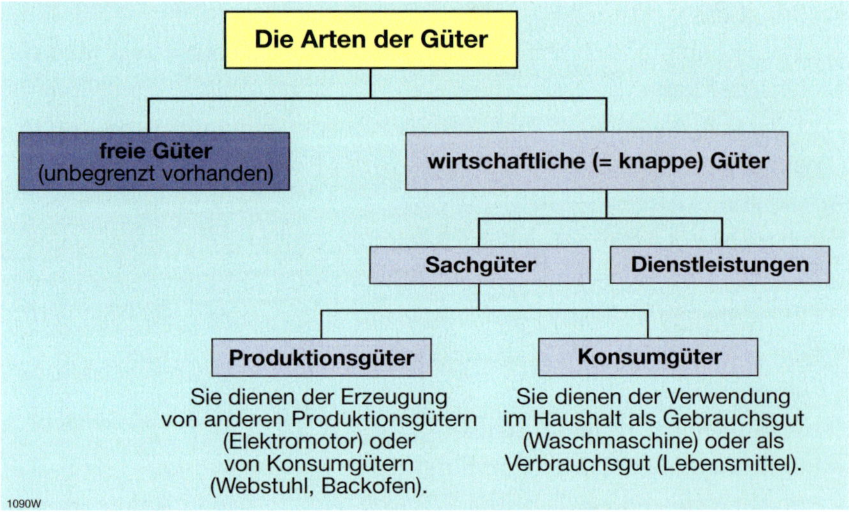

INFO

Getränketüten und -dosen sind eine Verschwendung von Rohstoffen und Energie. Werden sie achtlos weggeworfen, so tragen sie zur Zerstörung unser Landschaft bei. Mehrwegflaschen sind viel besser. Je vernünftiger unser Verhalten gegenüber der Umwelt, desto größer die Anzahl freier Güter.

Wir verstehen unter Gütern im wirtschaftlichen Sinne alle Mittel, die der Bedürfnisbefriedigung dienen. Demnach gehören außer den sachlichen Mitteln wie Brot, Schokolade, Möbel, Maschinen auch die Dienstleistungen, wie Haare schneiden, ärztliche Hilfe, Theateraufführungen usw. zu den Gütern.

Wirtschaften mit Rücksicht auf die Umwelt

Freie Güter sind immer weniger verfügbar. Wasser können wir nur noch in einigen Bergregionen ohne Gefahr für unsere Gesundheit trinken. Die Reinhaltung der Luft verschlingt immer größere Summen. Naturschönheiten wie Bergwälder, Seen, Moore sind in Gefahr. Viele Pflanzen und Tiere sind bereits ganz ausgestorben. Jeder von uns ist aufgefordert, durch vernünftiges Verhalten zum Schutz unserer Umwelt beizutragen.

Das ökonomische Prinzip

Maximalprinzip

B Ein Fahrradfahrer kommt nach einer anstrengenden Radtour hungrig und durstig am Bahnhof an. Er stellt fest, dass er nur noch 20 Euro hat. Aber er würde sich gerne folgende Wünsche erfüllen:
- eine Bahnfahrkarte zu seinem 30 km entfernten Wohnort kaufen
- eine Apfelschorle trinken, im Restaurant essen
- eine Zeitung als Lektüre für die Bahnfahrt besorgen

Die Situation des Fahrradfahrers können wir so wiedergeben:

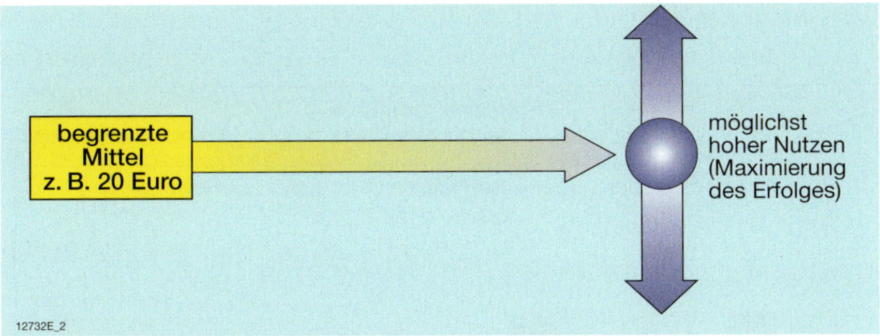

Der Fahrradfahrer hat sich entschieden: Er kauft sich eine Bahnfahrkarte und eine Apfelschorle. Damit setzt er seine vorhandenen Mittel so ein, dass sie ihm den größtmöglichen Nutzen bringen. Er handelt rational, nach dem ökonomischen Prinzip. In diesem Fall spricht man vom Maximalprinzip.

Minimalprinzip

B Tobias möchte sich einen MP3-Player kaufen. Er erkundigt sich in allen Elektrogeschäften seines Wohnorts. Außerdem sucht er im Internet und im Katalog eines großen Versandgeschäfts, um das günstigste Angebot zu ermitteln.

Seine Entscheidungssituation sieht ungefähr so aus:

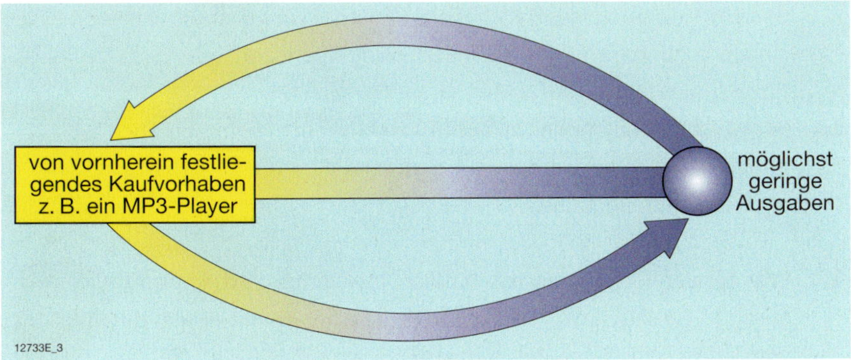

Die zwei Seiten des ökonomischen Prinzips

Maximalprinzip		Minimalprinzip
größtmöglicher Nutzen mit (von vornherein) begrenzten Mitteln		geringstmögliche Kosten für ein (von vornherein) begrenztes Ziel
Mit einem Geldbetrag für jedes Familienmitglied ein passendes Geschenk kaufen	Beispiele	Eine Pizza „Vier Jahreszeiten" für die ganze Familie mit den niedrigsten Ausgaben für Zutaten herstellen

Das ökonomische Prinzip geht vom Einzelnen aus. Er fragt: Was ist für mich wirtschaftlicher?

INFO

Emission = Ausstoß
Kilojoule: Maßeinheit für den Verbrauch von Energie. Vier Kilojoule Energie sind nötig, um einen Liter Wasser um ein Grad zu erwärmen.

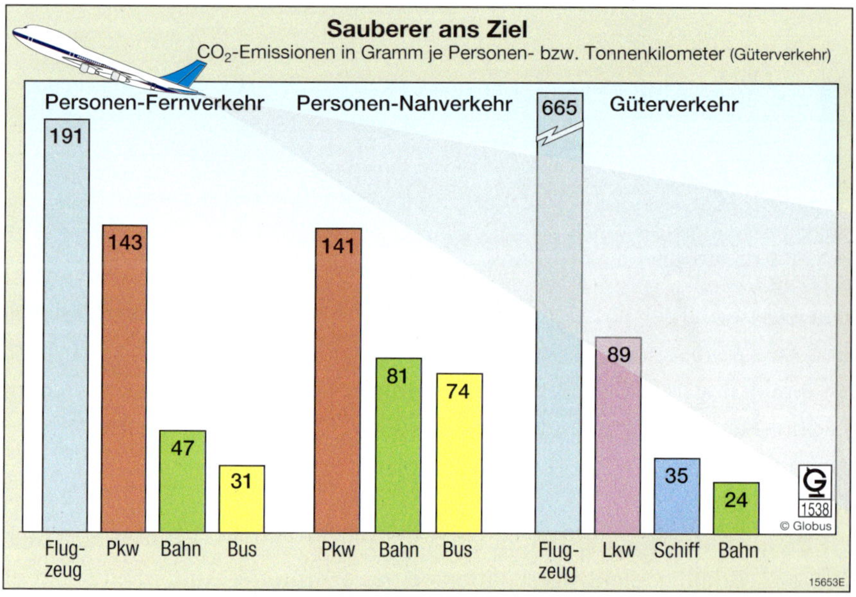

1. Zeige auf, welche Reihenfolge du wählen würdest, wenn du der Fahrradfahrer im Beispiel auf Seite 103 wärst.

2. Erkläre die Anwendung des ökonomischen Prinzips: Du möchtest dir von deinem Taschengeld ein Kickboard kaufen. Wie gehst du nach dem Maximalprinzip vor und wie nach dem Minimalprinzip?

3. Für welches Verkehrsmittel entscheidet ihr euch, wenn ihr euch
a) ökonomisch verhaltet?
b) ökologisch verhaltet?

4. Was für den Einzelnen wirtschaftlich „vernünftig" ist, kann für unsere gesamte Gesellschaft, vielleicht sogar für die gesamte Erde, durchaus unvernünftig sein. Zeige dies anhand des Schaubildes auf.

Starthilfe zu Aufgabe 2: Bedenke, dass du für die eine Variante des ökonomischen Prinzips einen bestimmten Geldbetrag benötigst.

Wir entwickeln ein Referat zum Thema des Kapitels

1. Sichten von Material/Literatur
Das können Statistiken, Texte aus Presse und Internet oder Literatur (Bücher) sein.
Wer ist unsere Zielgruppe?

2. Gliederung erstellen
Wie soll das Referat gegliedert werden?
Material und Texte zuordnen (Fotos, Grafiken, Modelle).

3. Texte erarbeiten
Texte erarbeiten und verbinden zur Gliederung unter Verwendung der Materialien.

4. Gestaltung planen
Welche Grafiken und Bilder sollen verwendet werden?
Werden beim Vortrag Folien, z. B. für die Gliederung, verwendet oder wird eine PowerPoint-Präsentation benutzt?
Wie kann man den Zuhörern Fotos präsentieren?

5. Präsentation vorbereiten
Die Präsentation muss vorbereitet und organisiert werden (Technik, Modelle oder eventuell Experten zum Referat einladen, z. B. eine Person aus einer Bank zum Thema Taschengeld/Jugendkonten).
Technik vorher ausprobieren.

6. Das Referat halten
Nach der Gliederung möglichst frei sprechen, wenig ablesen.
Eventuell die Gliederung als Kopie an die Zuhörer verteilen.
Klären, wann Fragen beantwortet werden können.
Deutlich und langsam sprechen.

7. Auswertung des Referates
Wie ist das Referat bei der Zielgruppe angekommen?
Wurde die Zielgruppe erreicht?
Was kann in Zukunft besser gemacht werden?

Beim Referat können das Thema und die Zeit vom Lehrer vorgegeben sein oder die Schüler können Vorschläge unterbreiten.
Die Gruppe, vor der das Referat gehalten wird, muss nicht immer die Klasse sein.

Zum Thema „Taschengeld" könnte ein Referat z. B. auch bei einem Elternabend gehalten werden (Zielgruppe in diesem Fall beachten!).

Sichten von Material

Gliederung erstellen

Präsentation vorbereiten

Referat halten

3 Einkommen als Lebensgrundlage

Vieles von dem, was wir zum Leben brauchen, kostet Geld. Woher bekommen wir das Geld, das wir benötigen? Wie kann man Einkommen erzielen? Die Bilder in der Seitenspalte und der Text zeigen die wesentlichen Einkommensquellen.

Arbeitseinkommen

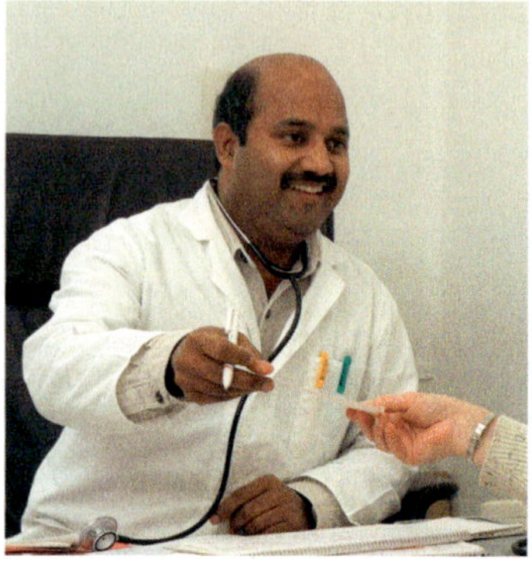
Unternehmereinkommen

Besitzeinkommen

Transfereinkommen

Einkommensquellen der privaten Haushalte

Woher kommen die Einnahmen?

– Einkommen aus unselbstständiger Arbeit

Dies sind in der Regel die Löhne und Gehälter für die Arbeitsleistungen der Beschäftigten. Sie werden von den Unternehmen an die Arbeitnehmer gezahlt. Es ist für die meisten Menschen die wichtigste Einkommensquelle.

– Einkommen aus Unternehmertätigkeit

Hier sind es die Einkommen, die ein Unternehmer oder eine Unternehmerin mit einem Betrieb erzielt. Auch Ärzte und Rechtsanwälte erhalten dieses Einkommen, sie sind selbstständige Freiberufler. Wenn eure Eltern eine Wohnung vermieten oder ein Stück Land verpachten und dafür Miete bzw. Pacht erhalten, bekommen sie ebenfalls Einkommen aus Unternehmertätigkeit.

– Einkommen aus Vermögen/Besitz

Nehmen wir an, ihr habt ein Sparkonto bei der Bank oder ihr besitzt sogar eine von eurer Oma geschenkte Aktie. Dann bekommt ihr dafür ein Einkommen und zwar in Form von Zinsen oder einer Dividende für eure Aktie.

– Transfereinkommen

Dieses Einkommen wird „transferiert", d. h. übertragen. Der Staat überträgt z. B. auf die Bürger Einkommen wie Renten, Kinder- und Wohngeld oder Sozialleistungen wie das Arbeitslosengeld, das Krankengeld, eine Unfallrente usw. Die Zahlung des Transfereinkommens ist meistens zeitlich befristet, außer bei der Rente.

1. Wer erhält welches Einkommen? Ordne zu. ○
Personen: Beamter, Angestellter, Geschäftsmann, Schauspieler, Beamter im Ruhestand, Arbeitsloser, Arzt, Arbeiter, Grundstücksverpächter, Vermieter, Angestellter/Arbeiter im Ruhestand.
Einkommensarten: Lohn, Gehalt, Rente, Pension, Pacht, Gage, Arbeitslosengeld, Miete, Honorar

2. Erkundige dich, welche Einkommensarten es in deiner Familie gibt. ○

3. Stelle dar, mit welchen Jobs Kinder und Jugendliche Einkommen erwerben können. Berücksichtige dabei dein Wissen aus dem 3. Kapitel. ○

Einkommen von Kindern und Jugendlichen

Auch Kinder und Jugendliche verfügen über Einkommen; es ist abhängig vom Einkommen des Haushalts, in dem sie leben. Sie erhalten Taschengeld, Geldgeschenke zum Geburtstag und zu Weihnachten und verfügen über Sparguthaben. Einige verdienen sich nebenbei etwas Geld. Rechnet man das Einkommen aller Kinder und Jugendlichen in Deutschland zusammen, kommt man auf einige Milliarden Euro. Kein Wunder, dass Kinder und Jugendliche für die Werbung eine besonders interessante Zielgruppe sind und für die Wirtschaft eine wichtige Rolle spielen.
Einerseits sind sie „Tester" für viele neue Produkte und andererseits sind sie in ihrem sozialen Umfeld Beeinflusser von Kaufentscheidungen bei Freunden und Eltern.

Jan bekommt Taschengeld.

B

Taschengeld: mal so – mal so

Evelins Eltern geben ein festes Taschengeld, und wenn sie es ausgegeben hat, gibt es neues. Evelin: „Einmal bin ich sogar drei Wochen damit ausgekommen."

Natalies Eltern geben einen festen Betrag pro Monat, nicht zu viel, nicht zu knapp. Natalie: „Für größere Anschaffungen muss ich allerdings sparen, das kann ganz schön hart sein."

Jans Eltern geben kein festes Taschengeld. Wenn er Geld braucht, meldet er sich bei ihnen. Jan: „Und ich melde mich oft."

Ankes Eltern geben einen festen Betrag pro Monat. Es ist nicht sehr viel. Anke: „Größere Ausgaben übernehmen glücklicherweise meine Eltern. Deshalb reicht es meistens gerade."

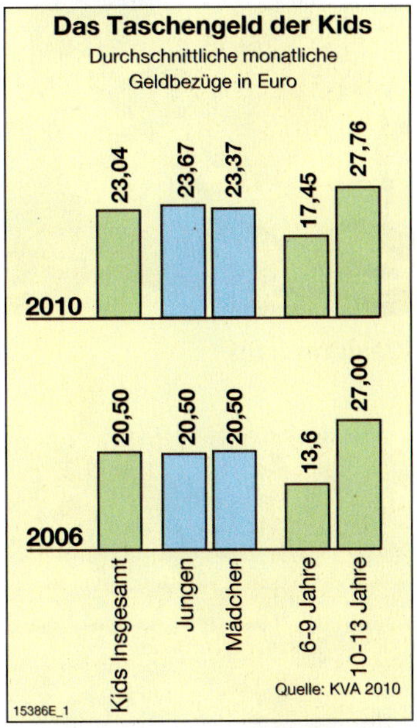

1. Notiere dir stichpunktartig Gründe, weshalb das Taschengeld selbst bei Schülerinnen und Schülern der gleichen Altersstufe unterschiedlich hoch sein kann. ○

Führt in eurer Klasse/Schule eine anonyme Befragung durch: ●
- Wie hoch ist euer monatliches Taschengeld?
- Wie hoch ist euer monatliches zusätzliches Einkommen, z. B. durch Jobs?
- Wie hoch sind durchschnittlich die einmaligen Zuwendungen, z. B. Geld zum Geburtstag?

Stellt eure Befragungsergebnisse anschaulich dar und vergleicht sie im Anschluss mit der Statistik „Das Taschengeld der Kids".

3. Beurteile die Situationen im Beispieltext „Taschengeld: mal so – mal so". Wie sollte deiner Meinung nach Taschengeld gezahlt werden? Begründe deine Meinung. ◒

Auskommen mit dem Einkommen

Miete

Das Einkommen ist knapp!

Das grundlegende Problem allen Wirtschaftens ist die Knappheit (s. S. 97). Alle Haushalte stehen vor der Aufgabe, wie sie mit ihrem Einkommen auskommen und trotzdem möglichst viele Bedürfnisse befriedigen können. Dies hängt natürlich von der Höhe des Einkommens ab. Da gibt es Personen, die sich ein Luxusauto anschaffen wollen, und andererseits gibt es Familien, die von Arbeitslosigkeit betroffen sind und in denen die Eltern darüber nachdenken, wie sie für ihre drei Kinder neue Schuhe kaufen können.

Bäckerei

Wir erkennen, dass die Wünsche, also die Bedürfnisse der Menschen, unterschiedlich sind. Sie sind abhängig vom Einkommen. Es stehen aber alle vor der Entscheidung: Wie soll das zur Verfügung stehende Einkommen verwendet werden?

Das heißt: Was soll für den Konsum, z. B. von Nahrungsmitteln, für Bekleidung, Wohnung usw. ausgegeben werden? Was lässt sich eventuell sogar für eine spätere größere Anschaffung (Zwecksparen) oder für eine finanzielle Absicherung in Notzeiten (Vorsorgesparen) sparen?

Kleidungskauf

Konsumausgaben privater Haushalte 2008
(Ausgaben je Haushalt und Monat in Euro)

	Alleinerziehende		Paare		
	mit 1 Kind	mit 2 und mehr Kindern	mit 1 Kind	mit 2 Kindern	mit 3 und mehr Kindern
Nahrungsmittel, Getränke, Tabak u. Ä.	253	352	422	499	577
Bekleidung und Schuhe	88	111	145	178	195
Wohnen (inkl. Energie, Instandhaltung)	564	740	829	962	1 071
Wohnungseinrichtung, Haushaltsgeräte usw.	80	95	152	169	171
Gesundheitspflege	43	50	81	91	90
Verkehr, Telefon	276	299	523	548	595
Freizeit, Unterhaltung und Kultur	159	211	282	362	401
Bildungswesen	25	34	37	59	72
Hotel, Restaurant	56	64	129	146	143
Andere Waren und Dienstleistungen	74	95	131	131	129
Private Konsumausgaben gesamt	1 617	2 048	2 730	3 145	3 443

Quelle: Statistisches Bundesamt, Fachserie 15, Heft 5, S. 50f., Wiesbaden 2010

Wühltisch

1. Beschreibe, welche grundsätzlichen Entscheidungen ein Haushalt bei der Verwendung des Einkommens treffen muss. ○

2. Werte die Tabelle „Konsumausgaben privater Haushalte 2008" aus. Vergleiche die Anteile der Ausgaben für Wohnen, Nahrungsmittel und Bildung in den Haushalten und begründe, warum sie so unterschiedlich sind. Nimm ggf. die Bedürfnispyramide auf Seite 96 zu Hilfe. ●

Ausgaben müssen geplant werden

„Wo ist nur das Geld geblieben?" Diesen Ausspruch habt ihr sicherlich schon alle einmal gehört. Meist sind die Wünsche größer als das zur Verfügung stehende Geld. Darum ist es wichtig, einen Ausgabenplan zu machen, damit man nicht für einige Dinge zu viel Geld ausgibt, das dann an anderer Stelle fehlt.

Da jede Familie über eine andere Geldsumme verfügt, aber auch die Wünsche und Interessen unterschiedlich sind, wird jeder Haushaltsplan anders aussehen. Bestimmte Ausgabengruppen wiederholen sich bei allen. Wenn eine Familie neben dem Haushaltsplan auch Buch führt über die festen Ausgaben und die täglichen, veränderlichen Ausgaben, kann sie jederzeit überprüfen, ob der Plan eingehalten werden kann oder in einigen Posten verändert werden muss.

Die Verbraucherberatungsstellen sind bei der Aufstellung von Haushaltsplänen behilflich. Wenn jemand mit seinen Geldausgaben nicht mehr zurechtkommt, kann er sich gegen eine geringe Gebühr dort beraten lassen. Eine weitere Hilfe sind vorgedruckte Haushaltsbücher der Verbraucherberatungsstellen oder Sparkassen, die die Kontrolle der Ausgaben erleichtern. Für Jugendliche bieten die Sparkassen „Taschengeldplaner" an.

1. Nenne Gründe, warum es sinnvoll ist, einen Haushaltsplan aufzustellen und ein Haushaltsbuch zu führen. ○

2. Fertigt (jeweils für euch selbst) ein „Haushaltsbuch" an. Trage darin eure Einnahmen sowie feste und veränderliche Ausgaben für einen Monat ein. Präsentiert eure Ergebnisse im Anschluss der Klasse und wertet sie gemeinsam aus. ●

Datum	Ernährung, Getränke, Außerhaus-verpflegung	Genussmittel	Kleidung, Schuhe	Technik und Multimedia
1.1.	Pizzeria 32,80			
2.1.				CD 9,95
3.1.	Lebensmittel 34,90			
4.1.			Schuhe Ina 98,00	
5.1.		Kaffee 9,58		

Ausgaben	Januar
Miete	690,00
Kreditrate	125,00
Versicherungen	68,00
Telefongrund-gebühr	22,00
GEZ	22,55
Vereinsbeiträge	–
Abos	28,00
Gesamtsumme	955,55

Haushaltsbuch zum Eintragen von veränderlichen und festen Ausgaben (Ausschnitt)

Haushaltsbuch der Verbraucherzentrale

INFO

Beispiele für feste Ausgaben
- Miete mit Nebenkosten
- Strom, Gas, Wasser, Heizenergiekosten
- Versicherungen
- Beiträge, Gebühren
- Haushaltskosten (z. B. Taschengeld, Zeitung)
- monatliche Sparbeiträge

Beispiele für veränderliche Ausgaben
- Ernährung, Getränke, Genussmittel
- Kleidung, Schuhe
- Wasch- und Putzmittel
- Körper- und Gesundheitspflege
- Bildung, Freizeit, Unterhaltung
- Autos
- Wohnen (Hausrat, Anschaffungen)

4 Kinder – sehr umworben!

Markenware ist Trumpf

Manche Eltern treibt es zur Verzweiflung, dem Einzelhandel macht es Freude: Wenn Teenager einkaufen, dann darf es nicht jede x-beliebige Jeans sein. Ist die Jugend von heute besinnungslos dem Konsumrausch verfallen?

Anna kauft Turnschuhe.

INFO

Konsum = Verbrauch
Konsument = Verbraucher

Kinder im Kaufrausch

Es gibt in Deutschland zwar immer weniger Kinder, aber die haben immer mehr Geld. Zwölf Millionen Menschen unter 18 Jahren leben in Deutschland, sie haben laut der Kids-Verbraucheranalyse 4,5 Milliarden Euro jährlich zur Verfügung. [...]
Die Werbeindustrie hat [über eigene Fernseher der Kinder, Internet und Handys] jede Menge Ansatzpunkte, um an die Kinder heranzukommen. Spezialisten wie Christoph Schering, Geschäftsführer einer Berliner Marktforschungsfirma, wissen, wie das am effektivsten geht. Im Auftrag von großen Konzernen macht seine Agentur Marketing für Minderjährige. Schon Kindergartenkinder werden als Zielgruppe erfasst und nach allen Mitteln der Kunst durchleuchtet. „Ab drei Jahren beginnt die Markenbindung", sagt Schering. Untersuchungen zeigen, dass Dreijährige bereits Automarken, Firmenlogos und Fernsehwerbung erkennen und bewerten. Grundschüler sind bereits im Internet unterwegs, Zehnjährige melden sich, indem sie beim Alter schummeln, bei sozialen Netzwerken wie Facebook an. Junge Teenager im Alter von 11 bis 13 Jahren benutzen Kleidung, Musik und elektronische Geräte, um zu einer bestimmten Gruppe zu gehören. 16-Jährige gelten aus Sicht der Marktforscher bereits als „junge Erwachsene", die Marken und Werbung kritisch hinterfragen.

Quelle:
nach: Süddeutsche Zeitung, „Kinder im Kaufrausch", 26. 09. 2011, S. 10

1. Erörtere, welche Ursachen und Auswirkungen die „Markenmacke" auf Jugendliche und Erwachsene hat.

2. „Ich ziehe an, was mir gefällt. Was die anderen sagen, ist mir egal."
„Ich gehöre zu den Konsum-Kids, die der Markenmacke verfallen sind."
Welche Aussage trifft eher auf dich zu? Begründe deine Meinung.

3. Überprüfe das Warenangebot z. B. für Turnschuhe in einem Supermarkt, in einem Warenhaus, in einem Schuhfachgeschäft und in einem Youth-Shop. Welche Schlussfolgerungen kannst du dabei in Bezug auf die Preise, die Menge und das unterschiedliche Angebot ziehen?

4. Viele Schulen (z. B. in England) haben eine einheitliche Schulkleidung eingeführt. Was haltet ihr davon? Diskutiert in der Klasse das Für und Wider einer einheitlichen Schulkleidung.

Einkommensverwendung von Kindern und Jugendlichen

Rund 32 Euro Taschengeld haben Kinder im Alter zwischen 10 und 13 Jahren im Monat zur Verfügung. Wie sie es verwenden, ist meistens ihre eigene Entscheidung. Die Eltern reden zwar gerne mal ein Wörtchen mit, die Kaufentscheidung liegt aber zunehmend bei den „Besitzern" des Taschengeldes.

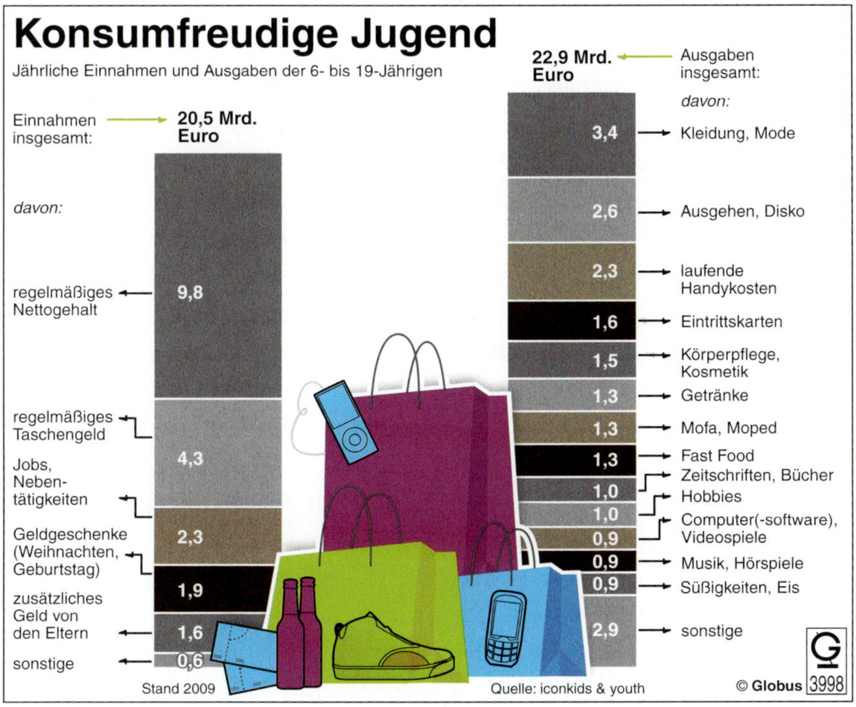

Nicht nur ausgeben, sondern auch sparen

Auch bei den Ersparnissen von Kindern und Jugendlichen ergeben sich ganz erstaunliche Summen. Sie wägen ab, was sie sofort haben wollen und was sie für große Anschaffungen sparen wollen.

B So stellt Lara für sich zunächst eine Liste ihrer Sparziele zusammen, die ihr die Entscheidung erleichtern soll. Dann rechnet sie aus, mit welchen Einnahmen sie im nächsten Monat rechnen kann. Lara beschließt: „Ich werde erst die Jeans und das Playstation-Spiel kaufen, die CD wünsche ich mir von meinen Freunden zum Geburtstag. Den Rest spare ich für den Fotoapparat. Was ich in den nächsten Monaten beim Babysitting verdiene, spare ich ebenfalls."

Laras Einnahmen im nächsten Monat:

20,00 €	Taschengeld
100,00 €	zum Geburtstag von Patentanten
5,00 €	für eine Eins in Mathe von den Eltern
20,00 €	für Babysitting bei Familie Raub
25,00 €	von Oma
170,00 €	insgesamt

Sparliste Lara:

1. digitale Kamera, mind. 10 Megapixel	269,00 €
2. Jeans, schmal geschnitten	99,90 €
3. Sims-3-Erweiterung	27,95 €
4. Monrose-CD	13,95 €
Summe: mindestens	410,80 €

1. Führt eine Umfrage unter Schülern im Alter von 13 bis 14 Jahren an eurer Schule durch. Fragt, wofür sie ihr Taschengeld ausgeben.

2. Stellt die Ergebnisse eurer Umfrage anschaulich dar und vergleicht sie mit denen der Grafik oben.

5 Einflüsse auf das Verbraucherverhalten

Jugendliche beeinflussen den Konsum

Jugendliche beeinflussen die Kaufentscheidungen von Erwachsenen.

Die deutschen Kinder und Jugendlichen im Alter zwischen sechs und 19 Jahren spielen eine wichtige Rolle in der Wirtschaft. Durch Taschengeld, Geldgeschenke (z. B. Geburtstag), kleinere Nebenjobs und Ferienarbeiten haben sie im Jahr ca. 22,9 Milliarden Euro zur Verfügung.
Kinder und Jugendliche geben das Geld nicht nur aus, sondern beeinflussen auch die Kaufentscheidungen von Erwachsenen in erheblichem Maße. Sie sind Informanten über neue Produkte und sie versuchen, ihre eigenen Wünsche besonders bei den Eltern durchzusetzen. Das gilt natürlich zunächst für Sachen, die man selber haben möchte: Es müssen Marken-Jeans sein, Turnschuhe von Edelherstellern, das neueste Handymodell, bestimmte Rucksäcke, coole Musik usw. Aber Jugendliche reden auch ein Wörtchen mit, wenn es um Anschaffungen der Eltern geht. Mädchen beeinflussen dabei ihre Eltern mehr als Jungen. Dies gilt besonders bei Modefragen, Kosmetik und Körperpflegeprodukten. Jungen haben Einfluss beim Kauf von Mofas, Motorrädern, Taschenrechnern, Computern und Sportgeräten.

Viele Erwachsene lassen sich von den Modetrends der Jugendlichen beeinflussen, weil sie selbst gern jugendlich aussehen möchten. Ihr seht, die gigantischen Ausgaben der Industrie für Werbung, die sich an Jugendliche richtet, lohnen sich durchaus. Das ist auch der Grund dafür, dass in der Autowerbung Kinder auftauchen oder auch bei Handywerbung deutlich zu erkennen ist, dass Jugendliche angesprochen werden, denn kaufen und bezahlen werden die Eltern.

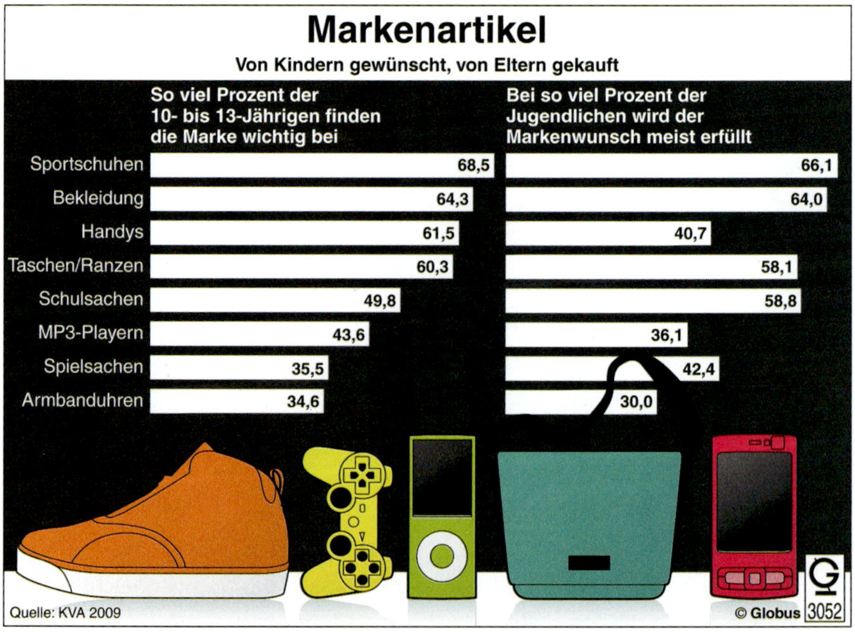

Zwang zum Konsum?

B Frau Schneider hat sich über Janas Freundin Silke schon oft geärgert, weil sie ihrer Tochter dauernd Flausen über Kleidung, die „in“ ist, in den Kopf setzt. Wie schafft diese Silke das nur?

Personen wie Silke, die in ihrem Freundes- und Bekanntenkreis solch eine Vorreiterrolle spielen, werden in der Fachsprache als Meinungsführer bezeichnet.

Meinungsführer sind Leute, die gegenüber Neuerungen besonders aufgeschlossen sind. Sie informieren sich, kennen sich aus, wissen, was „in“ ist und kaufen das Aktuellste. Andererseits sind sie selbst auch sehr leicht durch Massenmedien oder durch andere Meinungsführer, z. B. Girlie-Bands, Popstars, Schauspieler und Sportidole, beeinflussbar. Meinungsführer sind kontaktfreudig und aktiv. Sie geben ihr Wissen gern weiter, sie werden als Persönlichkeit akzeptiert und ihr Verhalten und Aussehen werden oft kopiert. Sie sind Vorbilder - vor allem für Personen, die eher passiv sind. Da sie ihre Mitmenschen persönlich ansprechen, ist ihr Einfluss stärker als der der Massenmedien.

INFO

Ein Beispiel, wie man sich das Meinungsführer- und Bezugsgruppenmodell zunutze machen kann, bieten die Vereine der Fußballbundesliga. In den Vereinsfarben und mit dem Vereinssymbol versehen werden nicht nur Trikots, sondern auch Schals, Mützen, Fahnen, Bettwäsche, Kuscheltiere, Getränkedosen usw. angeboten. Merchandising nennt man diese Strategie.

Nicht nur einzelne Personen, sondern auch Gruppen – in der Fachsprache Bezugsgruppen genannt – können versuchen, eure Wünsche und Kaufentscheidungen zu beeinflussen. Jeder Mensch, ob jung oder alt, ist in zahlreiche Gruppen eingebunden. Für Jugendliche hat z. B. die Clique eine große Bedeutung. Ihre Mitglieder vertreten die gleiche Meinung, verbringen ihre Freizeit zusammen, haben die gleichen Hobbys. Man spricht auch von sogenannten Peergroups, das ist die Gruppe der Gleichaltrigen. Gerade für junge Menschen ist die Mitgliedschaft, die Zugehörigkeit zu so einer Gruppe für eine bestimmte Zeit oft wichtiger als die Beziehungen zu Eltern und Geschwistern. Die Peergroup hat für den Jugendlichen die größte Bedeutung in Bezug auf Kleidung, Musik bis hin zu den Essgewohnheiten.

1. Berichte, ob und bei welchen Kaufentscheidungen du deine Eltern beeinflusst. ○

2. Was versteht man unter Meinungsführern? Überlegt gemeinsam, ob es in eurer Klasse/Schule/Clique Beispiele für Meinungsführer gibt. Auf welchem Gebiet sind sie Meinungsführer? ◒

3. Sucht in der Werbung Beispiele, bei denen bekannte Persönlichkeiten als Meinungsführer für Produkte werben. Begründet, warum gerade sie ausgewählt wurden und welche Zielgruppe angesprochen wird. ●

4. Nennt für euch wichtige Bezugsgruppen (Peergroups) und diskutiert, inwieweit sie eure Wünsche und Kaufentscheidungen beeinflussen. ◒

Jugendliche und Verträge: Der Kauf von Klingeltönen

Lilli

B Lilli, 15 Jahre, hat endlich ein Handy mit Prepaid-Vertrag. In einer Anzeige sieht sie, dass der neue Song ihrer Lieblingssängerin als Klingelton nur 10 Cent kostet. „Den will ich haben", denkt sie sich und schickt sofort eine SMS an den Anbieter.

Vier Wochen später kauft sich Lilli von ihrem Taschengeld eine neue Prepaid-Karte über 20 Euro. Als sie den Guthabenstand abfragt, wundert sie sich. Von den 20 Euro sind ihr sofort über 10 Euro abgezogen worden. Aber wofür nur?

Sie geht zu ihrem Vater. „Hast du dir Klingeltöne oder Logos heruntergeladen?", fragt er und lässt sich sofort die Klingeltonanzeige aus der Jugendzeitschrift zeigen. Mit einem Blick auf das Kleingedruckte wird ihm einiges klar.

Die Bestellung eines Klingeltones durch die Absendung einer SMS an einen Klingeltonanbieter ist der Abschluss eines Vertrages. Dabei ist es egal, ob es sich um eine Werbeanzeige in einer Zeitschrift, im Fernsehen oder im Internet handelt. Durch das Absenden der SMS willigt man meistens in den regelmäßigen Kauf von Klingeltönen, Handyvideos, Spielen oder Logos ein. Es wird ein sogenanntes Abonnement, kurz Abo, abgeschlossen. Über die genauen Vertragsbedingungen wird man häufig nicht richtig informiert. Sie werden in sehr kleiner Schrift unterhalb der Werbeanzeige aufgeführt und können dadurch schnell überlesen werden. Durch den Vertragsabschluss ist der Klingeltonanbieter berechtigt, regelmäßig (meist wöchentlich) einen bestimmten Betrag von der Handyrechnung oder dem Handyguthaben abzuziehen.

Das Kleingedruckte der Klingeltonanzeige

Starthilfe zu Aufgabe 1: Lest euch das Kleingedruckte in einer Klingeltonanzeige durch.

1. Lillis Vater schickt eine SMS an die Klingelton-Firma und fordert diese auf, den Vertrag umgehend aufzulösen. Bewerte die Erfolgsaussichten.

Garantie und Gewährleistung

Ein zentraler Grund dafür, dass wir rechtliche Regelungen brauchen, sind die sogenannten Informationsasymmetrien. Damit ist gemeint, dass der Verkäufer die Qualität einer Ware oder Dienstleistung natürlich besser beurteilen kann, weil er zum eigenen Produkt über mehr Informationen verfügt als der Käufer. Gute Beispiele dafür sind eine Urlaubsreise oder der Kauf eines gebrauchten Autos.
Insbesondere Garantie- und Gewährleistungsregelungen sollen helfen, die Unsicherheiten abzubauen. Doch was versteht man konkret darunter?

INFO

Eine **Asymmetrie** ist ein Ungleichgewicht.

B Marie hat lange gespart und kauft sich einen neuen Computerbildschirm beim Händler um die Ecke. Der Verkäufer schreibt auf die Quittung „1 Jahr Garantie wird gewährt“. Marie freut sich, wie nett vom Verkäufer. Nach 15 Monaten bleibt der Bildschirm plötzlich schwarz, nichts tut sich mehr. Tobi, Maries Freund, kennt sich aus: „Das liegt an dem einen Bauteil, da weiß man mittlerweile, dass das passieren kann, da kannst du nichts dafür!“ Was tun? Der Händler zuckt mit den Schultern? Das Jahr ist um! Und jetzt?

Marie arbeitet an ihrem neuen Monitor.

Im vorliegenden Fall hat der Händler eine Garantie ausgesprochen. Hierunter versteht man eine freiwillige Leistung des Händlers und/oder des Herstellers, z. B. Sachmängel in einem benannten Zeitraum zu beheben.

Hätte Marie also gar keinen Schutz gehabt, wenn der Händler die Garantie von einem Jahr nicht gewährt hätte? Nein, denn es gibt noch die sogenannte Gewährleistung. Sie regelt gesetzlich, wie lange Händler oder Produzenten für Mängel haften müssen. Seit 2002 sind dies in der Europäischen Union zwei Jahre. Eine freiwillig eingeräumte Garantie kann darüber, aber nicht darunter liegen. Maries Händler ist also in der Pflicht, den Mangel zu beheben. Dies kann, je nach Situation, unterschiedlich ausfallen. In der Regel reicht eine einfache Reparatur aus, manchmal wird das betroffene Produkt aber auch gegen ein neues ausgetauscht. Ist keine Mängelbeseitigung möglich, so muss das Geld zurückgezahlt werden.

Der Holzladen
Richtig Gutes Spielzeug
Bergstraße 5
26122 Oldenburg
Tel. 0441 - 24299
info@DerHolzladen.de

QUITTUNG Datum: 22.12.08
Zeit: 17:35:03
Kasse: 001

1 CREAMOBIL LANG MIT KIPPMULDE
EUR/St. 89.90 Gesamt 89.90

RECHNUNGSBETRAG 89.90
incl.19% MwSt= 14.35

Bezahlt mit Kreditkarte

Umtausch nur original verpackt
und gegen Bonvorlage
Kein Umtausch von reduzierter Ware

Öffnungszeiten:
Mo-Fr 10-18 Uhr Sa 10-16 Uhr

Herzlichen Dank für Ihren Besuch

Beispiel für eine Quittung als Garantiebeleg

1. Erkläre, inwieweit Garantien und Gewährleistung Sicherheiten bei Tauschhandlungen schaffen.

2. Die Gewährleistung sieht vor, dass der Kunde nach sechs Monaten nachweisen muss, dass ein Mangel schon beim Kauf vorlag. Erörtere, wie sich die Situation in unserem Fall darstellt.

3. Erläutere, warum viele Unternehmen Garantien über die Gewährleistung hinaus geben. Welche Signale werden hierüber an die Kunden vermittelt?

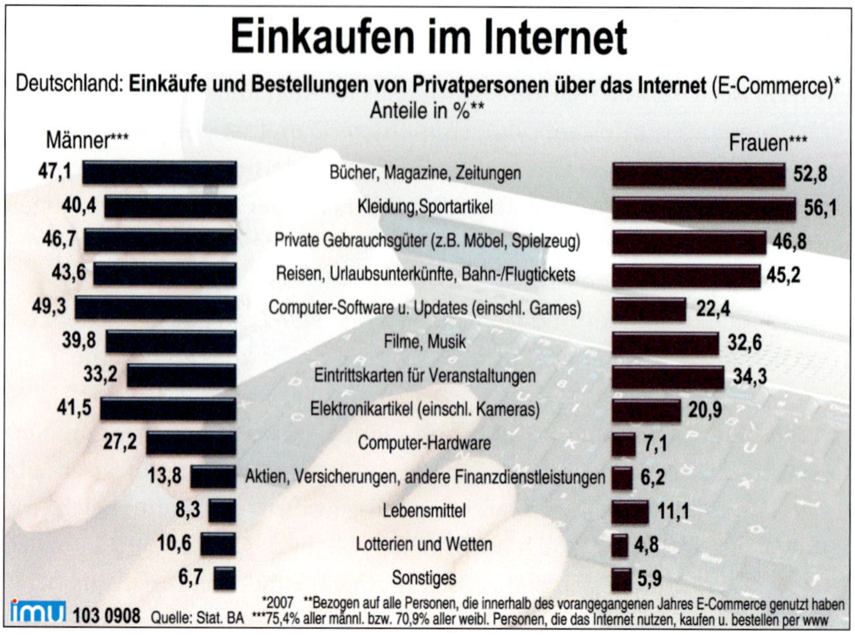

Kaufen im Internet

B Kurz vor dem Schlafengehen hörte Carla noch ihren Lieblingssender. Gespielt wurde ein neuer Song von Coldplay. Die CD mit diesem Song musste sie haben, sofort! Sie stand auf, schaltete den PC an, ging ins Internet, wählte die Adresse eines CD-Shops und bestellte die CD. Danach ging sie schlafen. Sie wusste, dass zwei Tage später geliefert würde.

So wie Carla suchen viele Menschen nicht mehr nur Informationen im Internet. Es gibt immer mehr Anbieter wie Banken, Buchhändler, Reiseveranstalter und Immobilienmakler, die ihre Waren im Internet anbieten und wachsenden Zuspruch haben. Dabei gibt es keine zeitliche Begrenzung. Das Internet hat rund um die Uhr geöffnet. Ebenso wenig gibt es Ländergrenzen: Wer in amerikanischen oder französischen Angeboten herumstöbern möchte, kann dies so leicht und schnell tun wie bei deutschen Anbietern. Probleme kann es allenfalls beim Bezahlen geben – aber das kann auch für Käufe im deutschen Internetangebot zutreffen.

1. Veranstaltet eine Umfrage:
   a) Kaufen Sie/kaufst du über das Internet?
   b) Welche Artikel kaufst du/kaufen Sie?
   c) Würden Sie/würdest du über das Internet kaufen?
   d) Welche Artikel würdest du/würden Sie kaufen?

2. Wie ist es mit dem Datenschutz, wenn ihr etwas über das Internet bestellt? Erkundigt euch bei der Verbraucherberatungsstelle.

6 Die Rolle des Geldes beim Kauf von Gütern

Geld als Rechen- und Tauschmittel

B Julius und Ruben sind sich fast einig: Julius hat genau das handsignierte Fußballtrikot, das Ruben gerne möchte, Ruben dafür ein Rad, das Julius gefällt. Sie wollen miteinander tauschen, sind sich aber noch nicht einig, ob beide Gegenstände gleich viel wert sind – schließlich will keiner der beiden ein schlechtes Geschäft machen. Julius Schwester beendet den Streit der beiden: „Ihr geht am besten in ein Fachgeschäft und lasst eure Gegenstände schätzen, dann wisst ihr, was sie wert sind."

Die beiden folgen dem Rat. Im Geschäft sagt der Verkäufer ihnen: „Das Rad schätze ich auf 150 Euro." Aus dem Internet erfahren die Freunde, dass das Fantrikot 125 Euro wert ist. Die beiden werden sich jetzt schnell einig. Ruben bietet an: „Du gibst mir dein Trikot und, weil du mein Freund bist, 15 Euro und ich gebe dir dafür mein Rad." „Topp, der Handel gilt."

Geld ist Rechen- und Tauschmittel.

Die kleine Geschichte zeigt, welchen Stellenwert Geld im täglichen Leben einnimmt. In unserem Beispiel ist das Rad 150 Euro wert, das Fantrikot 125 Euro. Über das Rechenmittel Geld können wir also unterschiedlichste Güter miteinander vergleichen.

Zugleich ist Geld ein Tauschmittel. Ruben tauscht sein Fahrrad teilweise gegen Geld; in der Regel tauschen wir täglich Güter gegen Geld. Du tauschst, wie viele andere Kunden, beim Bäcker Backwaren gegen Geld, dagegen tauscht der Bäcker beim Fotohändler eine Kamera ein usw.

Wir sehen: Durch Geld sind alle Güter miteinander vergleichbar und die Menschen sind bereit, Güter gegen Geld zu tauschen, weil sie wissen, dass sie für dieses Geld wiederum andere Güter bekommen.

Geld als Zahlungsmittel

B Marie fährt mit ihren Eltern regelmäßig in den Winterferien in das Riesengebirge zum Skifahren. Sie ist ganz begeistert von der herrlichen Landschaft, der teilweise noch unberührten Natur und den Wintersportmöglichkeiten in Tschechien. Als sie sich in diesen Winterferien erkältete und in einem Textilgeschäft einen Schal kaufen wollte, sagte ihr die Verkäuferin – natürlich auf Tschechisch, das Marie auch verstand: „Nein, Euro nehme ich nicht, hier musst du mit Kronen bezahlen."

Geld ist Zahlungsmittel.

Die Verkäuferin hätte auch Euro nehmen können, aber sie muss es nicht, denn in Tschechien ist die Tschechische Krone bei Barzahlungen gesetzliches Zahlungsmittel, genau wie bei uns in Deutschland der Euro. Hier sind seit 2002 die Euro-Banknoten und -Münzen gültiges Zahlungsmittel.

Geld ist Wertaufbewahrungsmittel.

Geld als Wertaufbewahrungsmittel

B Oma Irmgard ist etwas passiert, von dem man immer wieder in der Zeitung liest. Sie hatte zwei Trickbetrügerinnen die Tür geöffnet. Während die eine Oma Irmgard ablenkte und sich von ihr etwas im Wohnzimmer zeigen ließ, hatte die andere Zeit, die Küche zu durchsuchen. Sie fand schnell Omas „todsicheres" Versteck im Geschirrkasten. „Ich wollte mir doch nur etwas für später aufheben", klagte sie. „Aber Oma", sagte Christian, „ich spare doch auch, aber mein Geld für ein Campingzelt liegt auf der Sparkasse, da bekomme ich sogar noch Zinsen."

Omas Verhalten zeigt, genau wie das von Christian, wie Geld noch verwendet wird: als Wertaufbewahrungsmittel. Geld kann nicht verderben und der Wert, den es darstellt, kann später in Güter umgesetzt werden: in ein Zelt, wie Christian plant, oder als Notgroschen für später, wie Oma Irmgard es vorhatte. Hier werden zwei weitere Eigenschaften des Geldes deutlich: Geld muss wertbeständig und leicht aufzubewahren sein.

Geld kann aber auf andere Weise „verderben". Wenn du heute für deine Sportschuhe 50 Euro bezahlst und genau ein Jahr später für die gleichen Schuhe 55 Euro, dann hat das Geld an Wert verloren, und zwar 10 %. Die Kaufkraft deines Geldes ist gesunken, es gab eine Inflation.

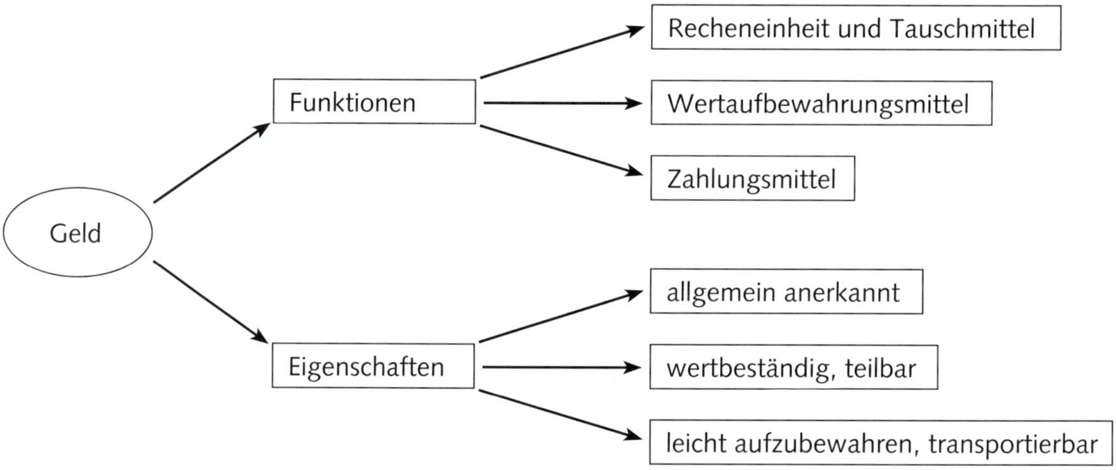

1. Analysiere die verschiedenen Funktionen und die Bedeutung des Geldes beim Kauf von Gütern und Dienstleistungen.

2. Geld ist ein Wert für verschiedene Gegenstände und deshalb ein geeignetes Tauschmittel. Kannst du dir auch andere vorstellen? Welche würdest du akzeptieren?

3. Diskutiert die Funktionen des Geldes an folgendem Beispiel: Klaus möchte ein Fantrikot von Werder Bremen gegen ein Fahrrad tauschen. Findet andere Beispiele, die ihr schon mal erlebt habt.

Die Lernkartei

„Übung macht den Meister“ – wie oft muss man diese Erfahrung machen. Wenn wir das Gelernte nicht gelegentlich wiederholen und üben, dann ist es meistens schnell vergessen. Die Lernkartei ist eine Möglichkeit, die das verhindern soll. Sie kann für die Klasse erstellt werden, aber jeder kann sie auch für sich selbst anfertigen. Sie ist so etwas wie ein kleines Lexikon auf Karteikarten, das Schritt für Schritt ergänzt werden kann.

Wie lässt sich eine Lernkartei erstellen?

1. Ihr überlegt am Beispiel dieses Kapitels, welche Begriffe und Sachzusammenhänge wichtig sind, und verfasst dazu einen kurzen Text für eine Karteikarte.
2. Ihr sucht selbst Begriffe aus, die ihr für wichtig haltet, schreibt auf die Vorderseite einer DIN-A7-Karte (halbe Postkartengröße) den Begriff und setzt auf die Rückseite die Begriffserklärung.
3. Besprecht eure selbst erstellten Beispiele im Unterricht.
4. Um die Karteikarten immer wiederfinden zu können, gibt es zwei Ordnungsmöglichkeiten:
   - Ihr ordnet eure Begriffe alphabetisch, wie z. B. Namen in einem Telefonbuch oder
   - ihr nehmt die Themen dieses Schülerbandes als Gliederungspunkte.

Wie kann man mit einer Lernkartei arbeiten?

- Ihr könnt für euch allein bestimmte Begriffe einüben und mit Beispielen versehen.
- Im Unterricht fragt ein Schüler die Klasse drei Begriffe ab und lässt sie sich durch ein Beispiel erklären.
- Ihr könnt die Lernkartei bei den Hausarbeiten verwenden oder für die Vorbereitung eines Tests zur Übung und Wiederholung.

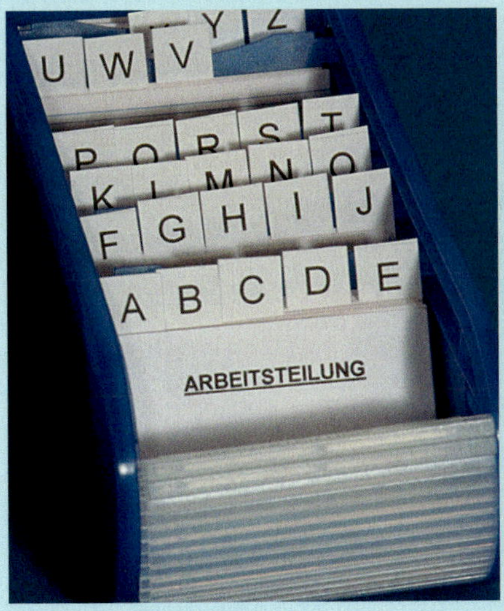

Information

Schreiben

Üben

Bedürfnisse im Wandel der Zeit (aus einem Lese- und Lehrbuch des Jahres 1834 für die Schuljugend-Verlag F.W. Nasse, Soest)

Q „Was wir zum Leben nötig haben, nennen wir Bedürfnis, Essen, Trinken, Kleider, Wohnung, Schlaf sind Bedürfnisse. Dasjenige, wodurch das Leben angenehmer wird, nennen wir Bequemlichkeit. Weiche Betten gehören nicht zu den Bedürfnissen, denn der Müde und Schläfrige kann auch auf der harten Erde schlafen. Wohlschmeckende Speisen und Getränke gehören nicht zu den Bedürfnissen, denn wir können unseren Hunger und Durst mit Wasser und Brot stillen.

Viele Menschen können sich an gewisse Bequemlichkeiten und Vergnügungen so gewöhnen, dass sie ihnen beinahe zum Bedürfnis werden. Wer wenige Bedürfnisse hat, kann sie leicht befriedigen. Wer seine Bedürfnisse leicht befriedigen kann, ist glücklich. Das kluge Kind gewöhnt sich nicht an viele Bedürfnisse. Manche Leute gewöhnen sich an gewisse Bequemlichkeiten und Annehmlichkeiten, sodass sie ohne dieselben nicht glücklich leben können.

Vor zweihundert Jahren wurde in unseren Gegenden noch kein Brandwein, weder Kaffee noch Tee getrunken, kein Tabak geraucht und es wurden wenig fremde Gewürze genossen und doch waren die Menschen gesünder, reicher und glücklicher.

Was wir hier erkennen können:

- Zu allen Zeiten haben Menschen Bedürfnisse, die sie befriedigen müssen, um leben zu können: Essen, Trinken, Kleidung, Wohnung.
- Die Art und Weise, seine Bedürfnisse zu befrieden, ist allerdings sehr unterschiedlich. Was wir heute im 21. Jahrhundert bitterste Armut nennen, war im Jahre 1834 Wohlstand.
- Wirtschaft und Gesellschaft haben sich in den letzten 200 Jahren so entwickelt, dass ein Jugendlicher aus dem Jahre 1834 die heutige Welt kaum erkennen würde.

… und welche Bedürfnisse hast du?

B Lisa, Ulli und Alexander sitzen im Café und sehen durch das Fenster auf der anderen Straßenseite ein Werbeplakat. Auf diesem Plakat befindet sich eine junge Frau auf einer Jacht im Urlaub mit dem Werbespruch: „Erfüll dir deinen Traum!"

Die drei unterhalten sich über das Werbeplakat.
Alexander: „Wow, da möchte ich auch in ein paar Jahren sein. Richtig viel Geld verdienen, dann mit 30 einen knallroten Porsche fahren, eine Villa mit Pool besitzen, mindestens dreimal im Jahr richtig Urlaub machen und natürlich eine erfolgreiche Karriere haben."

Lisa: „Das ist doch eigentlich gar nicht wichtig. Ich will lieber nach der Schule erst mal eine ordentliche Ausbildung machen und dann endlich meinen zahlreichen Hobbys nachgehen. Alles, was mich schon immer interessiert hat: Ins Theater und in Konzerte gehen, endlich mal ein bisschen die Welt kennenlernen, eine eigene Wohnung und natürlich einen netten Freund haben."

Ulli: „Warum wollt ihr beide so viel haben? Ich wünsche mir vor allem, dass alle in meiner Familie weiterhin gesund sind und bleiben. Mir reicht es, wenn ich genug zum Essen und ein Dach über dem Kopf habe, sodass ich ohne Sorgen morgens aufwachen kann. Ihr mit euren Wünschen! Das ist doch völlig übertrieben."

Alexander: „Ach komm schon Ulli. Wer soll dir glauben, dass du nicht mehr Wünsche hast …"

Was wir hier erkennen können:

- Nicht nur die Zeit hat einen Einfluss auf unsere Bedürfnisse. Auch das gegenwärtig sehr umfassende Angebot an Produkten und Dienstleistungen spielt dabei eine wichtige Rolle. So lassen sich sehr persönliche und individuelle Bedürfnisse befriedigen, wie es 1834 überhaupt nicht möglich gewesen wäre.
- Sowohl 1834 als auch heute stehen wir vor dem gleichen Problem: Jeder, der seine Existenzbedürfnisse befriedigen will, benötigt zunächst einmal ein Einkommen. Wenn er dieses hat, steht er im Folgenden immer wieder vor der Entscheidung, welche Bedürfnisse er wie und wann befriedigen möchte.
- Knappheit gab es damals und heute, nur tritt sie in unterschiedlicher Form auf.

1. Schreibe aus dem Text die Bedürfnisse von Alexander, Lisa und Ulli heraus und versuche jeweils für bestimmte Bedürfnisse einen Oberbegriff zu finden. Schau dir dazu auf der Seite 96 die Bedürfnispyramide an. Sie kann dir bei der Bearbeitung der Aufgabe helfen. ○

2. Sprecht mit eurer Oma, eurem Opa und lasst euch erzählen, welche besonderen Bedürfnisse sie zu ihrer Jugendzeit hatten. Beurteilt daraufhin, inwieweit sich die Bedürfnisse eurer Großeltern von den Bedürfnissen der heutigen Jugendlichen unterscheiden. Erstellt dazu ein Gesprächsprotokoll und präsentiert eure Ergebnisse in der Klasse. ◒

3. Erstellt mithilfe eurer Eltern und Großeltern eine Liste mit Produkten und Dienstleistungen, die es zu ihrer Zeit im Unterschied zu heute überhaupt nicht gegeben hat. Wertet sie im Anschluss dahin gehend aus, auf welche Produkte und Dienstleistungen ihr heute ggf. verzichten könntet. ●

Am Ende dieses Kapitels sollt ihr grundlegendes Wissen haben über:
- verschiedene Bedürfnisse und ihre Rangfolge
- Einkommensquellen
- Möglichkeiten der Einkommensverwendung
- Einflussfaktoren auf das Konsumverhalten,
- das ökonomische Prinzip
- Güter und Güterarten

Mit den folgenden Aufgaben könnt ihr überprüfen, ob ihr das Wissen anwenden könnt.

1. Ordnet je vier verschiedene Bedürfnisse den Existenzbedürfnissen, Kulturbedürfnissen, Luxusbedürfnissen zu. Stellt eine Bedürfnisrangfolge auf und begründet diese. ◒

2. Welche Art von Einkommen beziehen die folgenden Personen? Ordne sie in die Tabelle „Einkommensarten" ein. ○

a) Frau P. verkauft am Wochenende selbst gemalte Bilder auf dem Flohmarkt.
b) Bernd mäht für 10 Euro den Rasen von Frau Meier.
c) Herr K. erhält Sozialhilfe und verdient sich im erlaubten Maße mit Gelegenheitsjobs etwas dazu.
d) Herr T. hat im Lotto gewonnen und lebt heute von den Zinsen des angelegten Geldes.
e) Familie S. hat ein großes Stück Land geerbt und an einen befreundeten Landwirt verpachtet.
f) Vera P. ist Schauspielerin am Staatstheater. In ihrer Freizeit tritt sie manchmal auf Betriebsfesten o. Ä. auf.
g) In den Semesterferien arbeitet der Student Erik in einer Fabrik und verpackt Fahrräder.
h) Frau B. müsste eigentlich gar nicht mehr arbeiten, bei all dem Geld auf ihren Sparbüchern. Doch die Arbeit als Chefsekretärin in der Meier-Paper AG macht ihr immer noch viel Spaß.
i) Frau Dr. F. ist Zahnärztin. Sie teilt sich die Praxis mit einem befreundeten Kollegen.

Einkommensarten			
Einkommen aus unselbstständiger Arbeit	Einkommen aus Unternehmertätigkeit	Einkommen aus Vermögen	Transfereinkommen
…	…	…	…

3. Bewertet die Eignung des Minimalprinzips und des Maximalprinzips am Beispiel des Kaufs eines Mountainbikes.

4. Nenne Beispiele für feste Ausgaben und veränderliche Ausgaben, die du als Schüler z. B. bereits hast.

5. Beurteile, inwiefern und warum sich die Ausgabenbereiche von Jungen und Mädchen unterscheiden.

6. Benenne Gründe, die das Führen eines Haushaltsbuches im Alltag erschweren.

7. Familie Möller will für einen geplanten Urlaub monatlich jeweils 100 Euro sparen. Sammelt Lösungsvorschläge, an welchen Ausgabengruppen die Einsparungen vorgenommen werden können und woran Familie Möller besser nicht sparen sollte bzw. kann.

8. Begründet anhand der unten stehenden Grafik „Süße Kids: Wofür das Taschengeld ausgegeben wird", warum Jugendliche für die anbietende Wirtschaft eine wichtige Zielgruppe sind.

9. Nennt drei Bereiche, in denen Jugendliche ihre Eltern bei Kaufentscheidungen beeinflussen.

10. Erklärt den Unterschied zwischen einem Meinungsführer und einer Bezugsgruppe. Legt ebenfalls dar, wo ggf. Gemeinsamkeiten bestehen. Begründet eure Auffassung.

Meinungsführer

Die Bezugsgruppe

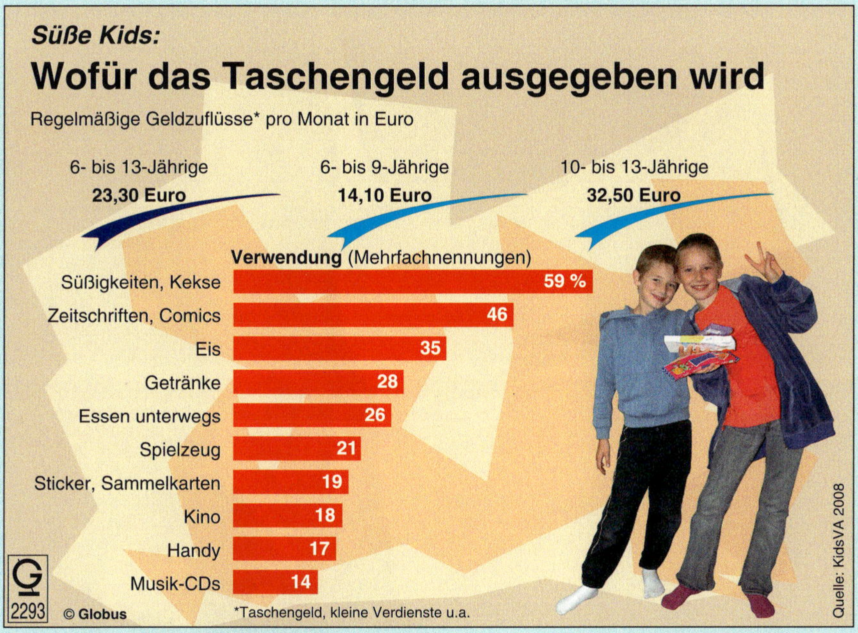

V Erhalt der psychischen und physischen Gesundheit

In diesem Kapitel geht es um die Organisation von Arbeit im Haushalt. Des Weiteren wird erklärt, was eine gesundheitsförderliche Ernährung beinhaltet und wie sie im Alltag einfach umzusetzen ist. Abschließend werden Möglichkeiten thematisiert, wie sich ein Gleichgewicht zwischen Arbeit, Erholung und Gesundheit herstellen lässt.

Im Einzelnen geht es darum:

- **Wie lässt sich die Arbeit in der Küche in Hinblick auf die Grundregeln der Zusammenarbeit und der Arbeitssicherheit sinnvoll planen und durchführen?**

- **Welche Regeln sollten für eine gesunde Ernährung beachtet werden?**

- **Welche aktuellen Ernährungstrends und -probleme gibt es?**

- **Wie können Arbeit, Erholung und Gesundheit in Einklang gebracht werden?**

- **Welche Möglichkeiten einer persönlichen Gesundheitsvorsorge gibt es?**

1 Arbeitsplatz Küche

Wir lernen die Schulküche kennen

Die Küche ist der wichtigste Arbeitsplatz im Haushalt. Von einer sinnvollen Einrichtung der Küche hängt ab, wie viel Zeit, Kraft und Weg für die Zubereitung von Mahlzeiten benötigt werden. In jeder Küche befinden sich die Küchenbereiche: Kochbereich, Arbeitsbereich, Spülbereich. Im privaten Haushalt gibt es Wohnküchen mit Essecke und reine Arbeitsküchen.
Welche Bedeutung die richtige Anordnung der Möbel und Geräte für den übersichtlichen Arbeitsablauf hat, zeigen zwei Arbeitsstudien, die von der Arbeitsgemeinschaft „Die moderne Küche" durchgeführt wurden. In beiden Küchen wurde von derselben Person die gleiche Mahlzeit zubereitet. In der unzweckmäßig eingerichteten Küche benötigte sie zur Zubereitung 69 Minuten und lief 174 Meter, in der zweckmäßig eingerichteten Küche benötigte sie lediglich 51 Minuten und lief 70 Meter!

INFO

Merke: Die vorhandene Schrankordnung muss von allen beachtet werden, damit die Arbeitsgeräte immer griffbereit sind und es zu keinem Ärger mit nachfolgenden Lerngruppen kommt.

Die Schulküche unterscheidet sich von den Haushaltsküchen, weil in einer Kücheneinheit (auch Koje genannt) Arbeitsplätze für mehrere Schülerinnen und Schüler vorhanden sein müssen. Meist gibt es einen gesonderten Essraum. Trotzdem finden wir auch hier alle Arbeitsbereiche wieder. Das reibungslose Zusammenarbeiten hängt dabei wesentlich von der zweckmäßigen Anordnung und der sinnvollen Unterbringung der Arbeitsgeräte ab.

Für findige Küchendetektive: In welchen Küchenbereichen sind die Arbeitsgeräte sinnvoll untergebracht? Kochbereich (1), Arbeitsbereich (2), Spülbereich (3), Essbereich (4): Kochtöpfe, Arbeitsschüsseln, Rührlöffel, Litermaß, Spülmittel, Teelöffel, Küchenrolle, Schäl- und Schneidemesser, Essteller, Arbeitsbretter, Abfalleimer, Abwaschbürste, Pfannen, Küchenwaage, Bratenwender, Auflaufformen, Salatbesteck, Schneebesen, Gemüseschüsseln, Gläser, Gabeln, Löffeltopf, elektrisches Handrührgerät, Esslöffel

Regeln für eine sinnvolle Anordnung der Küchenelemente

1. Der Spülbereich umfasst zwei gleich große Becken und die linksseitige Abtropffläche. Ein einzelnes Becken ist nur sinnvoll, wenn eine Geschirrspülmaschine eingebaut ist.
2. Rechts daneben befindet sich der Arbeitsbereich, wo das Essen vorbereitet und das schmutzige Geschirr abgestellt wird.
3. Daneben schließt sich der Kochbereich mit Herd und einer Abstellfläche an der rechten Seite an.

Diese Küchengrundzeile bildet eine geschlossene Einheit, oft mit einer durchgehenden Abdeckung verbunden.
Darüber können Hängeschränke angebracht werden.

1. Vergleicht die beiden Arbeitsstudien. Wodurch kann der große Unterschied von Zeit und Weg zustande gekommen sein?

2. Erkundet eure Schulküche und stellt fest, wo die Arbeitsgeräte und das Essgeschirr untergebracht sind. Merkt euch die Geräteunterbringung.

3. Bereitet eine Zwischenmahlzeit in Partnerarbeit zu, z. B. Quarkspeise.

Möglichkeiten der Arbeitsteilung und Zusammenarbeit in der Schulküche

Bei der partnerschaftlichen Herstellung eurer Zwischenmahlzeit habt ihr festgestellt, dass Zusammenarbeit abgesprochen werden muss. Um eine gerechte Arbeitsteilung und einen reibungslosen Arbeitsablauf zu gewährleisten, muss man sich überlegen,

- **was** die Arbeitsaufgabe beinhaltet. Man muss wissen, welche Speise zubereitet werden soll, und sich über das Rezept informieren.
- **womit** die Arbeitsaufgabe durchgeführt werden soll. Die Zutaten (Arbeitsmittel) und Arbeitsgeräte müssen ausgewählt werden.
- **wie** die Arbeitsaufgabe ausgeführt werden soll. Die Arbeitsanleitung muss genau gelesen werden.
- **wer** die Arbeit machen soll und ob eine oder mehrere Personen für die Vor- und Zubereitung sinnvoll sind sowie wer was macht.
- **wann** die Arbeit gemacht werden soll. Arbeitsbeginn und -ende müssen geplant werden, damit die Arbeit rechtzeitig fertig ist.

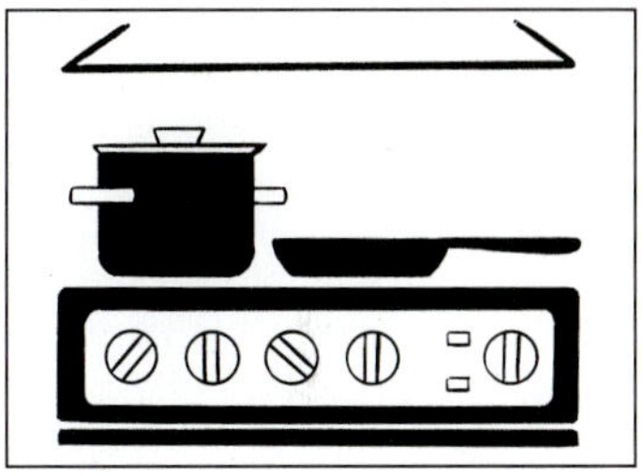
Herdamt

Der „Ämterplan"

Folgende Arbeiten sollten gerecht verteilt werden:

- Nach dem Essen den Esstisch abräumen und abwischen.
- Schmutziges Geschirr und Arbeitsgeräte zusammenstellen und abwaschen.
- Gesäubertes Geschirr und Arbeitsgeräte abtrocknen und wegräumen.
- Geschirr und Arbeitsgeräte nachzählen und mit der Schrankordnung vergleichen.
- Spülbecken und Abtropfroste säubern und abwischen.
- Wischlappen und Handtücher zum Trocknen aufhängen.
- Herd gründlich reinigen.
- Koje und den Essraum ausfegen und evtl. wischen.
- Arbeitsflächen und Schränke abwischen.
- Abfall trennen und entsorgen.

Abwaschamt

All diese Arbeiten können in einer Arbeitsgruppe auf festgelegte Ämter verteilt werden. Mit der Übernahme des Amtes tragt ihr die Verantwortung für einen Aufgabenbereich. Deshalb muss es gewissenhaft ausgeführt werden, um die Küche sauber und geordnet für die Nächsten zu hinterlassen. Die Ämter können nach einiger Zeit wechseln, sodass jeder einmal jedes Amt übernimmt.

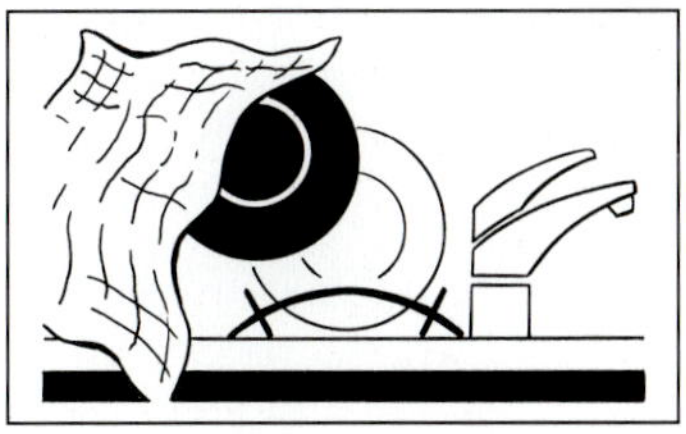
Abtrockenamt

1. Erstellt einen „Ämterplan", der die anfallenden Arbeiten in eurem Hauswirtschaftsunterricht sinnvoll und gerecht verteilt. Neben den genannten Arbeiten gibt es noch weitere, die vor, während und nach der Nahrungszubereitung zu erledigen sind. Die Abbildungen zeigen eine mögliche Aufteilung.

Ordnungsamt/Bodenamt

Chaos am Arbeitsplatz in der Küche

Grundregeln zur Zusammenarbeit und Arbeitshygiene

Hättest du Lust, an so einem unordentlichen Arbeitsplatz zu arbeiten? Da muss doch etwas schief gehen! Zur reibungslosen Arbeit im Haushalt und vor allem bei der Zusammenarbeit in der Schulküche müssen grundlegende Regeln eingehalten werden:

Verhaltens- und Arbeitsregeln
- Richte dir deinen Arbeitsplatz übersichtlich ein.
- Wichtig ist, dass du dich bei der Arbeit auf deine Aufgabe konzentrierst und nicht herumalberst oder andere ärgerst.
- Vermeide hektisches und unüberlegtes Arbeiten.
- Hör genau zu, wenn Geräte und Arbeitstechniken erklärt werden, und beachte die Anweisungen.

Regeln für Arbeitshygiene
- Vor der praktischen Arbeit Hände waschen nicht vergessen.
- Haare zusammenbinden, Schmuck ablegen.
- Obst und Gemüse vor der Verarbeitung gründlich waschen.
- Abfälle während der Arbeit in eine Tischabfallschüssel bzw. sofort in den Abfalleimer geben.
- Löffeltopf bereitstellen, Probierlöffel verwenden.
- Arbeitsplatz zwischendurch aufräumen und abwischen.
- Saubere Tücher verwenden.
- Schmutziges Geschirr an die Spüle stellen.
- Nicht verarbeitete Zutaten gut verschließen und in den Vorrats- oder Kühlschrank zurückräumen.

1. Analysiert die Abbildung „Chaos am Arbeitsplatz in der Küche". ○

2. Erläutere, warum es wichtig ist, die Verhaltens- und Arbeitsregeln bei der Zusammenarbeit in der Schulküche einzuhalten. ◒

3. Wieso spielt die Arbeitshygiene bei der Speisenzubereitung eine wichtige Rolle? Begründe die einzelnen Regeln. ◒

4. Schreibt die grundlegenden Regeln auf ein Plakat, damit sie bei der Arbeit beachtet werden. ●

5. Stellt in Partnerarbeit einen Milchmix oder Obstsalat her und beachtet die Regeln. ●

Arbeitssicherheit bei der Hausarbeit

B Als Karin mittags von der Schule nach Hause kommt, humpelt ihr die Mutter entgegen. „Ich bin heute ganz fürchterlich vom Drehstuhl gefallen, als ich mal eben vom Schrank einen Karton herunterholen wollte. Ich glaube, ich gehe damit lieber heute Nachmittag zum Arzt."

Damit unsere Arbeit in der Schulküche sicher und unfallfrei durchgeführt werden kann, müssen wir mögliche Gefahrenquellen beim Umgang mit Geräten und Arbeitsmitteln kennenlernen und Maßnahmen zur Unfallverhütung berücksichtigen.

Sturzgefahr!

Vermeidung von Stürzen
- Keine Nahrungsmittel auf den Fußboden werfen, Abfälle aufheben.
- Fettspritzer und Verschüttetes sofort aufwischen.
- Keine Elektrokabel von der Arbeitsfläche herunterhängen lassen.
- Keine Gegenstände im Weg herumstehen lassen.

Vermeidung von Schnittwunden und Verletzungen durch Geräte
- Zweckmäßige Arbeitsgeräte verwenden.
- Krallengriff beim Schneiden von Nahrungsmitteln anwenden.
- Schneidegeräte nicht herumliegen lassen.
- Beschädigtes Glas und Porzellan wegwerfen, Splitter auffegen.

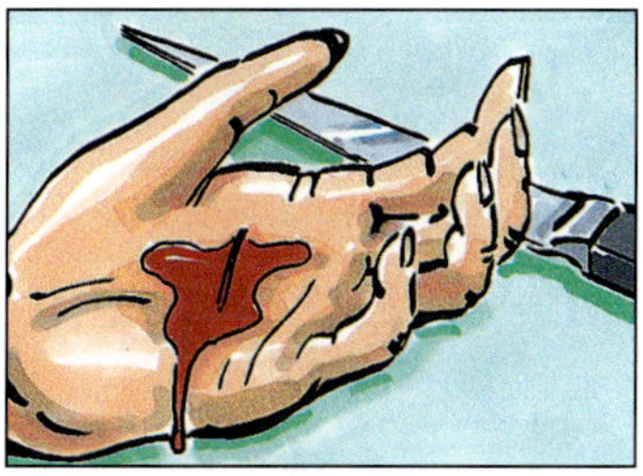

Schnittwunde durch unsachgemäßes Schneiden mit dem Messer

Vorsicht beim Umgang mit Elektrogeräten
- Nach dem Arbeiten sofort den Stecker herausziehen.
- Elektrogeräte nur abwischen, niemals im Spülwasser abwaschen.
- Beim Umgang mit dem elektrischen Handrührgerät unbedingt lange Haare zusammenbinden und Halstücher ablegen.

Vermeidung von Verbrühungen und Verbrennungen
- Heiße Flüssigkeiten vorsichtig abgießen. Topflappen verwenden.
- Kein kaltes Wasser und Gefrorenes in heißes Fett geben.
- Keine Pfannengriffe über den Herd hinausragen lassen.

1. Berichtet über Unfälle im Haushalt, die bei euch zu Hause passiert sind oder von denen ihr gehört habt. ○

2. Bildet Arbeitsgruppen zu den verschiedenen Unfallbereichen im Haushalt. Demonstriert die Gefahrenquellen mit entsprechenden Küchengeräten und Arbeitsmitteln in den Kojen. ●

3. Schreibt die wichtigsten Regeln zur Unfallverhütung in der Schulküche auf und veranschaulicht sie durch Zeichnungen oder Bilder. ●

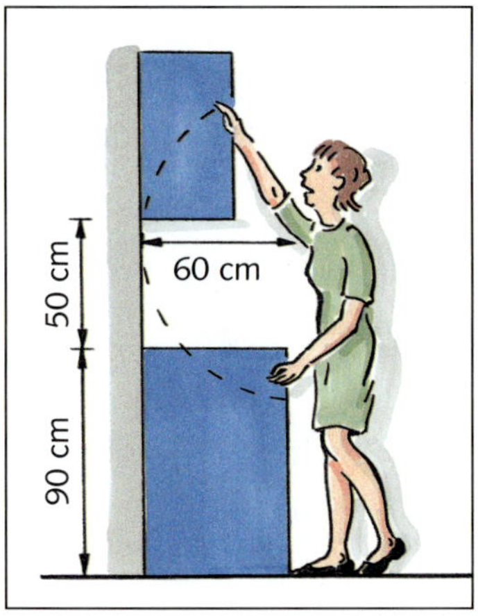

Der vertikale Greifraum

Der innere und der äußere Greifraum

Zweckmäßige Einrichtung des Arbeitsplatzes

Einrichtung des Arbeitsplatzes für die Nahrungszubereitung

Auf dem Foto auf der S. 128 seht ihr einen chaotischen Arbeitsplatz. Bei so einem Durcheinander sind eine reibungslose Zusammenarbeit und ein geordneter Arbeitsablauf unmöglich. Wir haben die grundlegende Arbeitsregel kennengelernt: „Richte dir deinen Arbeitsplatz übersichtlich ein". Was bedeutet das?

Jede Arbeit, die sachgerecht und zügig ausgeführt werden soll, muss vorher geplant werden. Um eine Arbeitsaufgabe ausführen zu können, braucht man einen Arbeitsplatz, Arbeitsmittel und Arbeitsgeräte. Ein gut durchdachter Arbeitsplatz ist Voraussetzung dafür, dass die Arbeit mit dem geringsten Aufwand an Zeit und Kraft getan werden kann.

Jeder Arbeitsplatz besteht aus innerem und äußerem Greifraum:
- Der innere Greifraum ist der Platz, an dem gearbeitet wird, z. B. etwas geschält, zerkleinert oder gerührt wird.
- Der äußere Greifraum ist der Abstellplatz, an den Schüsseln, Töpfe und Arbeitsgeräte gestellt werden, aus denen etwas genommen oder in die etwas hineingegeben wird bzw. die nicht mehr benötigt werden.
- Zum Arbeiten haben beide Hände unterschiedliche Aufgaben. Bei Rechtshändern ist die linke Hand die Greifhand, die rechte Hand die Arbeitshand. Bei Linkshändern ist es umgekehrt.

Merkregeln für die Einrichtung eines Arbeitsplatzes

- Alle Zutaten und Arbeitsgeräte sollen vor Beginn der Arbeit griffbereit und geordnet hingestellt werden.
- Gegenstände, die häufig benötigt werden, gehören in den inneren Greifraum. Sie sind mit gebeugtem Arm erreichbar.
- Weniger oft benötigte Gegenstände gehören in den äußeren Greifraum. Sie sind mit gestrecktem Arm erreichbar.
- Arbeitsgeräte so anordnen, dass die Hände arbeiten können, ohne sich zu kreuzen. Das sorgt für einen flüssigen Arbeitsablauf.
- Auf eine richtige Arbeitshöhe und Körperhaltung achten.

1. Ihr sollt euch in Partnerarbeit jeweils einen Arbeitsplatz einrichten
   a) für das Schälen und
   b) für das Würfeln von Obst und Gemüse.
   Wählt die entsprechenden Messer und andere Arbeitsmittel aus.
   Überprüft, ob die Zutaten und Arbeitsgeräte entsprechend den Merkregeln auf dem Arbeitsplatz angeordnet sind.
   Probiert die sachgerechten Arbeitstechniken zum Schälen und Würfeln aus, wie sie auf Seite 132 aufgezeigt sind.
   Rezeptvorschlag: Kartoffelsalat, Apfel-Birnen-Salat

Je fettiger das Geschirr, desto später gehört es ins Abwaschwasser.

Einrichtung des Arbeitsplatzes für den Abwasch

Geschirr spülen ist eine Hausarbeit, zu der man selten Lust hat. Selbst wenn eine Geschirrspülmaschine vorhanden ist, müssen die Arbeitsgeräte, Töpfe und Pfannen noch mit der Hand abgewaschen werden. Zum Abwaschen brauchen wir Spülmittel, Wischlappen, Scheuerschwamm, Spülbürste und saubere, trockene Geschirrhandtücher.

Arbeiten vor dem Abwaschen

- Speisereste entfernen.
- Stark verschmutztes Geschirr unter fließendem Wasser vorspülen.
- Geschirr ordnen.
- In das rechte Spülbecken heißes Wasser und Spülmittel.
- Falls vorhanden: In das linke Spülbecken nur heißes Wasser zum Nachspülen geben.

Reihenfolge während des Abwaschens

- Im rechten Spülbecken Geschirr sorgfältig spülen.
- Im linken Spülbecken Geschirr nachspülen.
- Geschirr abtropfen lassen.

Arbeiten nach dem Abwasch

- Spülbecken gründlich reinigen, Wischlappen gut ausspülen.
- Speisereste aus dem Ausguss entfernen.
- Spüle trockenreiben, Spülmittel wegräumen.
- Arbeitsgeräte und Geschirr abtrocknen.
- Sauberes Geschirr wegräumen, mit Schrankordnung vergleichen.
- Geschirrhandtuch aufhängen.

1. Wascht die Arbeitsgeräte und das Essgeschirr von euren Speisen entsprechend den Arbeitsschritten ab.

2. Begründe, warum die Arbeitsrichtung des Abwaschens immer von rechts nach links erfolgt.

INFO

Umweltbewusst handeln!
Sparsam mit Wasser und Spülmittel umgehen.

INFO

Merke:
Gläser immer einzeln spülen – Bruchgefahr!

Messer nie im Wasser liegen lassen – Verletzungsgefahr!

Die Arbeitsrichtung des Abwaschens ist von rechts nach links.

Starthilfe zu Aufgabe 2:
Denkt dabei an die Regeln zur Arbeitsplatzgestaltung.

Waschen von Gemüse unter fließendem Wasser

Putzen von Gemüse

Schälen einer Möhre mit dem Sparschäler

Sachgerechte Arbeitstechniken und Arbeitsgeräte zur Verarbeitung von Lebensmitteln

In vielen Rezepten beginnen die Arbeitsschritte mit der Vorbereitung der Zutaten. Frische Nahrungsmittel müssen in den meisten Fällen vor dem Garen bearbeitet werden.

Waschen: Obst und Gemüse müssen vor der Bearbeitung zunächst gründlich gewaschen werden, um Schmutz und Rückstände von Pflanzenschutzmitteln zu entfernen. Dies sollte unter fließendem, kaltem Wasser erfolgen.

Putzen: Ungenießbare Bestandteile wie welke Blätter, Wurzeln, Stiele, holzige Teile usw. werden entfernt.

Schälen: Viele Obst- und Gemüsesorten müssen vor der Zubereitung geschält werden, z. B. Kartoffeln, Möhren, Gurken, Äpfel, Zwiebeln. Da sich wertvolle Vitamine und Mineralstoffe unter der Schale befinden, sollte das Schälen möglichst dünn erfolgen.

Waschen: Nach dem Schälen müssen Nahrungsmittel, die aus der Erde kommen, nochmals gewaschen werden, da beim ersten Waschen und Schälen meist nicht alle Schmutzteile entfernt werden konnten, z. B. bei Kartoffeln, Möhren, Sellerie.

Zerkleinern: Durch Schneiden, Raspeln, Hobeln oder Hacken werden Nahrungsmittel zerkleinert. Sie sollen dadurch in eine verzehrgerechte Form gebracht werden, die je nach Rezept und persönlichen Vorstellungen ganz unterschiedlich ausfallen kann.

Schneiden – sicher und sachgerecht

Das Schneiden ist die gebräuchlichste Zerkleinerungsform. Ob in Scheiben, Ringe, Würfel, Stifte oder Streifen, beim Schneiden kommt es auf ein gutes, gleichmäßiges Arbeitsergebnis an – ohne Schnittverletzungen! Um das zu erreichen, sollte man

- ein ausreichend großes Brett mit Griff als Schneideunterlage verwenden. Das Schneidegut soll flach aufliegen.
- ein Küchenmesser mit glatter Klinge bzw. ein Gemüsemesser mit abgerundeter Spitze verwenden.
- den „Tunnelgriff“ anwenden, d. h. das Schneidegut zwischen Daumen und übrige Finger legen, um es längs in Scheiben oder Streifen zu schneiden.
- den „Krallengriff“ anwenden, d. h. das Schneidegut so festhalten, dass die Fingerspitzen nach innen gekrallt sind, um es quer in feine Scheiben zu schneiden. Das Messer sollte dabei leicht schräg von den Fingern weg geführt werden, um Schnittverletzungen zu vermeiden.

Gurken hobeln mit einem Gemüsehobel

Möhren raspeln mit einer Flachreibe

Küchenmaschine

Zeit- und kraftsparender Einsatz von Küchengeräten bei der Nahrungszubereitung

Reiben, Raspeln, Hobeln mit Handgeräten
Bei kleinen Mengen gibt es für das Zerkleinern von Nahrungsmitteln einfache Reiben, z. B. Flachreibe, Gemüsehobel oder Kastenreibe. Die Auswahl der Reibeflächen richtet sich nach den Angaben im Rezept und nach den persönlichen Vorstellungen.
Vorteile: preiswert, schnell griffbereit, einfache Handhabung
Nachteile: hoher Kraft- und Zeitaufwand, Verletzungsgefahr, nur für kleine Mengen geeignet

Reiben, Raspeln, Hobeln mit der Küchenmaschine
Bei größeren Mengen lohnt sich für das Zerkleinern von Obst und Gemüse der Einsatz eines elektrischen Schnitzelwerkes.
Vorteile: geringer Kraft- und Zeitaufwand beim Zerkleinern
Nachteile: Kostenaufwand bei der Anschaffung, Platzbedarf, längere Auf- und Abbauzeiten, mehr Abwasch

1. Führt eine Arbeitsstudie durch: Raspelt 250 g Möhren
a) mit der Handreibe,
b) mit der elektrischen Reibemaschine.
Vergleicht
- den Zeitaufwand für Auf- und Abbau und für das Reiben,
- den Kraftaufwand,
- das Arbeitsergebnis (Aussehen).

2. Bereitet aus den geraspelten Möhren eine Möhrenrohkost zu und schmeckt mit Zitronensaft und Zucker ab.

INFO

Garen im **Dampfdrucktopf** ist besonders nährstoffschonend, energie- und zeitsparend.

Garen von Nahrungsmitteln – gewusst wie!

„Was kochen wir heute?“ Dies ist eine häufige Frage zu Beginn des Unterrichts. Mit „kochen“ meinen wir die Speisenzubereitung allgemein und verbinden damit unterschiedliche Garmachungsarten. Die meisten Lebensmittel müssen gegart werden, weil sie uns erst dann schmecken oder verträglich sind. Dabei ist das Ziel, die Nahrungsmittel so schonend wie möglich zu garen, um die Vollwertigkeit der Inhaltsstoffe weitgehend zu erhalten.

Grundregeln:

- Nahrungsmittel unzerkleinert kurz und gründlich waschen.
- Nahrungsmittel erst kurz vor dem Garen zerkleinern.
- Wenig Wasser zum Garen verwenden.
- Nahrungsmittel schnell ankochen.
- Bei geschlossenem Topf garen.
- Die richtige Gartemperatur wählen.
- Speisen nicht lange warm halten.

Häufige Garmachungsarten

1. Kochen: Garen in viel siedender Flüssigkeit bei 100 °C. Das Lebensmittel ist mit Wasser bedeckt. **Beachte:** Lebensmittel bei hoher Leistung ankochen, bei niedriger Leistung fortkochen.

2. Garziehen, Quellen: Garen mit viel Flüssigkeit bei einer Temperatur unter 100 °C. **Beachte:** Ausreichend großen Topf verwenden. Deckel aufsetzen.

3. Dünsten: Garen im geschlossenen Topf bei 100 °C in sehr wenig Flüssigkeit (1 cm im Topf) oder im eigenen Saft, mit oder ohne Fett. **Beachte:** Töpfe mit fest schließendem Deckel verwenden. Gargut langsam zum Kochen bringen und auf niedriger Stufe gar dünsten.

4. Braten: Garen in der Pfanne in wenig heißem Fett bei 120 °C–200 °C. **Beachte:** Bratgut erst einlegen, wenn Pfanne und Fett richtig heiß sind, damit sich sofort die Poren schließen. Temperatur nach dem Anbraten reduzieren. Beschichtete Pfannen sparen Fett.

5. Schmoren: Anbraten in heißem Fett im offenen Topf (siehe Braten), Weitergaren unter Zugabe von Flüssigkeit bei 100 °C (siehe Dünsten). **Beachte:** Flüssigkeit erst zugeben, wenn die gewünschte Bräunung erreicht ist.

6. Backen: Garen mit Bräunung in heißer Luft im Backofen bei 150 °C bis 250 °C. **Beachte:** Vorbereitete Lebensmittel in gefettete oder beschichtete Formen geben.

1.

2.

3.

4.

5.

6.

Verschiedene Garmachungsarten

Lernen an Stationen

Bei der Methode „Lernen an Stationen“ oder „Lernzirkel“ werden euch Lernmaterialien und Laufzettel mit Arbeitsaufgaben bereitgestellt, mit deren Hilfe ihr euch selbstständig einen Unterrichtsinhalt erarbeitet. Ihr könnt in Einzel-, Partner- oder Gruppenarbeit jede Station bearbeiten und die Ergebnisse auf einem Laufzettel notieren. Ziel ist, mit allen Sinnen zu lernen, z. B. Sehen, Hören, Tun, Überlegen, Riechen, Schmecken. Die Arbeitsaufträge können sehr unterschiedlich ausgerichtet sein, z. B.:
- Informationen verarbeiten
- zeichnen, beschriften, zusammenfassen
- eigene Fragen aufschreiben und beantworten
- Bilder, Texte bearbeiten
- Versuche durchführen und Beobachtungen notieren

Arbeitsaufgabe: Zubereitung einer Mahlzeit mit unterschiedlichen Garmachungsarten

Beispiel: Nudel-Schinkenpfanne, Apfelkompott, Vanillesoße (siehe Anleitung auf der Verpackung).

1. Hinführung: Bekanntmachung mit der Arbeitsaufgabe.
- Lest euch die Rezepte genau Schritt für Schritt durch.
- Holt euch die Zutaten und Arbeitsgeräte her.
- Macht euch ggf. einen Arbeitsablaufsplan und Zeitplan (siehe Methode Arbeitsaufgabe S. 153).

2. Erarbeitung: Erläuterung der Stationen auf dem Laufzettel.
Bearbeite folgende Stationen des Lernzirkels selbstständig oder mit deinem Partner/deiner Gruppe. Gare die Zutaten mit der dafür vorgesehenen Garmachungsart. Beschreibe, wie du dabei vorgehst. Nimm die Erläuterungen über die Garmachungsarten zu Hilfe. Nenne die entsprechenden Schaltstufen des Elektroherds/Backofens.

Station 1: Koche 250 g Nudeln.
Station 2: Brate 125 g gewürfelten gekochten Schinken und 125 g Champignonscheiben in der Pfanne an.
Station 3: Gib die gegarten Zutaten in eine Auflaufform und überbacke sie mit 100 g geriebenem Käse 15 Min. im Backofen.
Station 4: Dünste 250 g zerkleinerte Äpfel mit Vanillezucker zu Apfelkompott.
Station 5: Koche ein Rezept Vanillesoße.

3. Sicherung: Überprüfung der Ergebnisse des Laufzettels.
Wertet eure Eintragungen im Klassengespräch aus oder überprüft sie.

Hinführung

Erarbeitung

Sicherung

2 Gesund und fit durch ausgewogene Ernährung

Vielfältige Lebensmittel – Was isst du besonders gerne?

B Stell dir vor, du sollst für deine Eltern, deinen zehnjährigen Bruder und dich für einen Tag den Einkauf erledigen und das Essen zubereiten. Das Angebot an Lebensmitteln ist sehr groß. Wenn du zuvor einen Einkaufszettel schreibst, behältst du den Überblick. Du setzt dich also mit Bleistift und Zettel an den Küchentisch. Was aber willst du einkaufen? Die Wünsche und Vorstellungen der Familienmitglieder sind sehr unterschiedlich. „Nicht schon wieder Nudeln", verkündet dein Bruder. „Achte auf den Preis", raten deine Eltern. Dir ist es wichtig, dass es allen schmeckt. Außerdem soll das Essen gesund und gut verträglich sein.

Bei einer gesunden Ernährung kommt es darauf an, was wir essen und trinken. Neben dem Sättigungswert und der Qualität der Lebensmittel spielt der Anteil an lebenswichtigen Nährstoffen eine bedeutende Rolle. Was ist nun aber das Richtige?

Der Körper eines Menschen benötigt verschiedene Stoffe, mit denen er seinen Energiebedarf deckt und mit denen er seinen Körper aufbaut, die Nährstoffe. Es gibt kein Lebensmittel, das alle Stoffe in den Mengen enthält, wie sie der Körper benötigt. Das Wissen darüber, welche Nährstoffe in den Lebensmitteln enthalten sind, ist wichtig, denn es geht beim Essen um die eigene Gesundheit und das persönliche Wohlbefinden.
Man unterscheidet die energieliefernden Nährstoffe Eiweiß, Fett und Kohlenhydrate und die nichtenergieliefernden Nährstoffe wie Wasser, Mineralstoffe und Vitamine. Ballaststoffe und sekundäre Pflanzenstoffe (Farb-, Duft- und Geschmacksstoffe) sind weitere wichtige Bestandteile unserer Lebensmittel.

INFO

Merke: Die Ernährung ist **ausgewogen**, wenn sie den Energiebedarf eines Menschen deckt, alle wichtigen Stoffe in der benötigten Menge enthält und möglichst frei von schädlichen Stoffen ist.

Der Ernährungskreis – alles was wir brauchen

Eine Hilfe bei der Zusammenstellung einer gesunden, ausgewogenen Ernährung ist der Ernährungskreis. Alle Lebensmittel lassen sich in diese sieben Gruppen einordnen. Jede Gruppe enthält lebenswichtige Stoffe in unterschiedlichen Mengen. Man sollte jeden Tag – auf mehrere Mahlzeiten verteilt – aus jeder Gruppe Lebensmittel zu sich nehmen. Der unterschiedliche Anteil der Lebensmittelgruppen am Ernährungskreis stellt eine Empfehlung für die mengenmäßige Auswahl dar.

Die Empfehlung für eine gesunde und ausgewogene Ernährung lautet: Iss täglich und reichlich Lebensmittel aus den Gruppen 1–4 des Ernährungskreises, weniger/seltener aus den Gruppen 5 und 6. Wähle innerhalb der Gruppen danach aus, was dir am besten schmeckt.
Gut die Hälfte der täglichen Nahrung sollte aus Getreide, Kartoffeln sowie Obst und Gemüse stammen. Eine wichtige Rolle spielen Milchprodukte, wobei jedoch auf die Auswahl fettarmer Produkte geachtet werden sollte.

Ernährungskreis

INFO

Lebensmittelgruppen und ihre Nährstoffe

1: Getreide, Kartoffeln
Kohlenhydrate, Vitamine, Mineralstoffe, Ballaststoffe

2+3: Gemüse/Obst
Vitamine, Mineralstoffe, Ballaststoffe, Wasser

4: Milch, Milchprodukte
Eiweiß, Vitamine, Mineralstoffe

5: Fleisch, Wurst, Fisch, Eier
Eiweiß, Fett, Vitamine, Mineralstoffe

6: Fette, Öle
Fett, Vitamine

7: Getränke
Wasser

1. Plane für deine Familie Speisen und Getränke für einen Tag und zwar so, wie du es am liebsten möchtest.

2. Überprüfe anschließend, ob der Tagesplan der Empfehlung für eine ausgewogene Ernährung entspricht (siehe Ernährungskreis und Text). Arbeite eventuell Verbesserungsvorschläge in deine Planung ein.

3. Stelle deinen überarbeiteten Tagesplan den Mitschülern vor und begründe deine Auswahl.

4. Benenne die in der Abbildung auf S. 136 dargestellten Lebensmittel und ordne sie dem Ernährungskreis zu.

5. Finde weitere Beispiele für die Lebensmittelgruppen.

6. Auswahl und Aufnahme von Nahrung wird von vielen Faktoren beeinflusst, z. B. von Stimmungen, von Gewohnheiten, von der Tageszeit, vom Wetter und von der Jahreszeit, von der Werbung, vom Preis, von der Mode, von körperlichen Anstrengungen.
Beschreibe dazu jeweils ein Beispiel aus deiner persönlichen Erfahrung.

Ein gut gedeckter Tisch

10 Regeln für eine gesunde Ernährung

Gesund bleiben, leistungsfähig sein und sich wohlfühlen, das möchte jeder. Die Deutsche Gesellschaft für Ernährung (DGE) hat zehn Regeln für eine genussvolle und gesunde Ernährung formuliert (www.dge.de).

1. Vielseitig essen

Damit der Mensch alle Nährstoffe bekommt, die er braucht, sollte er abwechslungsreich essen. Viele verschiedene Lebensmittel liefern viele verschiedene Nährstoffe. Die Gemüsebeilage zu Hause, aber auch z. B. in der Kantine, sollte täglich wechseln: An einem Tag gibt es Erbsen-Wurzel-Gemüse, am nächsten Tag Paprika oder Mais.

Getreideprodukte und Kartoffeln

2. Reichlich Getreideprodukte und Kartoffeln

Getreideprodukte und Kartoffeln stehen in der größten Gruppe des Ernährungskreises. Sie sollten damit Hauptbestandteil des täglichen Essens sein. Besonders hochwertig sind Vollkornprodukte wie Vollkornbrot, Naturreis und Vollkornnudeln. Sie enthalten bis zu siebenmal mehr Vitamine, Mineralstoffe und Ballaststoffe als Weißbrot oder helle Nudeln. Nährstoffreich sind auch Kartoffeln. Sie können als Salz- und Pellkartoffeln oder als selbst gemachtes Püree oft auf den Tisch kommen.

Mengenvorschläge für Getreideprodukte und Kartoffeln pro Tag:
4–6 Scheiben Brot und 3–4 Kartoffeln oder
3 Scheiben Brot, 6 EL Getreideflocken und 200 g gekochte Nudeln

Eine Portion = eine Handvoll

3. Obst, Salat, Gemüse – Nimm „5“ am Tag

Iss täglich fünf Portionen Obst und Gemüse, jede so groß wie eine Handvoll. Damit wirst du reichlich mit Vitaminen, Mineralstoffen, Ballaststoffen sowie sekundären Pflanzenstoffen versorgt. Je frischer, desto besser. Diese schützen vor Krankheiten. Das ist das Beste, was du für die Gesundheit tun kannst. Die Obst- und Gemüseauswahl ist groß: Ob frische Ananas, knackige Paprika oder tiefgefrorene Erbsen, ob Mais aus der Dose oder getrocknete Aprikosen, ob frisch gepresster Orangensaft oder Möhrensaft aus der Flasche: Hauptsache fünfmal am Tag.

Die meisten dieser wichtigen Inhaltsstoffe sind in frischem Obst und Gemüse enthalten. Deshalb solltet ihr beim Einkauf auf Folgendes achten:
- Produkte aus der Region bevorzugen
- Obst und Gemüsesorten kaufen, die gerade Saison haben, z. B. Tomaten und Himbeeren im Sommer, Kohl und Orangen im Winter.

INFO

Purine sind Eiweißverbindungen, denen eine wichtige Rolle beim Zellaufbau zukommt.

Tiefgefrorenes Gemüse und Obst ist besonders im Winter, wenn es weniger frische Ware gibt, eine hochwertige Alternative. Tiefkühlware lässt sich außerdem schnell und mit wenig Arbeit einsetzen, das ist ein echter Vorteil, wenn man berufstätig ist.

4. Täglich Milch- und Milchprodukte; ein- bis zweimal in der Woche Fisch; Fleisch, Wurstwaren und Eier in Maßen

Milch, Joghurt oder Käse sind Lieferanten für den Mineralstoff Calcium, der wichtig für gesunde Knochen und Zähne ist. Sie enthalten außerdem hochwertiges Eiweiß und Vitamine. Viel Calcium ist enthalten in frischer Vollmilch, fettarmer oder H-Milch sowie Buttermilch und Kefir. Wer keine Milch mag oder verträgt, kann eventuell auf Joghurt, Quark und Käse ausweichen.

Vorschlag für eine Tagesmenge für einen Erwachsenen

Fleisch, Fisch und Eier sind hochwertige Lebensmittel, da sie reichlich Eiweiß, B-Vitamine und Mineralstoffe wie Eisen oder Zink liefern. Sie enthalten aber auch Purine und gesättigte Fettsäuren. Zu viel von diesen Stoffen kann z. B. Gicht verursachen. Daher sollten Fleisch und Wurst nicht täglich und nur in kleinen Mengen gegessen werden.

Seefisch gehört jede Woche auf den Speisenplan, egal ob zu Hause oder in der Schulmensa, denn Seefisch ist neben Jodsalz der einzige bedeutende Lieferant für Jod, das für die Schilddrüse gebraucht wird. Außerdem enthalten fettreiche Seefische wie Makrele oder Hering lebensnotwendige Fettsäuren.

Fisch, Fleisch und Eier in Maßen genießen

1. Ernährt ihr euch vielseitig? Berichtet von euren Ernährungsgewohnheiten zu Hause und außer Haus. ○

2. Überlegt euch fünf verschiedene Gemüsebeilagen für einen Speiseplan in der Schulmensa. ●

3. a) Macht Vorschläge für vier verschiedene Frühstücksvarianten für zu Hause. ●
b) Bereitet in Gruppen je eine Frühstücksvariante zu. Begründet die Auswahl in Bezug auf die Regeln für eine gesunde Ernährung. ●

4. Nenne je fünf Obst- und Gemüsesorten, die du gerne magst. Informiere dich, wann sie jeweils Saison haben. ○

5. Bereitet in Gruppen einen bunten, gemischten Salat zu. ●

INFO

Fettgehalt von Kartoffelgerichten
Salzkartoffeln: 1 Portion (200 g) = 0 g Fett
Bratkartoffeln: 1 Portion (200 g) = 15 g Fett
Pommes frites: 1 Portion (150 g) = 23 g Fett

5. Wenig Fett und fettreiche Lebensmittel

Fette und Öle enthalten wichtige ungesättigte Fettsäuren und sind Träger der Vitamine A, D, E und K. Sie sind aber auch sehr energiereich und können zum Entstehen von Übergewicht beitragen. Sie erhöhen das Risiko von Herz-Kreislauf-Krankheiten. Mit Butter und Ölen sollte deshalb sparsam umgegangen werden. Das gilt für jeden, der kocht, ob zu Hause oder als Koch oder Köchin. Zum Zubereiten von Salatdressings sind hochwertige Pflanzenöle wie Olivenöl, Raps- oder Sojaöl am besten geeignet.

Außer sichtbarem Brat- und Streichfett gibt es auch versteckte Fette. Diese verstecken sich z. B. in Wurst, Süßigkeiten, Fertiggerichten, Pommes frites und Fast Food. Fettreiches Essen schmeckt besonders gut, denn Fett verstärkt den Geschmack der Speisen.

Würzen mit Kräutern

6. Zucker und Salz in Maßen

Zuckerreiche Süßigkeiten, Kekse und Kuchen sind nicht im Ernährungskreis enthalten. Sie liefern viele Kalorien und Fett. Aus dem täglichen Essen sind sie allerdings nicht wegzudenken. Wer pro Tag z. B. zwei Schokoküsse oder 50 g Gummibärchen isst bzw. zwei Gläser Limonade trinkt, ernährt sich trotzdem noch gesund.

Auch Salz ist nur in geringen Mengen zu verwenden. Zu viel Salz kann zu Bluthochdruck führen. Wenn Salz gebraucht wird, sollte es jodiertes und fluoridiertes Salz sein. Zum Würzen der Speisen sind frische oder tiefgekühlte Kräuter bestens geeignet, z. B. Thymian, Oregano, Petersilie.

INFO

Fruchtsaftanteil von Getränken:
Fruchtsaft: 100 %
Fruchtnektar: 25–50 %
Fruchtsaftgetränk: 6–30 %

7. Reichlich Flüssigkeit

Nur wenn unser Körper reichlich Flüssigkeit zur Verfügung hat, funktioniert er reibungslos. Deshalb sollten wir täglich 1 $^{1}/_{2}$ bis 2 Liter trinken, zusätzlich zu der Flüssigkeit, die in Lebensmitteln enthalten ist. Aber nicht alle Getränke sind gleich gut geeignet, den Durst zu löschen: Saft ist nicht gleich Saft, Milch ist ein Nahrungsmittel und ein Liter Eistee enthält 20-25 Stück Zucker. Achtet auf den angegebenen Zuckergehalt in den Nährwerttabellen.

Empfehlenswerte Getränke: Wasser und Mineralwasser, Früchte- und Kräutertees (ungesüßt), Fruchtsäfte verdünnt mit Wasser ($^{1}/_{3}$ zu $^{2}/_{3}$)
Nicht empfehlenswerte Getränke: Cola, Fruchtsaftgetränke, Fruchtnektare, Energydrinks, alkoholische Getränke, Alcopops

8. Schmackhaft und schonend zubereiten

Zu einem leckeren Essen trägt neben der richtigen Lebensmittelauswahl auch deren Speisenzubereitung bei. Die jeweiligen Speisen sollten bei möglichst niedrigen Temperaturen und möglichst kurz mit wenig Wasser und Fett gegart werden. Sehr weich gekochtes Gemüse oder falsch gelagertes Obst enthalten kaum noch Vitamine und Nährstoffe.

Regeln für die Zubereitung von Speisen:

- Gemüse kurz dünsten oder dämpfen, so bleibt es knackig und behält seine Nährstoffe.
- Wenig Fett zum Braten verwenden, dadurch bleibt der natürliche Geschmack der Lebensmittel erhalten und Kalorien werden eingespart.
- Zucker und Salz sparsam einsetzen, damit der Eigengeschmack der Lebensmittel nicht verfälscht wird.

9. Sich Zeit nehmen und genießen

Wer in Ruhe isst, kann besser genießen. Auch das Auge isst mit. Man sollte sich beim Essen Zeit lassen, denn nach 15 Minuten tritt oft erst die Sättigung ein. Wer zu schnell isst, der isst mehr als nötig. Also genießen ohne Ablenkung: Zu Hause bleibt der Fernseher aus und das Buch oder die Zeitung bleibt liegen. Im Restaurant sorgt die Servicekraft mit einem guten Service für eine angenehme und ruhige Atmosphäre beim Essen. Essen soll nicht nur satt machen. Wer bewusst mit allen Sinnen isst, hat mehr Genuss an seinem Essen:

- Der Duft einer selbst gemachten Pizza weckt die Vorfreude auf das Essen.
- Die bunten Farben eines frischen Salates sind schon ein Genuss für die Augen.
- Die cremige Fruchtspeise langsam im Munde zergehen lassen – und genüsslich satt werden.
- Ein schön gedeckter Tisch, festlich gefaltete Servietten und ein hübsch dekorierter Raum machen auch das tägliche Essen zum Erlebnis.

Das Auge isst mit.

10. Auf Gewicht achten und gesund bleiben

Neben der richtigen Ernährung ist auch regelmäßige Bewegung wichtig, um gesund zu bleiben und sein Gewicht zu halten. Ein kleiner Spaziergang nach dem Mittagessen macht wieder fit für die nächste Schulstunde. Regelmäßiger Sport macht den Kopf frei. Mit Freunden Fahrrad zu fahren macht Spaß, im Sommer ein paar Bahnen im Freibad zu schwimmen lässt überflüssige Pfunde schmelzen.

Regelmäßige Bewegung, am besten mehrmals pro Woche ist ein Ausgleich zum Alltag und zu sitzenden Tätigkeiten, kräftigt die Muskeln, hält gesund und hilft, das Gewicht zu halten.

1. Überlege, was du in den letzten drei Tagen zum Mittagessen und als Zwischenmahlzeiten gegessen hast. Welche fettreichen und zuckerhaltigen Lebensmittel waren dabei? Stelle sie in einer Übersicht zusammen und nenne Austauschmöglichkeiten. ◒

2. Macht Vorschläge, wie sich mehr Bewegung in euren Alltag einbauen lässt. ○

Spaziergang

Orientierungshilfen für einen gesundheits- und verbraucherbewussten Einkauf

INFO

Tipps für einen überlegten Einkauf:
- Plane jeden Einkauf sorgfältig. Überlege und notiere, was in welchen Mengen und zu welchem Zweck benötigt wird.
- Ratsam ist es, sich bereits vorher über Angebote und Preise zu informieren, z. B. durch Hauswurfzettel.
- Gehe nicht hungrig einkaufen und kaufe nicht in Eile.
- Lies die Aufschriften auf den Verpackungen gründlich.
- Vergleiche Preise. Im Supermarkt stehen preiswerte Waren meist unten, die teuren in Augenhöhe.

Lebensmittelkennzeichnung

Ziel einer vollwertigen Ernährung ist es, aus allen sieben Lebensmittelgruppen möglichst unbehandelte, wenig verarbeitete Lebensmittel zu sich zu nehmen. Darum müssen wir das Warenangebot kritisch auf seine Qualität überprüfen. Die gesetzlich vorgeschriebenen Lebensmittelkennzeichnungen bieten dabei gute Informationsmöglichkeiten und sind eine Hilfe für Kaufentscheidungen.

Lebensmittelkennzeichnung bei frischer, unverpackter Ware

Bei Frischobst und Frischgemüse ist die Angabe von Handels- bzw. Güteklassen vorgeschrieben. Sie informieren den Verbraucher über die äußere Qualität, über Größe, Form, Gewicht und Aussehen eines Produktes:
Handelsklasse „Extra" – auserlesene Ware
Handelsklasse I – hochwertige Ware
Handelsklasse II – gute Ware

Handelsklassen geben keine Auskunft über den Gesundheitswert der Ware. Makellose Früchte können mehr Rückstände an Düngemitteln und Schädlingsbekämpfungsmitteln enthalten als weniger ansehnliche, kleine Früchte. Außerdem müssen Angaben über das Herkunftsland, Sorte und Preis pro Stück oder kg gemacht werden.
Eine wichtige Information für Verbraucher kann die Angabe des Herkunftslandes sein. Es ist für eine vollwertige Ernährung von Bedeutung, woher die Produkte kommen, ob sie einen langen Transportweg hinter sich haben, unreif geerntet wurden und erst beim Transport nachgereift sind (z. B. bei Pfirsichen, Erdbeeren). Die weiten Transportwege sind ökologisch kaum vertretbar, der Geschmack und die Qualität der Inhaltsstoffe sind nicht so gut wie bei natürlich gereiften Früchten.
Darum gilt eine Regel für die vollwertige Ernährung: regional und saisonal einkaufen. Heimische Produkte der Jahreszeit entsprechend sind preisgünstig, naturgereift und schmackhaft. Bauernhofläden oder Wochenmarktstände werden immer beliebter. Man weiß, woher die Produkte kommen und wie sie angebaut werden. Aber auch in Supermärkten findet man reichlich regionale und saisonale Produkte. Lebensmittel aus ökologischer Landwirtschaft werden nach strengen Richtlinien erzeugt und sind umweltschonend.

Lebensmittelkennzeichnung an frischer Ware

1. Begründe, warum regionale Produkte den ausländischen Produkten vorgezogen werden sollten.

2. Stellt eine Liste von Märkten/Läden in eurer Nähe zusammen, wo regionale und saisonale Produkte angeboten werden.

Lebensmittelkennzeichnung bei frischer, verpackter Ware

Bei verpackten Kartoffeln, Frischobst und Frischgemüse in Beuteln oder Folie müssen laut Kennzeichnungsverordnung folgende Angaben zur Verbraucherinformation gemacht werden:

- Name oder Firma und Anschrift des Verpackers oder Verkäufers
- Verkehrsbezeichnung, z. B. Speisekartoffeln, Obstsorte
- Stückzahl oder Einfüllgewicht in kg
- Ursprungsland, Anbaugebiet
- Handelsklasse, z. B. bei Kartoffeln „Extra“oder „I“

Auch hierbei gilt: Ware aus der heimischen Region bevorzugen und dem Verwendungszweck entsprechend einkaufen.

Ein anderes Beispiel für Qualitätskennzeichen von frischer, verpackter Ware sind die Güte- und Gewichtsklassen bei Eiern. Güteklassen geben Auskunft über die Frische der Eier: Güteklasse A: „frisch“; Güteklasse B: „zweite Qualität oder haltbar gemacht“. Innerhalb der Güteklassen werden Eier nach Gewichtsklassen sortiert. Häufig angeboten werden Klasse 3 (L): etwa 65 g; Klasse 4 (M): etwa 55 g; Klasse 5 (S): etwa 50 g. Zusätzlich müssen auf dem Eierkarton die Kennnummer der Packstelle und das Verpackungsdatum angegeben sein.

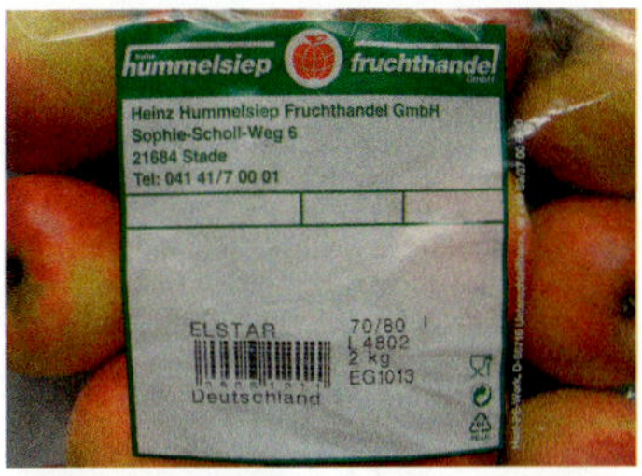

Lebensmittelkennzeichnung bei frischer, verpackter Ware

Qualitätskennzeichnung bei Eiern

Lebensmittelkennzeichnung bei verpackten Produkten

Qualität und genaue Menge sind bei verpackten Produkten oft nicht zu erkennen. Deshalb schreibt die Lebensmittelverordnung vor, dass auf einer verpackten Ware genaue Angaben über das Produkt gut sichtbar angebracht werden müssen. Diese Kennzeichnung soll den Verbraucher vor Täuschungen und gesundheitlichen Schäden schützen. Folgende Angaben sind Pflicht:

- Verkehrsbezeichnung
- Mengenangabe
- Zutatenliste
- Mindesthaltbarkeitsdatum und
- Name und Anschrift des Herstellers

Ein großes Problem beim Einkauf stellt die Zutatenliste dar. Die verwendeten Fachbegriffe für Zusatzstoffe und vor allem die E-Nummern sind kaum verständlich. Viele Menschen reagieren auf bestimmte Zusatzstoffe allergisch. Hier hilft nur, sich ein Verzeichnis der E-Nummern mit Erklärungen bei der Verbraucherberatungsstelle zu besorgen und wenig verarbeitete Nahrungsmittel zu bevorzugen.

① **Verkehrsbezeichnung**
z. B. Markenname

② **Mengenangabe**
Füllgewicht, Abtropfgewicht

③ **Zutatenliste**
Die Reihenfolge der Zutaten muss den Gewichtsanteilen entsprechen.

④ **Mindesthaltbarkeitsdatum**

⑤ **Name und Anschrift des Herstellers**

1. Erläutere an ausgewählten Produkten die Lebensmittelkennzeichnung. Was sagen die Aufschriften auf den Etiketten über die Qualität der Nahrungsmittel aus? ○

2. Informiere dich darüber, was die Nummern: E 104, E 210, E 250, E 420 bedeuten. ○

3 Eigene Ernährungsgewohnheiten im Vergleich mit vollwertiger Ernährung

Unterschiedliche Lebens- und Essgewohnheiten

Lena frühstückt mit ihrer Familie.

B

Ein typischer Tag von Lena und Jan:

Lena (12 Jahre) frühstückt morgens mit der Familie $^1/_2$ Brötchen mit Quark und Tomate. Für die Pausen in der Schule nimmt sie 1 Scheibe Brot mit Schnittkäse und 1 Apfel mit. Mittags isst sie mit der Familie warm (Spinat, Spiegelei, Kartoffeln, Obstsalat, Apfelsaftschorle). Zwischendurch isst sie einen Joghurt und trinkt Orangensaft. Abends isst sie mit ihrer Familie (2 Scheiben Vollkornbrot mit Käse und Leberwurst sowie Rohkostsalat).

Jan (12 Jahre) frühstückt morgens nicht. In den Pausen kauft er am Schulkiosk 1 Croissant und 1 Tüte Orangensaft, später 1 Pizzabaguette. Mittags isst er alleine zu Hause 2 Scheiben Brot, 1 Apfel und trinkt Zitronenlimonade. Zwischendurch nimmt er Schokolade, Gummibärchen und Cola zu sich. Abends isst er mit der Familie warm (Schnitzel, Kartoffeln, Erbsen-Wurzel-Gemüse, Quarkspeise mit Obst).

Sicherlich sehen eure Mahlzeiten im Tagesablauf noch anders aus. Die Ernährungsgewohnheiten sind abhängig von verschiedenen Bedingungen wie Familiengröße, Essenszeiten, zur Verfügung stehendes Geld, Zubereitungszeit, Einkaufsmöglichkeiten, Kochkenntnisse.

1. Vergleiche die Essgewohnheiten von Lena und Jan. Bewerte sie nach den Grundsätzen einer vollwertigen Ernährung.

2. Schreibe ein Esstagebuch von einem Wochentag auf. Fertige dazu eine Tabelle mit den folgenden Punkten an:
senkrecht: 1. Frühstück, Zeit: / 2. Frühstück, Zeit: / Mittagessen, Zeit: / Abendessen, Zeit: / Zwischenmahlzeiten, Zeit:
waagerecht: Was hast du gegessen? Mit wem hast du gegessen? Wo hast du gegessen? Wer hat das Essen geplant? Wer hat das Essen zubereitet? Wo haben die nicht anwesenden Familienmitglieder gegessen?

3. Finde Gründe für die unterschiedlichen Essgewohnheiten und ordne diese den verschiedenen Bedingungen zu.

4. Bewertet gemeinsam eure eigenen Essgewohnheiten. Wo gibt es Abweichungen von den Grundsätzen einer vollwertigen Ernährung?

5. Fasst eure wesentlichen Ernährungsprobleme zusammen und vergleicht sie mit den Ernährungsfehlern auf S. 145. Stellt die Ergebnisse auf einem Plakat dar.

Ernährungstrends – Ernährungsprobleme

Vor 50 Jahren wurden die Deutschen ihrem Ruf als Kartoffelesser noch tatsächlich gerecht. Der durchschnittliche Verbrauch belief sich 1957 auf 150 kg. Das hat sich seitdem gründlich geändert. Der Kartoffelverbrauch ist bis heute um 50 % zurückgegangen. In der gleichen Zeit schrumpfte auch der Verbrauch anderer Grundnahrungsmittel wie Milch und Brot erheblich. Was aber essen die Deutschen stattdessen? Vor allem Fleisch, dessen Verbrauch sich fast verdoppelte. Auch Gemüse, Eier und Obst kommen in sehr viel größeren Mengen auf den Tisch als früher. Problematisch ist, dass der Verbrauch konzentrierter Energiespender wie Zucker und Fett zugenommen hat. Das wäre nicht nötig, denn Schwerarbeit ist in der Bundesrepublik selten geworden; sitzende Tätigkeiten nehmen hingegen immer mehr zu. Deshalb brauchen wir hochwertige, leichte und energiearme Kost.

Speiseplan damals – Speiseplan heute
Durchschnittlicher jährlicher Verbrauch von Nahrungsmitteln je Einwohner in kg

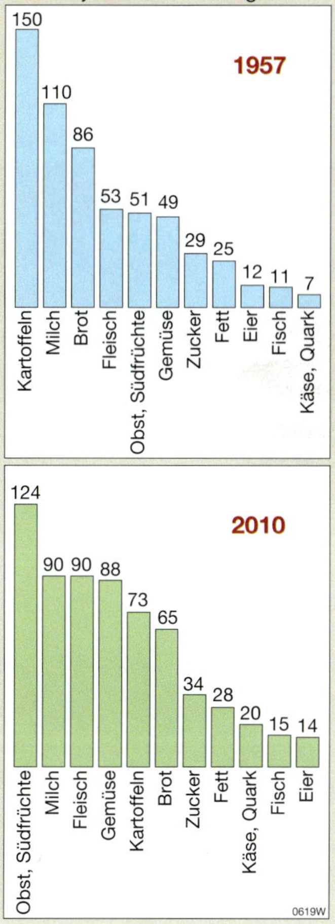

Unsere Ernährungsfehler

zu viel: Nahrungsenergie, Fette, isolierte Zucker
Die zu hohe Energiezufuhr ist auf den Verzehr von zu süßen oder zu fetten Speisen zurückzuführen. Über die Hälfte der aufgenommenen Fette sind „versteckte" Fette, die über Lebensmittel aufgenommen werden. Durch die hohe Energiezufuhr werden Übergewicht, Bluthochdruck, Herz- und Kreislauferkrankungen begünstigt.

zu wenig: Ballaststoffe, Eisen, Vitamin B1, B2, Jod
Der Mangel an Ballaststoffen, Vitaminen und Mineralstoffen führt zu Verdauungsstörungen, Blutarmut (Anämie), Konzentrationsschwäche.

Dicke kosten Milliarden

Kassen müssen für falsche Ernährung zahlen

Berlin (epd). Durch falsche Ernährung verursachte Krankheiten sind nach Angaben des Verbraucherschutzministeriums zu einem erheblichen Kostenfaktor im Gesundheitswesen geworden. Berechnungen zufolge geben die gesetzlichen Krankenkassen jährlich insgesamt rund 30 Milliarden Euro für die Behandlung ernährungsbedingter Erkrankungen aus. „Die Tendenz ist steigend, weil zunehmend auch Kinder und Jugendliche von Adipositas betroffen sind", sagte Matthias Berninger (Grüne), Parlamentarischer Staatssekretär im Verbraucherschutzministerium.
Adipositas ist eine übermäßige Ansammlung von Fettgewebe im Körper und gilt als chronische Gesundheitsstörung. In Deutschland ist nach Schätzungen inzwischen jedes fünfte Kind und jeder dritte Jugendliche zu dick.

Zeitungsartikel aus Buxtehuder Tageblatt, Februar 2004

Fast Food – Essen auf die Schnelle

Imbiss

Fast Food ist ein Trend der letzten Jahre. Der Anteil der Mahlzeiten, die außer Haus eingenommen werden, steigt. Die Fast-Food-Branche macht immer höhere Umsätze. Woran liegt das?
Viele finden Fast Food praktisch. Im Idealfall ist es spontan verfügbar, wenn uns der Appetit überfällt. Fast Food ist „Finger Food". Eine umständliche Tischetikette entfällt. Es darf nach Herzenslust „geschlungen" werden.

Eine Befragung unter deutschen Jugendlichen zeigt allerdings, dass 87 % der jungen Konsumenten Fast Food für ungesund halten. Fast-Food-Gegner sehen darin außerdem einen beklagenswerten Verfall der Esskultur. Der mit Fast Food verbundene Verpackungsaufwand ist ihnen ein Dorn im Auge. Sie fragen skeptisch, welche Zutaten und Zusatzstoffe in das schnelle Essen gelangen.

Was ist Fast Food?
Wörtlich übersetzt bedeutet es „Schnelles Essen", das vor den Augen des Gastes zubereitet wird. Das ist z. B. bei Pommes frites und Currywurst an der Imbissbude oder beim Dönerkebab der Fall. Das Angebot an Fast Food ist sehr vielfältig. Es reicht von den größten Ketten wie McDonalds, Burger King etc. über die Fischbuden, Bäckereistände bis zu den diversen Imbissbuden.

Wie gesund ist Fast Food?
Wie ihr gelernt habt, werden Lebensmittel nach ihrem Gehalt an lebensnotwendigen Nährstoffen sowie Ballaststoffen beurteilt. Eiweiß, Fett und Kohlenhydrate müssen in unserer Ernährung in einem ausgewogenen Verhältnis zueinander stehen. Fett aus Lebensmitteln sollte höchstens 25 % der Tagesenergie liefern, aus Eiweiß sollen ca. 15 % der Energie stammen und die Kohlenhydrate sollen mit etwa 60 % den großen Rest liefern.

Fast Food – wie es häufig ist

Da Fett mehr als doppelt so energiereich wie Eiweiß und Kohlenhydrate ist, lautet die Empfehlung, kleine Mengen Fett, nicht zu viel Eiweiß und so viele wertvolle Kohlenhydrate wie möglich zuzuführen, außerdem reichlich Vitamine, Mineralstoffe und Ballaststoffe.
Der Anteil an Fett ist in den meisten Fast-Food-Speisen sehr hoch. Dieses Fett versteckt sich in Wurst, Käse, salzigen Snacks, Keksen, Schokolade und noch mehr in gebratenem, frittiertem Fast Food. Wie viel Fett einzelne Produkte enthalten, wird aus der Tabelle auf S. 147 ersichtlich.

Fast Food: Zwischenmahlzeit oder Hauptmahlzeit?
Als Zwischenmahlzeit gilt eine Mahlzeit, die rund 10 % des Energiebedarfs deckt (ca. 1 000 kJ/239 kcal). Viele Fast-Food-Mahlzeiten liefern aber mehr als diesen Energiebedarf. Von Zwischenmahlzeit kann dann keine Rede sein.

Wenn sie genauso satt machen wie ein richtiges Mittag- oder Abendessen und dazu noch ausgewogen in der Nährstoffzusammensetzung sind – kein Problem. Die meisten schnellen Snacks erfüllen diese Anforderungen jedoch nicht, da ihr Fettgehalt zu hoch ist.
Essen und Trinken haben nicht nur Auswirkungen auf unseren Körper, auf unser Wohlbefinden und unsere persönliche Fitness. Wir beeinflussen mit unserem Essen indirekt auch den Lebensmittelmarkt. Wir entscheiden, woher das Essen kommt, das wir kaufen, wir entscheiden, welcher Verpackungsaufwand getrieben wird. Als Verbraucher bestimmen wir durch unsere Kaufentscheidung, wie sich Essen und Trinken in Zukunft entwickeln.

Fast Food – wie es sein sollte

INFO

1 kJ = 0,2388 kcal
1 kcal = 4,1868 kJ

So fett (oder so mager) ist Fast Food

Lebensmittel	Energiegehalt kJ/kcal	Anteil der Energie aus Fett in %
1 Currywurst mit Ketchup und 1 Portion Pommes frites (330 g)	3268/781	62
1 Becher Fruchtjoghurt 3,5 % Fett (200 g)	832/199	29
1 Hamburger (103 g)	1067/255	31
1 Big Mac (212 g)	2121/507	54
1 Hot dog	2037/487	60
1 Stück Pizza (205 g)	1999/477	54
1 gemischter Salat mit Joghurtdressing (450 g) 1 Vollkornbrötchen	1420/339	24
1 Baguettebrötchen mit Schinken, Tomate und Salat (202 g)	1378/329	31
1 Dönerkebab (290 g)	2579/616	49

Quelle: aid „Fast Food", S. 8

1. Schreibe deine Lieblings-Fast-Food-Speisen auf und bewerte sie im Hinblick auf eine ausgewogene Ernährung.

2. Wie häufig nutzt du als Zwischen- oder Hauptmahlzeit diese Fast-Food-Angebote außer Haus? Stelle dein Ergebnis den Mitschülern vor.

3. Reflektiere deinen eigenen Fast-Food-Konsum und notiere dir geeignete Alternativen.

4. Bereitet gemeinsam eine Fast-Food-Mahlzeit zu, die ausgewogen und wohlschmeckend ist.

Herr Bolte ist Straßenbauer.

Frau Schwarz arbeitet im Büro.

4 Arbeit – Erholung – Gesundheit

INFO

Freizeit
Man könnte Freizeit als Zeitraum bezeichnen, in dem man weder bezahlt wird, noch arbeitet, noch ausgebildet wird. Freizeit hat man nur, wenn man über diese Zeit auch frei entscheiden kann.

Wir sind urlaubsreif! Diese Situation kennt jeder …

Diese Situation kennt jeder in der Familie: Alle sind gereizt von zu viel Arbeit. Das Wetter ist seit Tagen schlecht und verspricht auch nicht viel besser zu werden. Aber die Osterferien sind in Sicht.

Eigentlich sollte der Urlaub in diesem Jahr ausfallen, weil sich der Familienrat für eine neue Küche entschieden hat. Aber jeder in der Familie hat in letzter Zeit viel gearbeitet und braucht Urlaub und Entspannung.

Balance zwischen Arbeit und Erholung
In diesem Beispiel sieht es so aus, als ob die Arbeit ein Übel ist, was krank macht. Arbeit hat für die Menschen unterschiedliche Bedeutung. Sie kann Mühe, Plackerei und Zwang sein und eintönig und menschenunwürdig erscheinen, sie kann aber auch Freude bereiten, Anerkennung und Ansehen bringen. In der Arbeit kann der Mensch die Erfüllung seines Lebens finden, und er kann dennoch häufig an dem Punkt sein, Erholung zu brauchen und neue Kräfte zu sammeln zum Erhalt der Gesundheit. Genauso wichtig ist es, einen geeigneten Ausgleich für die Arbeit in der Freizeit zu finden.

Es gibt unterschiedliche Möglichkeiten, um die Gesundheit zu erhalten. Jemand, der viel im Büro sitzt, sucht Bewegung, wie z. B. Radfahren oder Sport im Verein. Jemand, der viel körperliche Arbeit leistet, z. B. ein Gärtner, wird in seiner Freizeit vielleicht lieber ins Kino gehen oder lesen. Im Freizeitbereich gibt es für jeden unterschiedliche Angebote, die jeder so nutzen kann, wie er möchte.

1. Überlege, welche preisgünstigen Urlaubsmöglichkeiten es für die obige Familiensituation in den Osterferien gibt, damit auch noch Geld für die neue Küche übrig bleibt, und notiere diese.

Vater Mutter Andrea

Was ist Freizeit und wie viel Freizeit haben Jugendliche?

Was ist Freizeit?

Freizeit ist Zeit außerhalb der Arbeitszeit oder Schulzeit, über deren Nutzen der Einzelne selbst (frei) entscheiden kann. Der Begriff Freizeit wurde im Jahre 1823 erstmals schriftlich erwähnt. Mit der Entwicklung des industriellen Zeitalters wurde Freizeit als Gegengewicht zur Arbeit verstanden.

Aufgaben und Funktion der Freizeit

Funktion und Aufgaben beschränken sich nicht nur auf Erholung und Entspannung, sondern lassen sich in folgende Bereiche aufgliedern:
- Selbstbesinnung und Selbstfindung
- Mitteilung und Freunde
- Beteiligung und Engagement
- gemeinsame Erfahrungen mit anderen
- Freizeitinteressen

1. Nimm Stellung zu den Aussagen von Mutter, Vater und Andrea.

2. Versucht gemeinsam in der Klasse in einem Satz aufzuschreiben, was für euch Freizeit bedeutet.

3. Untersucht, wie viel Freizeit die Schülerinnen und Schüler in eurer Klasse haben.

4. Erstellt eine Top 10 der am meisten/liebsten durchgeführten Freizeitaktivitäten in eurer Klasse. Begründet im Anschluss eure Auswahl.

Was man mit seiner Zeit alles so anstellen kann:

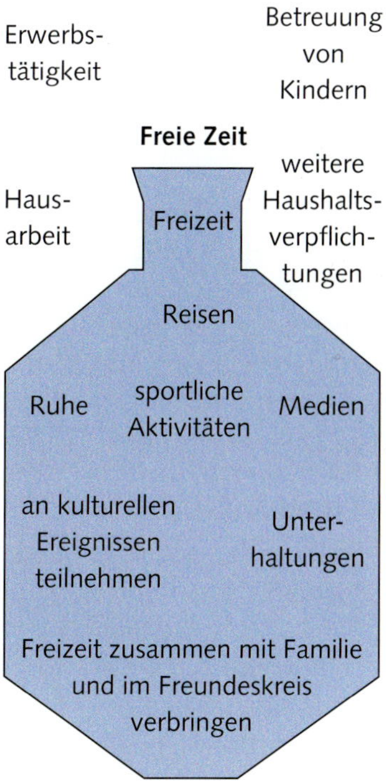

Die Bedeutung von Freizeit

INFO

Gemeinsam verbrachte Freizeit in der Familie beeinflusst die Interessen von Kindern und ihr späteres Freizeitverhalten:
- Die Hälfte aller Freizeitaktivitäten von Erwachsenen haben in der Kindheit begonnen.
- Bei sportlichen Betätigungen orientieren sich Töchter an ihren Müttern, Söhne an ihren Vätern.

Alle kennen den Spruch: „Wer feiert, kann auch arbeiten!“ Aber eigentlich muss der Spruch auch umgekehrt gelten: „Wer viel arbeitet, muss auch feiern dürfen!“. Das bedeutet, gut geplante Freizeit, zu der natürlich nicht nur feiern gehört, ist ein Grundbedürfnis eines jeden Menschen, das auch wahrgenommen werden sollte. Schon allein aus gesundheitlichen Gründen. Denn wer sein Leben nur der Arbeit widmet, kann auf Dauer krank werden. Jeder braucht Abwechslung in seinem Alltag, die ganz unterschiedlich gestaltet werden kann.

Unterschiedliche Vorstellungen von Freizeit

Quelle: nach www.statistik-portal.de/FFKom/05/ueberblick01.asp

Die Veränderungen des Spiel- und Freizeitverhaltens von Kindern

Zeit, die Kindern in der Freizeit zur Verfügung steht	Freizeitgestaltung, die Kinder fördert und fordert	Kinder verbringen immer weniger Zeit außer Haus	Veränderung der Freizeitgestaltung durch neue Medien
Die Zeit, die Kinder für sich zur Verfügung haben, hat sich verändert. Schule, Hausaufgaben, Sport- und Musiktermine füllen bereits einen großen Teil ihrer Zeit aus. Auch Kinder haben häufig einen vollen Terminkalender und damit wenig Möglichkeiten, ihre Zeit frei und selbstständig zu gestalten.	Viele Freizeitaktivitäten, die Kinder ausüben, hängen häufig auch mit dem Wunsch der Eltern zusammen, die Fähigkeiten, Begabungen und Interessen ihrer Kinder zu fördern. Sie wollen ihnen die Möglichkeit geben, sich z. B. musikalisch oder sportlich zu entfalten, und sie damit optimal fördern. Manchmal entsteht bei den Kindern dann aber auch der Druck, die Erwartungen ihrer Eltern erfüllen zu müssen.	Auffällig ist, dass viele Kinder immer seltener draußen spielen als früher. Es gibt für sie nur noch wenig sichere und attraktive Spielräume in der Umgebung ihrer Wohnung, wie z. B. Spielplätze.	Kinder tauchen immer mehr mithilfe von Computern, Spielekonsolen und Fernsehern in künstliche Welten ab. Dies ist insbesondere bei Kindern der Fall, die wenige andere Spielmöglichkeiten haben.

Familie bei einer Radtour

Freizeitsport

Möglichkeiten gemeinsamer Freizeitgestaltung

In der Familie will nicht nur der Alltag mit seinen Aufgaben und Pflichten geregelt sein. Die Freizeit muss ebenfalls geplant und auf die Bedürfnisse der Familienmitglieder abgestimmt werden, damit sie für alle eine Zeit der Entspannung und Erholung ist. Gemeinsame Erlebnisse und Freizeitvergnügen stärken das Zusammengehörigkeitsgefühl und sind von großer Bedeutung für ein harmonisches Miteinander. Freizeit sollte allen Spaß und Freude bereiten, wobei die Planung einer Freizeitaktivität bereits Vorfreude und Spannung mit sich bringt.

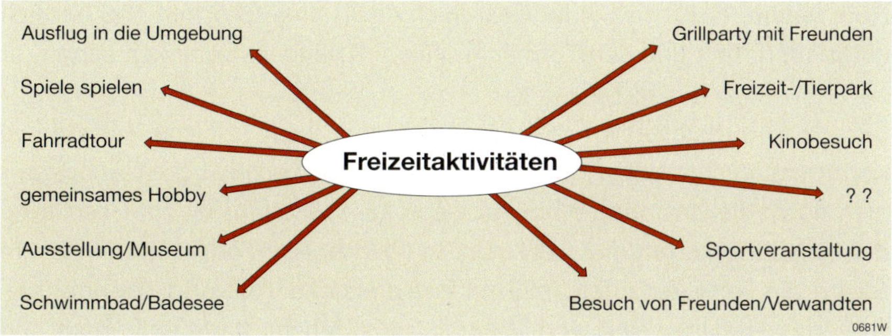

1. Notiere dir weitere Freizeitaktivitäten für die Familie, die nicht zu teuer sind, aber allen Spaß machen. ○

2. Informiere dich, welche Freizeitangebote es in deiner unmittelbaren Umgebung (Stadt/Gemeinde) für Familien gibt. ○

3. Gehe auf die Internetseite www.hessen-tourismus.de und verschaffe dir einen Überblick über die Angebote in deiner Region. Diese richten sich an Forscher und Entdecker, Aktivisten und Abenteurer. Hier kann jeder etwas für seinen Geschmack und Geldbeutel finden. ○

Einladungskarte

Feiern – Freude am Zusammensein mit anderen

Zur Freude am Leben gehören gute Freunde. Und gute Freunde zu Hause zu bewirten gehört zu den schönsten Freuden unseres Lebens. Das sagt sich jedoch leichter, als es getan ist. Denn ein guter Gastgeber zu sein ist nicht nur ein Vergnügen, es ist auch mit einigen Pflichten verbunden.

Damit ist nicht gesagt, dass unsere Vorbereitung und der Geldbeutel ein gelungenes Fest ausmachen. Vielmehr spielen die eigene Fantasie und das Engagement eine wesentliche Rolle. Schon bei der Gestaltung der Einladung sind Kreativität und Fantasie gefragt, stimmt sie doch die Gäste bereits auf eine gelungene Feier ein. Da Essen und Trinken meistens auch im Mittelpunkt stehen, muss auch hier eine planvolle Vorbereitung erfolgen. Die Dekoration darf ebenfalls nicht außer Acht gelassen werden. Sie schafft eine feierliche Atmosphäre und sorgt dafür, dass sich die Gäste wohlfühlen.

Planung, Vorbereitung und Durchführung der Feier sollten mit allen Familienmitgliedern besprochen und auf ihre Wünsche und Bedürfnisse abgestimmt werden. So können von vornherein Unstimmigkeiten und Stress vermieden werden. Gemeinsame Aktionen stärken außerdem das Zusammengehörigkeitsgefühl und sind von großer Bedeutung für das Zusammenleben. Des Weiteren soll das Feiern eines Festes allen Beteiligten, ob Gast oder Gastgeber, Spaß und Freude bereiten.

Die Einladung zur Feier sollte rechtzeitig erfolgen und eine ganz persönliche Note haben, damit sich jeder Gast auch direkt angesprochen und herzlich eingeladen fühlt und den Termin in seinem Kalender vormerken kann.

Gerade Geburtstagsfeiern, Kinderpartys, aber auch festliche Anlässe wie Konfirmation, Firmung, Kommunion oder das türkische Zuckerfest bekommen durch die Einladung schon ihr Gepräge. Spätestens bis zur Gestaltung der Einladungskarten muss klar sein, in welcher Form oder unter welchem Motto die Feier verlaufen soll, um entsprechend Text und Zeichnungen zu verfassen. Eine selbst gemalte und geschriebene Karte ist hübsch und persönlich. Der Fantasie sind dabei keine Grenzen gesetzt.

1. Sammelt im Klassengespräch traditionelle Feste, die in euren eigenen Familien gefeiert werden/wurden. ○

2. Berichtet mithilfe der folgenden Fragen über besondere Feste und Feiern in eurer Familie. Beurteilt im Anschluss, wo ggf. die Ursachen für Stress oder Unstimmigkeiten lagen. ◒
– Wie verlaufen die Feiern?
– Welche Aufgaben übernehmt ihr bei der Ausgestaltung der Feiern?
– Welche Aufgaben übernehmen die anderen Familienmitglieder?

Die Arbeitsaufgabe

Die Methode Arbeitsaufgabe beschreibt meistens die Herstellung einer Speise nach einer vorgegebenen Arbeitsanleitung in Form eines Rezeptes. Ihr sollt lernen, einfache Gerichte planvoll herzustellen und die Ergebnisse zu bewerten. Die typischen Verlaufsphasen der Methode sind auf alle anderen Arbeitsaufgaben des Haushalts übertragbar.Umfangreiche Arbeitsaufgaben nennt man auch „Arbeitsvorhaben" oder „Projekt".

Typische Verlaufsphasen

1. Zielsetzung: Ihr sollt für euer Projekt „Party" eine Speise zubereiten.

2. Information: Ihr müsst euch die entsprechenden Rezepte beschaffen und sie genau Schritt für Schritt durchlesen. Die Aufgabe muss allen klar sein.

3. Planung: Ihr müsst euch überlegen,
- welche Zutaten in welcher Menge benötigt werden,
- wie die Reihenfolge der einzelnen Arbeitsschritte ist,
- welche Arbeitsgeräte gebraucht werden,
- wer was wann wie mit wem in eurer Arbeitsgruppe macht,
- wie viel Zeit für die einzelnen Arbeitsschritte benötigt wird,
- womit zuerst angefangen werden muss.

Macht euch einen Arbeitsablaufplan und Zeitplan.
Speise: ______________________

Zeit/Min.	Arbeitsschritte
5	
10	
15	
20	
usw.	

4. Durchführung: Jetzt heißt es, den Plan umzusetzen.
- Teilt euch die anfallende Arbeit in der Gruppe partnerschaftlich auf.
- Holt die Zutaten und Arbeitsgeräte her und richtet euch euren Arbeitsplatz nach den Regeln auf S. 130 ein.
- Führt die Arbeitsschritte entsprechend eurer Planung durch.

5. Bewertung: Bewertet die Arbeitsdurchführung und das Ergebnis.
- Wo gab es in der Zusammenarbeit Probleme?
- Was könnt ihr beim nächsten Mal besser machen?

Zielsetzung

Planung

Durchführung

Auswertung

Kaltes Buffet

Projekt: Planung und Organisation einer Feier

Zielsetzung

1. Zielsetzung: Projektidee

Durch die Sammlung traditioneller Feste und eure Berichte über besondere Feiern in eurer Familie habt ihr sicherlich einige Anregungen erhalten, wie ihr eine Feier gestalten könntet. Vielleicht ergibt sich für ein Klassenfest die Möglichkeit, zusammen eine Feier als Projekt zu planen, durchzuführen und auszuwerten.

Bei dieser Projektidee plant und bereitet jede/r eine ausgewählte Spezialität für ein kaltes/warmes Buffet zu, z. B. aus dem eigenen Land, einem Urlaubsland oder anderen Heimatland zu. Der Fantasie sind keine Grenzen gesetzt!

Geht dabei so vor, wie in der **Methode „Arbeitsaufgabe"** (siehe Seite 153) beschrieben. Die Piktogramme für die Projektmethode sind in der seitlichen Spalte veranschaulicht.

Informationen sammeln

2. Informationen sammeln

Informiert euch Zuhause über geeignete Rezepte und bringt sie mit. Wenn ihr spezielle Rezeptbücher über kalte und warme Buffets habt, bringt sie ebenfalls mit. In anderen Ländern heißen übrigens die sogenannten Vorspeisen z. B. Antipasti (Italien) oder Tapas (Spanien). Ihr erhaltet viele Anregungen aus den Büchern für die Zubereitung und das Anrichten der Speisen. Zusätzlich könnt ihr im Internet nach Ideen und Rezepten suchen und eure Eltern als Experten um Hilfe bitten.

3. Planung

- Stellt eure Rezeptvorschläge der Klasse vor. Berichtet über die Herkunft des Rezeptes. Ihr müsst gemeinsam überlegen, in welcher Menge das Rezept zubereitet werden soll: Ein einfaches Rezept (meist für vier Personen) oder ein doppeltes oder mehrfaches Rezept?
- Plant die Arbeitsaufgabe: Menge, Zutaten und Arbeitsschritte.
- Erkundigt euch, wo welche Zutaten zu welchem Preis erhältlich sind. Stellt einen Preisvergleich an und macht einen Einkaufsplan.
- Klärt in der Klasse: Wer bezahlt die Kosten – jeder für sich oder per Umlage? Sollen Getränke dazu gereicht werden? Wenn ja, welche?
- Wie sollen das Buffet und der Raum dekoriert werden? Wer bringt was mit?
- Wie sollen die Einladungskarten aussehen?

Planung

4. Durchführung

- Bevor ihr die Speisen in der Schulküche zubereitet, ist es sinnvoll, euch fit für die Hausarbeit zu machen und vorangegangene Kapitel aus dem Schulbuch als Vorbereitung auf die praktische Arbeit noch einmal durchzuarbeiten:
  - Möglichkeiten der Arbeitsteilung und Zusammenarbeit
  - Grundregeln für Zusammenarbeit und Arbeitshygiene
  - zweckmäßige Einrichtung des Arbeitsplatzes
  - planvolle Nahrungszubereitung/die Arbeitsaufgabe
  - preis- und qualitätsbewusster Einkauf
- Wenn ihr diese theoretischen Grundlagen der Hausarbeit erarbeitet bzw. wiederholt habt, könnt ihr das Fest planen und durchführen.
- Kauft die Zutaten zum nächsten Mal preis- und qualitätsbewusst ein.
- Stellt jeder eine Einladungskarte als Speisekarte mit eurem Rezept (Menge, Zutaten, Arbeitsschritte) für eure Mitschüler her.
- Bereitet die Speisen in der Schulküche zu und dekoriert sie für das kalte/warme Buffet.

Durchführung

5. Auswertung

Bewertet gemeinsam den Projektverlauf und eure Ergebnisse:
Was ist euch gut gelungen? Wo gab es Probleme?
Was könnt ihr beim nächsten Mal besser machen?

Schüler bei der Projektplanung

Auswertung

5 Gesundheitsförderung und Vorbeugung

Eigenverantwortung und Haltung

INFO

Untersuchungen haben gezeigt, dass „der tägliche Apfel" der Gesundheit nachweislich guttut.
Ein Apfel oder eine Banane sind das ideale **Obst** für unterwegs und ein vitaminreicher Pausensnack.

Lebensfreude entwickeln tut einfach gut, das kann über Entspannung geschehen, bei einem Spaziergang oder Freizeitaktivitäten, die die Sinne ansprechen (Buch lesen, Musik hören, Tanzen gehen, Sport treiben).

Stress vermeiden und mit Stress umgehen können, ist wichtig, um sich gesund zu erhalten. Entspannungstraining hilft beim Stressabbau.

Einfache Regeln für ein gesundheitsbewusstes Leben sind allgemein bekannt. Doch selbst ein sehr gesundheitsbewusstes Verhalten ist keine Garantie für das „Gesund sein" an sich. Hier kommen tagtäglich viele Faktoren und Ereignisse zusammen, wie tragische Unfälle und Katastrophen, die von jetzt auf gleich ein Leben grundlegend verändern können. Gesundheitsvorsorge und -versorgung sind zwei wichtige Säulen der Gesundheit.

Patient und Arzt bilden in der medizinische Versorgung und Betreuung eine verantwortungsvolle Gemeinschaft. Patienten haben das Recht auf eine bestmögliche medizinische Versorgung, aber auch die Verpflichtung, die ärztlichen Verordnungen zu beachten.

So sehr die medizinische Wissenschaft ständig neue und lebensrettende Erkenntnisse gewinnt, so kommt sie nicht ohne wichtige Aspekte der traditionellen Heilweisen aus. Ein Beipiel dafür ist das ausführliche persönliche Gespräch, das zu Beginn einer jeden Behandlung geführt wird. Die wichtigen und relevanten Informationen müssen zudem für Patienten verständlich und nachvollziehbar sein. So lernen sie, was sie selbst für die Verbesserung ihrer Gesunderhaltung tun können.

Des Weiteren sollte jedem Einzelnen die Bedeutung von Körperhaltung und Bewegung klar werden. Geeignete Gymnastik ist ein kostenloses Training für die Wirbelsäule. Auch rückenschonendes Heben und Tragen ist von Bedeutung und sollte beachtet werden. In der „Rückenschule" kann das gelernt werden.

Bei der Ernährung gehört eine leichte, mediterrane Kost mit viel Obst und Gemüse und ausreichend Flüssigkeit (1 $^1/_2$ bis 2 Liter Wasser am Tag) zur nachweislich gesunden Lebensweise. Hierbei kann man getrost Leitungswasser trinken, denn es ist hygienisch einwandfrei und wird regelmäßig im Wasserwerk kontrolliert.

1. Skizziere deine Vorstellungen von gesundheitsbewusstem Verhalten in einer Mindmap. ●

2. Bearbeitet die folgenden Arbeitsaufträge in Gruppen. ●

a) Stellt aus der Bibliothek eine Bücherkiste zusammen mit Titeln zur Gesundheit und ermittelt, welche Rubriken häufig vorkommen.

b) Bearbeitet eine der Rubriken genauer.

c) Fasst eure Ergebnisse auf einem Plakat zusammen und präsentiert sie den anderen Gruppen.

Die Seele baumeln lassen – Chillen in der Schule

Mal zwischendurch mit der Klasse entspannen, das wird allen guttun, wenn die Luft raus ist. So lernt ihr, schnell wieder seelisch aufzutanken, wenn in der Schule oder zu Hause Stress angesagt ist, ihr Ärger habt oder euch die Arbeit über den Kopf wächst. Seinen Körper oder auch Geist zu verwöhnen und aktiv etwas für die Gesundheit tun, beschreibt man auch mit „Wellness" oder in der Jugendsprache mit „Chillen".

Gesichtsmaske

Hier sind einige Angebote zum Entspannen. Ihr könnt aber auch selber andere Vorschläge einbringen. Um verschiedene Entspannungsmethoden kennenzulernen, bietet sich ein Wohlfühlzirkel mit verschiedenen Stationen an, die ihr nach und nach erprobt (s. Methode „Lernen an Stationen" S. 135).

1. Hinführung: Bekanntmachung mit dem Wohlfühlzirkel

- Zunächst werden die Entspannungsstationen vorgestellt und evtl. durch neue Stationen ergänzt.
- Ihr erhaltet einen Laufzettel, auf dem die Stationen verzeichnet sind. Die Stationen sind auf Kärtchen genau beschrieben und durchnummeriert.
- Verteilt euch paarweise auf die Stationen auf und richtet diese mit den vorbereiteten Materialien ein. Je nach Klassengröße und Zeit können zu einer Entspannungsübung auch mehrere Stationen eingerichtet werden.
- Richtet mit Isomatten, Handtüchern etc. den Klassenraum als Relaxraum ein. Ihr könnt auch zusätzlich einen Bewegungsraum für aktives Entspannen einrichten, z. B. den Flur für Seil springen, Pedalo fahren ...

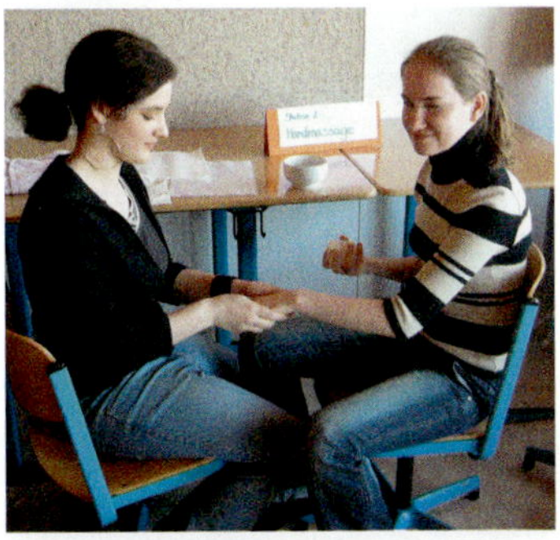

Handmassage

2. Erarbeitung: Entspannen an den verschiedenen Stationen

- Wählt euch einen Partner aus, mit dem ihr ausreichend vertraut seid, weil an einigen Stationen Nähe entsteht.
- Lest euch die Anweisungen an der Station genau durch und führt sie aus.

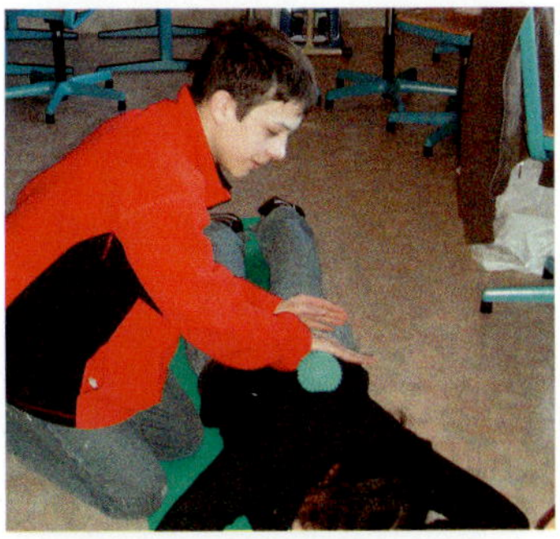

Massage mit dem Igelball

Station 1: Gesichtsmaske
Salatgurkenscheiben und/oder mit Wasser verrührten Quark auf das Gesicht auftragen und 10 Min. einwirken lassen.
Station 2: Handmassage
Die Hand und alle Finger mit Körperöl sanft massieren. Nach 2,5 Min. die andere Hand massieren, Partnerwechsel nach 5 Min.
Station 3: Igelballmassage
Mit sanftem Druck kreisförmig über Schultern, Nacken und Rücken des Partners mit dem Igelball (Tennisball) rollen. Partnerwechsel nach 5 Min.
Station 4: Augenkompressen
Aufgebrühte und etwas erkaltete Kamillen- oder Fenchelteebeutel ausdrücken und 10 Min. auf die geschlossenen Augenlider legen.

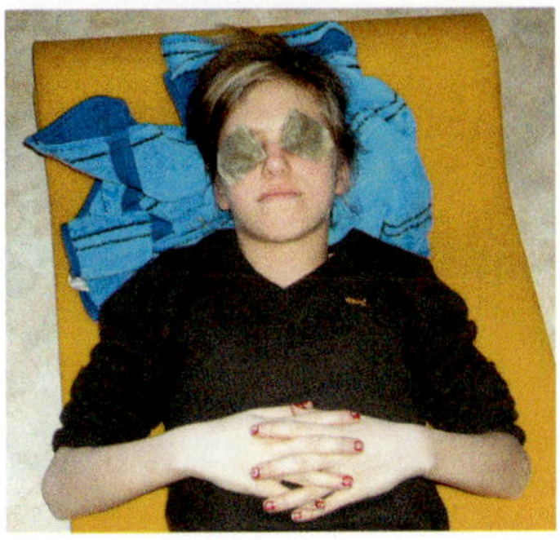

Augenkompressen

3. Sicherung: Reflektieren über die gemachten Erfahrungen

Planvolle Nahrungszubereitung

Um eine Speise sachgerecht zuzubereiten, benötigt man ein Rezept. Die Schreibweise von Rezepten kann sehr unterschiedlich sein:

Rezepte in Kochbüchern und auf Verpackungen
Hier sind in der Regel zunächst alle Zutaten und ihre Mengen angegeben. Danach folgt eine Anleitung über die Zubereitung in einem fortlaufenden Text oder einer schrittweisen Beschreibung 1., 2., 3., 4. usw.

Rezepte in Schulbüchern
Links stehen die Mengen und Zutaten, rechts sind dazu die Arbeitsschritte sehr genau beschrieben.

Bildliche Darstellung eines Rezeptes

Beispiel: Vanillepudding oder -flammeri

Anleitung auf der Tüte
Du benötigst: $^{1}/_{2}$ l Milch und 40 g Zucker (3 EL).
1. Von $^{1}/_{2}$ l Milch ca. 5 Esslöffel abnehmen und mit dem Puddingpulver und dem Zucker anrühren.
2. Die übrige Milch zum Kochen bringen.
3. Die Milch von der Kochstelle nehmen, das angerührte Puddingpulver hinzugeben und unter stetigem Rühren nochmals aufkochen lassen.

Anleitung im Schulbuch

Menge/Zutaten	Arbeitsschritte
$^{1}/_{2}$ l Milch 1 P Puddingpulver 40 g Zucker (2 geh. EL)	Von der Milch ca. 5 Esslöffel abnehmen, mit und im Schüttelbecher oder Schälchen mit einem Schneebesen anrühren.
	Die übrige Milch in einem Topf ohne Deckel zum Kochen bringen auf Normalkochplatte 3/9, Automatikplatte 6/4. Vorsicht! Milch kocht über!
	Die Milch von der Kochstelle nehmen, das mit Zucker angerührte Puddingpulver mit dem Schneebesen hinzugeben. Kräftig unterrühren, damit sich keine Klümpchen bilden.
	Den Topf wieder auf die Kochstelle geben und bei Stufe 0 nochmals unter ständigem Rühren aufkochen lassen bis Kochblasen entstehen.

1. Vergleiche die zwei Rezeptdarstellungen. Nenne die Vor- und Nachteile beider Beschreibungen sowie der zusätzlichen bildlichen Darstellung.

Den Nährstoffen auf der Spur

Wenn wir wissen wollen, welche Nährstoffe in einem Lebensmittel enthalten sind, können wir dieses auf unterschiedliche Weise erfahren:
Zum einen helfen uns dabei die Angaben auf den Verpackungen von Lebensmitteln. Sie geben Auskunft über den Nährstoff- und Energiegehalt des Inhaltes. Man kann die Nährstoffe aber auch aufgrund ihrer Eigenschaften bei der Nahrungszubereitung erkennen. Ihr könnt sie in einer Versuchsreihe nachweisen und eure Beobachtungen notieren.

Eiweiß gerinnt durch Säure, es flockt aus und wird fest. Es gerinnt auch durch Hitze. Durch Schlagen und beim Kochen schäumt es. Für den Nachweis könnt ihr Lebensmittel mit Zitronensaft oder Essig begießen, z. B. Milch, Lebensmittel kochen oder braten, z. B. Fleisch, Eiweiß schlagen.

Fett hinterlässt auf Stoff oder Papier Flecken, z. B. Käse, Mettwurst. Außerdem wird es beim Braten und Kochen flüssig, es tritt aus und hinterlässt Fettaugen, z. B. Suppenfleisch.

Kohlenhydrate sind Zucker und Stärke. Zucker erkennt man am süßen Geschmack z. B. bei Birnen oder Bananen. Stärke quillt beim Garen auf und bindet Flüssigkeit. Sehr gut kann man das bei Reis oder Nudeln beobachten.

Wasser ist Bestandteil vieler Lebensmittel. Ihr könnt Obst- und Gemüsesorten z. B. Möhren, Kartoffeln, Äpfel reiben und in einem Tuch auspressen.

Nährstoff- und Energieangaben bei Joghurt

Gesundheitsförderung und Wohlbefinden

B Franka beginnt den Tag mit einem Glas heißem Wasser. Je nach Wetterlage läuft sie eine halbe Stunde oder zieht ihr Gymnastikprogramm durch, anschließend braucht sie eine Dusche und wechselt dabei die Temperatur, warm, kalt, warm, kalt, mit kaltem Wasser hört es auf. Nach einem ordentlichen Frühstück geht Franka zum Bus und fährt zur Arbeit. Sie ist Controllerin bei einer Krankenversicherung. Als kleine Zwischenmahlzeit hat sie mal einen Apfel oder eine Banane dabei oder ein paar Mohrrüben. In der Kantine gibt es ein vielfältiges Mittagsangebot, frisch, leicht und schmackhaft. Schokolade isst sie nicht viel, sie genießt ab und zu ein Stückchen. Den Feierabend gestaltet sie so, dass Entspannung, Lesen und Treffen im Freundeskreis fest eingeplant sind. Im Frühling und Herbst gönnt sie sich ein Wellnesswochenende. Beim Klassentreffen wundert sich eine Schulfreundin, wie gut Franka drauf ist, prima gelaunt, irgendwie rundum fit und bittet um Tipps.

1. Nenne fünf Tipps, die Franka ihrer Freundin für ein ausgewogenes Verhältnis zwischen Arbeit, Erholung und Gesundheit geben kann. ○

Am Ende dieses Kapitels sollst du
- wissen, wo die Arbeitsgeräte und Lebensmittel in der Schulküche untergebracht sind
- Verhaltens- und Arbeitsregeln, Regeln zur Unfallverhütung sowie Hygienevorschriften bei der Zusammenarbeit kennen und beachten
- die drei Arbeitsbereiche in der Küche beschreiben und die Arbeiten kraftsparend, sachgerecht und sicher durchführen
- die Lebensmittelzubereitung planvoll und mit entsprechendem Geräteeinsatz durchführen können
- grundlegende Garverfahren beschreiben und diese mit geeigneten Lebensmitteln sachgerecht anwenden können
- die sieben Lebensmittelgruppen des Ernährungskreises nennen und ihre Bedeutung für die vollwertige Ernährung erklären können
- Regeln für eine gesunde Ernährung nennen können
- die gesetzlich vorgeschriebene Lebensmittelkennzeichnung an ausgewählten Beispielen erklären können
- dein eigenes Essverhalten im Hinblick auf eine ausgewogene Ernährung überprüfen können
- die Bedeutung eines ausgewogenen Verhältnisses von Arbeit und Freizeit an Beispielen erläutern können
- ein Fest planen und nach einer Checkliste organisieren können
- Speisen für die Bewirtung auswählen und zubereiten können
- gesundheitsbewusstes Verhalten praktizieren können

Mit den folgenden Aufgaben kannst du überprüfen, ob du diese Kompetenzen erworben hast:

1. Ordne folgende Arbeitsgeräte den Arbeitsbereichen in der Schulküche zu: Schneidemesser, Rührschüssel, Wischlappen, Bratpfanne, Litermaß, Auflaufform, Spülmittel. ○

2. Nenne drei gefährliche Situationen in der Küche mit entsprechenden Verhaltensvorschriften. ○

Der innere und der äußere Greifraum

3. Erläutere anhand der Abbildung, wie eine übersichtliche Arbeitsplatzgestaltung für das Schälen und Würfeln eines Apfels auszusehen hat. Welche Geräte gehören in den Arbeitsbereich, welche in den Abstellbereich? Brett, Abfallschüssel, Messer zum Schälen, Messer zum Würfeln, Glasschüssel ◒

4. Beschreibe den Arbeitsablauf beim Handabwaschen von Geschirr. ○

5. Du sollst für einen Salat eine Salatgurke vor- und zubereiten. Beschreibe die sachgerechten Arbeitstechniken. ○

6. Beschreibe, wie du die verschiedenen Lebensmittel garen würdest: Frikadellen, Salzkartoffeln, Möhren, Reis, Äpfel, Nudeln, Fisch, Kuchen. ○

7. Bewerte die Garmachungsart „Dünsten" im Vergleich zum „Kochen". ◒

8. Nenne die sieben Lebensmittelgruppen des Ernährungskreises mit ihren Hauptnähr- und Inhaltsstoffen. Ordne den einzelnen Gruppen je fünf typische Lebensmittel zu. ○

9. Beurteile die Bedeutung der Lebensmittelgruppen für eine vollwertige Ernährung und gib Tipps für die Nahrungsauswahl. ◒

10. Erläutere die zehn Regeln für eine gesunde Ernährung. Beschreibe an Beispielen, was damit gemeint ist. ○

11. Notiere die Regeln, die du heute schon einhältst. Bewerte dein eigenes Essverhalten. ◒

12. Bewerte den Fast-Food-Konsum Jugendlicher unter gesundheitlichen Aspekten. ◒

13. Mache einen Vorschlag für einen wohlschmeckenden, vollwertigen Pausensnack und ein geeignetes Getränk dazu. Begründe deine Auswahl. ●

14. Du sollst eine Mittagsmahlzeit mit Hauptgericht und Nachspeise zu Hause zubereiten. Schreibe die Rezepte auf und beschreibe, in welchen Arbeitsschritten du vorgehst und wie lange du dafür brauchst. ○

15. Erläutere an ausgewählten Beispielen die gesetzlich vorgeschriebene Lebensmittelkennzeichnung von
a) frischer, unverpackter Ware, z. B. Äpfeln
b) frischer, verpackter Ware, z. B. Kartoffeln
c) verpackten Produkten, z. B. Tomatenketchup ◒

16. Erläutere die Bedeutung der folgenden Codenummer auf einem Ei: 2-DE-1506401. ◒

17. Nenne verschiedene Ausgleichsmöglichkeiten für jemanden, der lange im Büro am Computer sitzt. ○

18. Begründe, warum ein ausgewogenes Verhältnis von Arbeit und Freizeit für die Gesundheit eines Menschen bedeutsam ist. ◒

19. Nenne deine Vorstellungen von einer Gesundheitsförderung und erläutere, was du davon bereits umsetzt. ○

Weiterbildung
lebenslang
Stillstand

VI Zukunft der Arbeit

Die Wirtschaft und damit auch die Arbeit unterliegt einem stetigen Wandel: dem Strukturwandel. Die Ursachen und Auswirkungen des Strukturwandels und welche Auswirkungen das später ggf. für den eigenen Beruf bedeutet erfahrt ihr in diesem Kapitel.

Im Einzelnen geht es darum:

- **Was versteht man grundsätzlich unter Strukturwandel und durch was wird er ausgelöst?**

- **Wie hat sich das Arbeitsleben in den letzten Jahrzehnten verändert?**

- **Welche Wandlungsprozesse sind aktuell zu beobachten?**

- **Welche Rolle spielen die neuen Technologien in diesem Zusammenhang?**

- **Warum müssen viele Arbeitnehmer mittlerweile ihr „Leben lang lernen"?**

1 Strukturwandel: Die Wirtschaft verändert sich

Die Wirtschaft verändert sich

„Früher, als wir jung waren, da haben wir …" Kennt ihr diesen Satzanfang von euren Eltern oder Großeltern? Die Wirtschaft und das gesellschaftliche Leben verändern sich ständig. Das hat Folgen für die Verbraucher, für Unternehmer, Arbeitnehmer und den Staat.

Beispiel für Wandlung: das Telefon

Beispiel für Wandlung: das Auto

In unserer Volkswirtschaft unterscheidet man verschiedene Wirtschaftsbereiche voneinander. Unterschieden werden die Landwirtschaft, die Industrie (Produktion) und der Dienstleistungsbereich.
Diese Bereiche bilden die Struktur unserer Wirtschaft. Wenn sich die Strukturen im Laufe der Zeit dauerhaft verändern, spricht man von Strukturwandel. Das ist z. B. der Fall, wenn in einem Wirtschaftsbereich, z. B. der Landwirtschaft, immer weniger Menschen beschäftigt werden, dafür aber im Dienstleistungsbereich neue Arbeitsplätze entstehen.

Wie kommt es zu Strukturwandel?

Wenn man zurückblickt, dann haben immer große Entdeckungen und Erfindungen das gesamte Leben der Menschen verändert. Man spricht von Basisinnovationen, die Wirtschaft und Gesellschaft langfristig verändern. In der folgenden Grafik könnt ihr erkennen, welche großen Erfindungen zu den starken Veränderungen geführt haben.

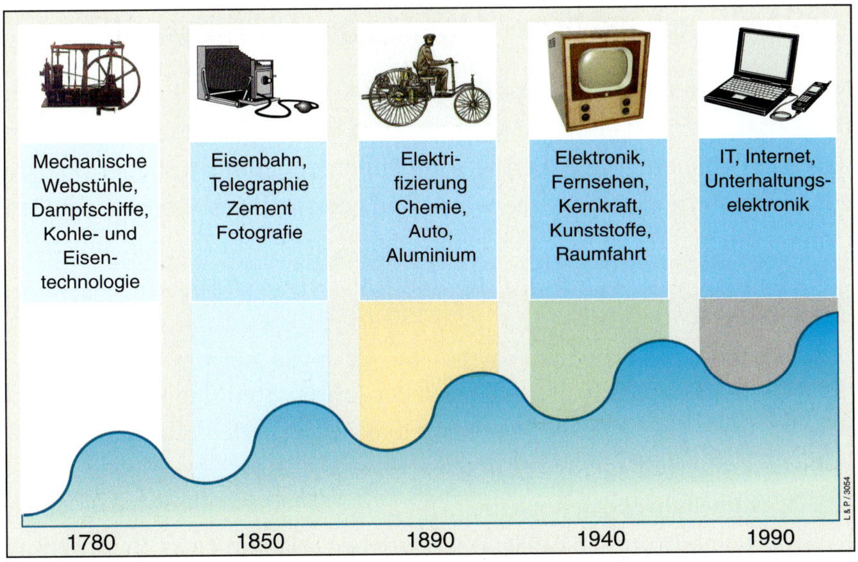

Bahnbrechende Neuerungen der letzten Jahrhunderte

INFO

Innovation bedeutet Erneuerung. Es werden entweder neue Produkte geschaffen oder bestehende Produkte werden verbessert. Es können aber auch neue Herstellungsverfahren entwickelt werden.

Basisinnovationen sind Erneuerungen, die einen großen Einfluss auf die Wirtschaft und die Gesellschaft insgesamt haben.

Wie ihr seht, sind es insbesondere technische Neuerungen gewesen, die das wirtschaftliche und gesellschaftliche Leben verändert haben. Aber es gibt natürlich noch andere Gründe, die Strukturwandel auslösen. Der folgenden Abbildung könnt ihr solche Faktoren entnehmen:

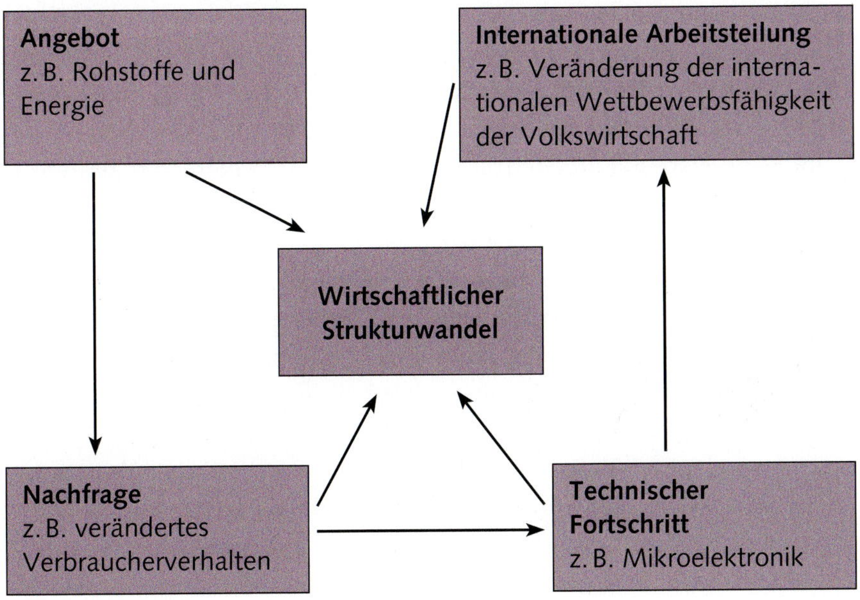

Einflussfaktoren auf den wirtschaftlichen Strukturwandel

1. Bitte ältere Verwandte darum, dir aus dem (wirtschaftlichen) Leben in ihrer Zeit zu erzählen. Notiere dir die Unterschiede. ○

2. Ermittle mithilfe der Abbildung Beispiele für die Einflüsse auf den Strukturwandel. ○

Welche Folgen hat der wirtschaftliche Strukturwandel?

Neue Entwicklungen führen dazu, dass Unternehmen ihre Produkte durch den Einsatz von immer mehr Maschinen und immer weniger Arbeitskräften herstellen können. Maschinen werden außerdem immer häufiger mithilfe von Computertechnologie überwacht und gesteuert. Die Menschen in den Unternehmen müssen sich an die sich ständig ändernde Technik anpassen. Schaut euch dazu an, wie sich der Beruf der Stenotypistin im Laufe von 50 Jahren verändert hat.

B Marianne B. war in den 1970er-Jahren Stenotypistin. Das Bild zeigt sie 1971 an ihrer Schreibmaschine. Hier berichtet sie von ihrem Arbeitsalltag:
„Vor Kurzem habe ich noch mit zehn anderen Stenotypistinnen in einem Großraumbüro unter Aufsicht geschrieben. Nach meiner Beförderung zur Kontoristin gehört zu meinen Aufgaben z. B. die Abschrift von in Kurzschrift (Steno) verfassten Protokollen oder Briefen auf meiner nagelneuen Kugelkopfschreibmaschine. Man muss auch gut telefonieren können. Da wir zu Hause kein Telefon haben, habe ich da noch Respekt vor ... Ich arbeite an sechs Tagen in der Woche insgesamt 46 Stunden. Urlaub habe ich insgesamt drei Wochen im Jahr."

B Heute ist Marianne B. Bürokauffrau. Das Foto zeigt, wie sie im Jahr 2009 am Computer arbeitet. Marianne berichtet Folgendes aus ihrem Arbeitsalltag: „Die Aufgaben im Büro sind heute ganz schön komplex und stellen viele Anforderungen. Man muss vor allem fit sein im IT-Bereich. Ich arbeite fast nur am PC, koordiniere den Terminkalender, recherchiere im Internet und nutze Datenbanken. Richtige Briefe versenden wir immer seltener, wozu gibt es heute E-Mail? Dann bediene ich noch unsere Telefonzentrale. Da wir viele internationale Kontakte in unserem Betrieb haben, brauche ich meine Sprachkenntnisse häufig. Ich habe eine 5-Tage-Woche und arbeite insgesamt 38,5 Wochenstunden. Urlaub habe ich sechs Wochen im Jahr."

Der technische Fortschritt und der allgemeine wirtschaftliche Wandel verändern also die Struktur von Arbeitsplätzen und die Anforderungen, die an einen Arbeitsplatz gestellt werden.

Aber auch in der Gesellschaft gibt es zahlreiche Folgen von Strukturwandel. Wie Menschen ihre Freizeit gestalten, hängt auch davon ab, welche Möglichkeiten sie dazu haben. Es gab z. B. eine Zeit, wo man nur in der Kneipe um die Ecke oder im Schaufenster eines TV-Geschäftes fernsehen konnte. Fernsehen war noch so neu und unheimlich teuer, dass die meisten Menschen es sich nicht leisten konnten, einen eigenen Fernseher in ihrem Zuhause aufzustellen.

Strukturwandel: Beispiel Musikmarkt

Wie schnell sich die wirtschaftlichen Strukturen durch neue Technologien verändern können, haben die Unternehmen der Musikindustrie besonders deutlich zu spüren bekommen. Während die Menschen früher ihre Musik in Form von Schallplatten und CDs kauften und die Musikunternehmen daran gut verdienten, besorgen sich sehr viele Musikliebhaber die Songs heute im Internet … oftmals kostenlos.

Sehen wir uns die Entwicklung des Verhaltens der Musikfans in nur vierzehn Jahren einmal genauer an.

Mark, 16 Jahre, 1999	Jenny, 16 Jahre, 2013
Mark ist großer Musikfan. – Er ist regelmäßig im CD-Laden um die Ecke, hört in neue CDs rein und unterhält sich mit dem Fachverkäufer. – Er liest regelmäßig Musikzeitschriften und schreibt sich Empfehlungen raus. – Er sieht regelmäßig VH-1 und Viva 2, da v. a. dort die Sendungen laufen, die seine Musik spielen. – Er hat schon einmal im Internet eine CD bestellt, doch es hat einige Zeit gedauert, bis diese dann bei ihm war. – Ab und zu lässt er sich von seinem Freund Paul eine CD brennen. – Zu Weihnachten wünscht er sich einen CD-Recorder, den man an die Anlage anschließen und mit dem man dann CDs kopieren oder eigene Mix-CDs erstellen kann. – Ein neuer Discman zum Joggen steht ebenfalls auf der Wunschliste. – …	Jenny ist großer Musikfan. – In den letzten vier Jahren hat sie sich keine CD mehr gekauft. – Ihre Musik bezieht sie zumeist … – …

1. Führe die Liste für Jenny weiter. Beschreibe, wie sie sich, im Gegensatz zu Mark, heute Musik besorgt und woher sie ihre Informationen bezieht. ○

2. Benenne die größten Unterschiede zwischen den Handlungen und Wünschen von Mark und Jenny. ○

3. Überprüfe und beurteile, welche Auswirkungen die beschriebenen Veränderungen für die Musikunternehmen verursachen. ◒

Die technischen Entwicklungen und die beschriebenen Verhaltensänderungen der Musikliebhaber hatten und haben große Auswirkungen für die Musikindustrie, wie die folgende Grafik verdeutlicht:

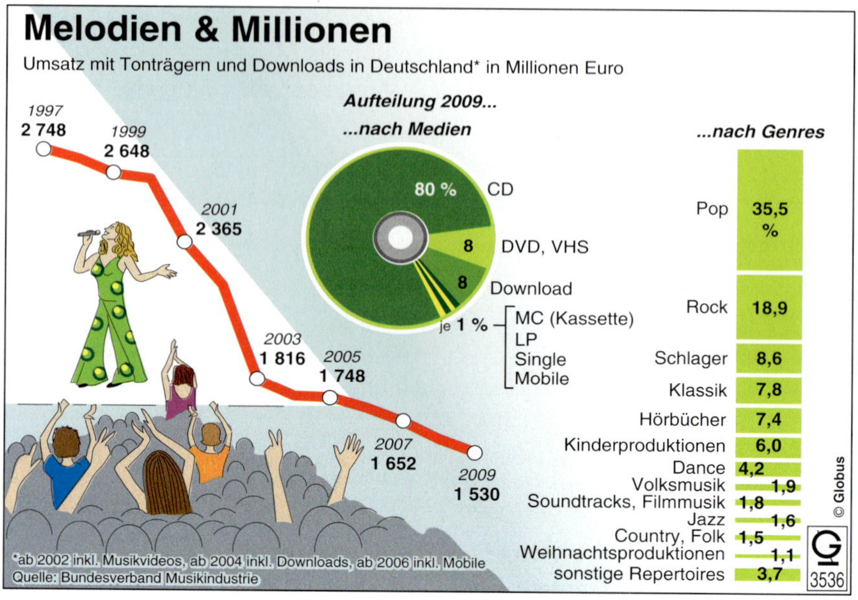

Man erkennt, dass die Umsätze der Unternehmen deutlich eingebrochen sind. Wollen die Musikunternehmen auch weiterhin aktiv sein, so müssen sie sich den Veränderungen schnell anpassen:

Heute organisieren sich Musikfans begehrte Stücke oft per Brenner oder im Internet – in der Regel gratis. Dass das meist illegal ist, wissen die meisten. Doch die Gefahr, erwischt zu werden, ist noch immer sehr gering. Wurden im Jahr 1997 in Deutschland noch 257 Mio. Tonträger verkauft, sind es heute nur noch knapp 150 Mio. Dies führte bereits dazu, dass kleine Unternehmen pleite gingen und die großen Konzerne viele Mitarbeiterinnen und Mitarbeiter, aber auch Nachwuchskünstler entließen. Die Musikbranche reagierte spät auf den technischen Wandel. Lange gingen viele Manager noch davon aus, dass Musikfreunde bis in alle Ewigkeit CDs kaufen würden. Als dann das gesamte Ausmaß der Veränderungen deutlich wurde, war guter Rat teuer. Erst langsam begann die Industrie sich anzupassen und beispielsweise eigene Internetangebote aufzubauen.

1. Beschreibe, wie sich die Strukturen der Musikbranche in den letzten Jahren verändert haben. ○

2. Überlege und notiere, welche Auswirkungen dies für viele Mitarbeiter der Unternehmen hatte und hat. ◒

3. Überlege, wie die Entwicklung weitergehen könnte. ◒

2 Arbeitsplätze früher und heute

Landwirtschaft früher

Landwirtschaft heute

Automobilindustrie früher

Automobilindustrie heute

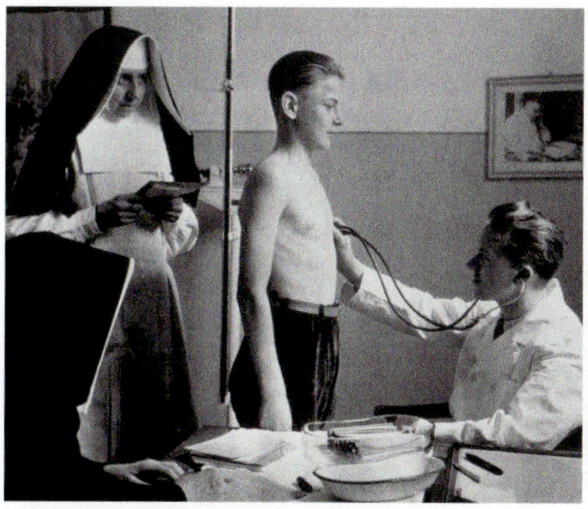

Gesundheitswesen früher

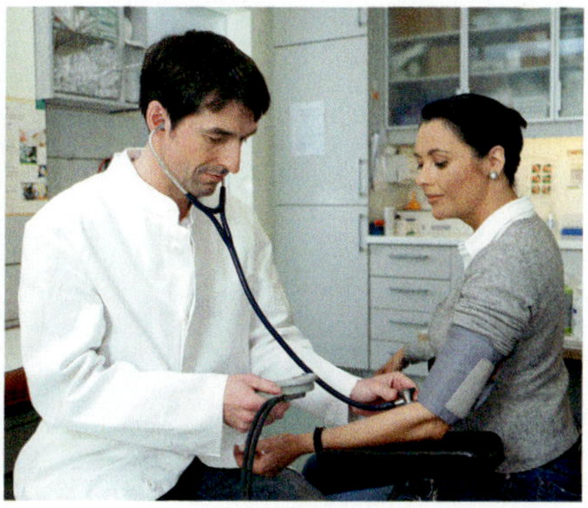

Gesundheitswesen heute

1. Beschreibe die Veränderungen der Anforderungen eines der oben dargestellten Arbeitsplätze. ◒

2. Stelle dar, was die Angestellten heute – im Gegensatz zu früher – können müssen. ○

3. Ermittle ein eigenes Beispiel für einen Beruf, in dem sich die Anforderungen an die Arbeitnehmer stark verändert haben. ●

Arbeiten als Friseurin

Arbeiten als Bankberater

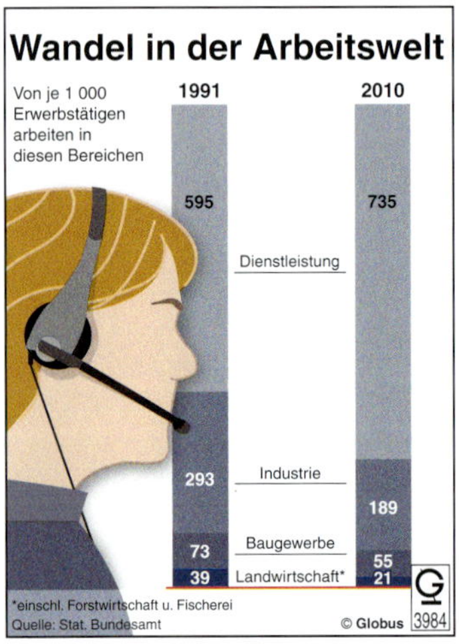

Der Strukturwandel verändert nicht nur die Art der Arbeit der Menschen. Auch verteilen sich die Arbeitnehmer heute ganz anders auf die verschiedenen Wirtschaftsbereiche.

Früher waren beispielsweise viel mehr Menschen in der Landwirtschaft und in der Industrie beschäftigt als heute. In vielen Unternehmen haben Maschinen inzwischen die Handarbeit ersetzt, dafür sind aber im Dienstleistungsbereich neue Arbeitsplätze entstanden. Die Struktur unserer Wirtschaft, also ihr Aufbau, hat sich in den letzten Jahrzehnten stark verändert. Dies zeigen die folgenden Grafiken:

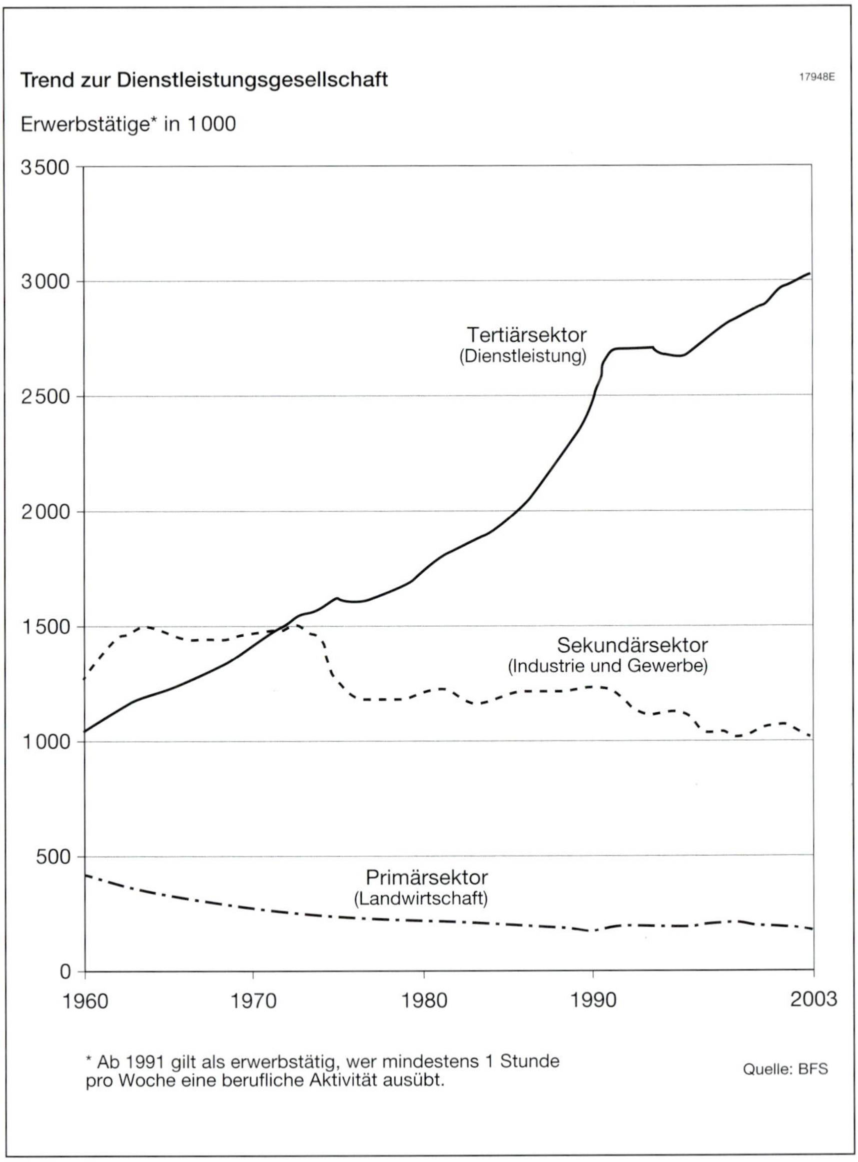

1. Analysiere die beiden Grafiken und fasse die wesentlichen Aussagen stichpunktartig zusammen.

Immer mehr Menschen arbeiten im Dienstleistungssektor, also z. B.
- im Gesundheitswesen,
- im Einzelhandel oder
- in Freizeiteinrichtungen.

Pflegedienst

Ein Grund: Die Menschen werden im Durchschnitt wesentlich älter als früher und sind dabei länger fit. Deshalb gibt es immer mehr Unternehmen, die für ältere Menschen Freizeit- aber auch Pflegeleistungen bereithalten.

Und insgesamt ist im Laufe der Jahrzehnte die durchschnittliche Arbeitszeit immer weiter gesunken, wodurch der Anteil der Freizeit gestiegen ist. Klar, dass damit auch die Nachfrage nach Freizeitangeboten zugenommen hat.

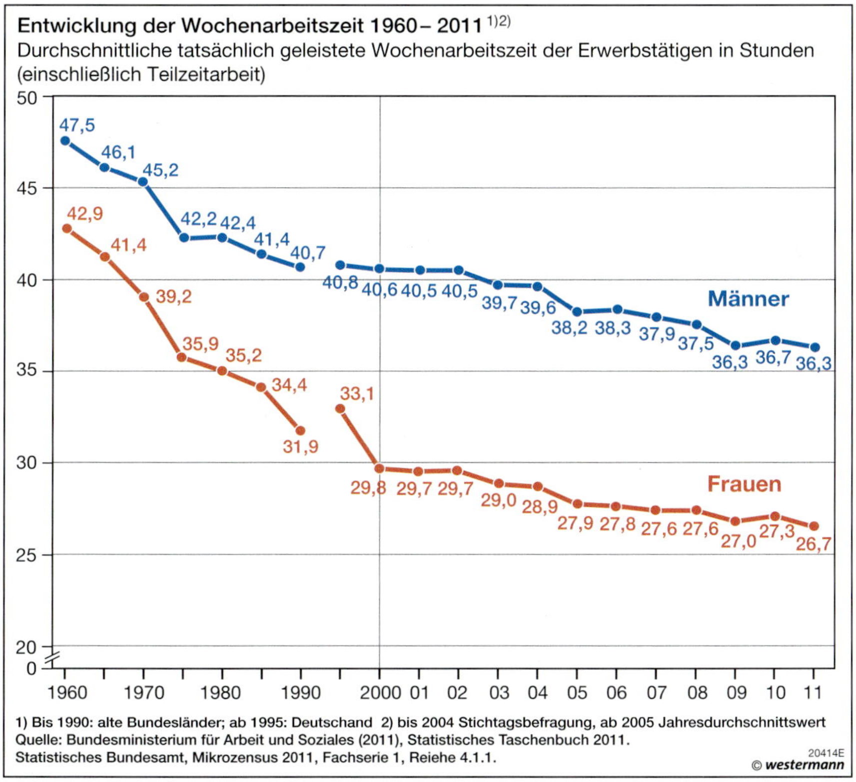

Und man könnte die Liste der Ursachen weiter fortsetzen, z. B.:
- Immer mehr Frauen wollen schnell nach der Geburt ihrer Kinder wieder arbeiten. Damit das klappt, benötigt man ausreichend viele Kindergarten- und Hortplätze mit entsprechend ausgebildeten Betreuern.
- Viele Unternehmen sind auf funktionierende Computeranlagen angewiesen. Deshalb muss sichergestellt sein, dass Probleme von Fachleuten stets schnell behoben werden können.

1. Benenne weitere Dienstleistungsbereiche, die heute in unserem Leben eine wichtige Rolle spielen. ○

Starthilfe zu Aufgabe 1: Überlege, welche Dienstleistungen deine Familie im Alltag regelmäßig nutzt. Dabei kannst du auch überlegen, welche dieser Dienstleistungen ihr an jedem Tag benötigt und welche nur zu besonderen Anlässen (z. B. im Urlaub).

Produktion 1950

Produktion heute

3 Technik verändert die Arbeitswelt

Durch die Erfindung von neuen Werkzeugen oder neuen Maschinen hat sich die Arbeit in den Unternehmen und auch im privaten Haushalt immer weiter verändert. Viele Geräte und Werkzeuge benutzen wir im Alltag ganz selbstverständlich. Ohne sie hätten wir schon Schwierigkeiten, morgens ein Frühstücksei oder einen Toast zuzubereiten.
Könnt ihr euch beispielsweise vorstellen, ohne Strom zu leben? Macht einfach mal einen Selbstversuch und verzichtet an einem Wochenende mal zwei Stunden auf alle Geräte, die elektrischen Strom benötigen. Eine interessante Erfahrung ...
Zu den frühesten technischen Errungenschaften des Menschen gehörten die Entdeckung des Feuers und die Herstellung einfacher Werkzeuge. Aber die Menschen haben sich selten mit dem einmal erreichten Entwicklungsstand zufrieden gegeben. Heute können z. B. Krankheiten geheilt werden, die in früheren Zeiten stets zum Tode führten.
Dieser technische Wandel, der unsere gesamten Lebensbereiche durchzieht, hat jedoch zwei Gesichter:

Erleichterung der menschlichen Arbeit, Erfindung neuer Produkte, neuer technischer Verfahren und vieles mehr

Angst und Furcht bei vielen Menschen: Maschinen ersetzen Arbeitsplätze, Menschen werden arbeitslos oder fühlen sich in ihrem Beruf durch den dauernden Zwang, immer etwas Neues lernen zu müssen, überfordert.

Dienstleistung 1950

Dienstleistung heute

INFO

Während früher ein Landwirt Nahrung für zehn Personen produzierte, sind es heute 143. Auf einem Hektar Land kann heute dreimal so viel Weizen angebaut werden wie 1950. Und eine Kuh produziert heute ca. 6 800 kg Milch, während es vor 60 Jahren noch 2 500 kg waren.

B Altbauer Gade berichtet: „Unser Hof ist seit dem 17. Jahrhundert in Familienbesitz. Was wir heute auf dem Hof sehen, sah vor 40 Jahren noch völlig anders aus. 1948 arbeiteten noch sechs Personen auf dem Hof. Vier Pferde hielten wir, um die Felder zu bestellen. 1951 bekamen wir einen Trecker. 1960 wurde das letzte Pferd abgeschafft.

Wenn ich überlege, was sich in den letzten Jahrzehnten in der Landwirtschaft alles verändert hat – kaum zu glauben! Meine Frau und ich haben die Kühe früher noch tagtäglich mit der Hand gemolken. Für acht Kühe brauchte man etwa eine Stunde. Als es die Melkmaschine mit Melkeimern gab, konnten zwölf Kühe in weniger als einer Stunde gemolken werden. Die 47 Kühe, die mein Sohn jetzt hat, hätten wir gar nicht bewältigen können. Die körperliche Arbeit ist zwar leichter geworden, aber die Büroarbeit hat hingegen stark zugenommen."

1. Beschreibe die Veränderungen in der Landwirtschaft am Beispiel von Bauer Gade. ○

2. Überprüfe, in welchen Bereichen es in der Landwirtschaft noch Veränderungen der zu verrichtenden Arbeiten gibt.
Denke z. B. an die Art und Weise der Aufzucht und Fütterung der Tiere und die Vielzahl der Maschinen und Geräte, die heute in der Landwirtschaft für die Ernte zur Verfügung stehen. ◒

3. Finde weitere Beispiele aus anderen Wirtschaftsbereichen, die die Veränderung der Arbeitswelt durch die Technik verdeutlichen. ◒

Starthilfe zu Aufgabe 3:
Untersuche z. B., wie sich die Arbeit in einer Bäckerei von früher zu heute verändert hat. Kläre dabei u. a., welche Zutaten der Bäcker heute verwendet und woher er sie bekommt.

4 Berufe verändern sich

Ihr habt schon gelernt, dass technische Entwicklungen einen großen Einfluss auf uns Menschen und unsere Tätigkeiten haben. So wie sich die Landwirtschaft in den letzten Jahrzehnten verändert hat, haben sich auch Berufe geändert. Manche gibt es heute nicht mehr oder nur noch selten, wie z. B. den Hufschmied. Für andere Berufe müssen die Menschen ganz andere Dinge können als früher.
Verfolgen wir einmal, wie sich die Berufe im Kfz-Handwerk in den letzten Jahrzehnten verändert haben:

Kfz-Werkstatt früher ...

– Nach dem Ersten Weltkrieg, d. h. von 1918 an, stieg der Autobestand rasch an und die Autotechnik wurde immer komplizierter. So entstanden die Berufe „Kfz-Mechaniker/-in“ und „Kfz-Elektriker/-in“, die sich aus dem Schmiedehandwerk heraus entwickelten. Zunächst mussten nämlich viele Ersatzteile selbst angefertigt werden, insbesondere bei der Motoreninstandsetzung.

– Das hat sich dann aber grundlegend geändert; die Fehlersuche und der Austausch von Ersatzteilen wurden immer wichtiger, sodass 1973 eine neue Ausbildung für „Kfz-Mechaniker/-innen“ und „Kfz-Elektriker/-innen“ entstand.

... und heute

– Vor allem die elektronischen Bauteile setzten sich immer mehr durch. Aus diesem Grund wurden 2003 die Ausbildungsberufe „Kfz-Mechaniker/in“, „Kfz-Elektriker/-in“ und „Automobilmechaniker/-in“ zum neu geschaffenen Beruf „Kfz-Mechatroniker/-in“ zusammengeschlossen. Zwar gibt es immer noch die üblichen Reparaturarbeiten zu erledigen, wie die Reparatur von Bremsen, Auspuffanlagen, Kupplungen usw. Es fallen aber immer mehr Aufgaben für die Wartung, Prüfung, Aus- und Umrüstung von Pkw an, die vor allem die vielen elektronischen Teile eines Autos betreffen. Von den Beschäftigten wird also ein höheres technisches Verständnis verlangt. Darum werden auch die elektronischen Kenntnisse der Beschäftigten im Kfz-Handwerk immer umfangreicher und anspruchsvoller. Und die Entwicklungen werden weitergehen. Es wird immer neue Technologien geben und die Autos selbst werden sich verändern. Wenn z. B. in Zukunft immer mehr Autos mit Strom fahren werden, dann müssen Automobil-Mechaniker sich auch damit auskennen und ganz neue Aufgaben bewältigen.

1. Versucht in eurem Bekanntenkreis jemanden zu finden, der die Veränderungen im Kfz-Handwerk selbst miterlebt hat, und lasst euch davon berichten. Vergleicht eure Ergebnisse in der Klasse.

2. Vergleicht die Bilder und sprecht über die Unterschiede in der Klasse.

Beispiel Energiewirtschaft

Die Fragen, woher wir in Zukunft unsere Energie beziehen und wie wir sie sinnvoll und umweltschonend nutzen können, wird uns noch lange beschäftigen. Wollen wir z. B. unseren Strom in den nächsten Jahrzehnten v. a. aus Wind- und Sonnenkraft gewinnen, so gehen damit viele komplizierte Aufgaben einher. Die Energieunternehmen können diese nur bewältigen, wenn sie in allen Bereichen gut ausgebildetes Personal haben:

Kaufm. Mitarbeiter (m/w)

Allgemeine Sektretariats- und Assistenzaufgaben; Vor- und Nachbereitung der Sitzungen und Versammlungen; Unterstützung der Geschäftsführung im Tagesgeschäft; Erstellen von Arbeitszeugnissen, Personalstatistiken

Für die Wartung unserer Kraftwerke suchen wir eine tatkräftige Unterstützung durch einen

Mechatroniker (m/w).

Wir befassen uns mit der Planung und Realisierung kompletter Photovoltaikanlagen inklusive Installation und Inbetriebnahme. Im Zuge des weiteren Wachstums suchen wir Sie zum nächstmöglichen Eintrittstermin als

Solarmonteur (m/w).

Zum nächstmöglichen Zeitpunkt suchen wie Sie als

Auszubildende/r Elektroniker/-in für Energie- und Gebäudetechnik

Ihr Aufgabengebiet

Elektroniker/-in für Energie- und Gebäudetechnik trifft man überall dort, wo es elektrische Anlagen gibt. Sie installieren, warten und reparieren die anspruchsvolle Elektronik von beispielweise Produktions- und Verfahrensanlagen [...]

Montage von Solarmodulen auf einem Dach

1. Lies alle Anzeigen und überprüfe, welches Jobangebot es vor zehn Jahren noch nicht gegeben hat.

2. Wähle zwei Anzeigen aus und beschreibe, welche Fähigkeiten und Interessen jemand mitbringen sollte, der sich auf diese bewirbt.

Starthilfe zu Aufgabe 2: Stell dir vor, ein Freund, der handwerklich sehr interessiert ist, aber gerade in den Fächern Deutsch und Mathe nicht so glänzt, fragt dich nach deiner Meinung: „Was meinst du, welcher Job käme wohl für mich infrage?“ Und wie sieht es mit deiner Cousine aus, die durchaus Spaß am Rechnen hat, aber über „zwei linke Hände“ verfügt?

5 Der Einfluss neuer Informationstechnologien auf die Arbeit

Die Abläufe in den Unternehmen und damit auch die Arbeit in ihnen verändern sich heute schneller als früher. Ein wichtiger Faktor sind die technischen Weiterentwicklungen, die sich durch die sogenannten „Neuen Technologien" ergeben, also grob gesagt durch den Einzug von PCs, Internet etc. in unser Leben. Aber was ist eigentlich das „Neue" an den neuen Technologien? Vor allem zwei Merkmale sind von Bedeutung:

INFO

Informations- und Kommunikationstechnologien
- verbessern Informationsfluss zwischen Mitarbeitern
- optimieren die Arbeitsabläufe
- ermöglichen weltweites Arbeiten
- verbessern die Produkte
- setzen permanente Weiterbildung voraus (lebenslanges Lernen)

1. Mithilfe der neuen Technologien ist eine Verknüpfung aller betrieblichen Vorgänge besser und schneller möglich. Musste man früher z. B. telefonieren oder sich schreiben, um Informationen auszutauschen, so kann man heute mit einem Mausklick in Sekundenbruchteilen Informationen an alle Personen weiterleiten, für die diese wichtig ist.
2. Die neuen Technologien erhöhen die Flexibilität der Unternehmen. Wenn man behauptet, jemand sei sehr flexibel, dann heißt das, er ist beweglich, kann sich schnell auf neue Situationen einstellen und so entsprechend reagieren. Mithilfe der neuen Technologien ist es z. B. möglich, Kundenaufträge sofort zu erledigen. Das Unternehmen kann aber auch nach den Wünschen des Kunden ein Produkt schnell abändern und seine Fertigungsanlagen darauf einstellen. Und es kann besser Kontakt zu seinen Lieferanten halten.

Allerdings bedeutet dies auch, dass Unternehmen viel schneller auf Veränderungen reagieren müssen als früher. Ein Beispiel hierfür haben wir schon gesehen: die Musikbranche. Aber auch in anderen Märkten findet man Beispiele:
- So hat der einstmals größte Hersteller von Handys, das finnische Unternehmen Nokia, es verschlafen, rechtzeitig moderne Smartphones zu entwickeln und deshalb seinen Spitzenplatz an die Konkurrenz verloren.
- Immer mehr Menschen wollen heute ihre Bücher nicht mehr auf Papier, sondern digital lesen. Darauf müssen sich die Verlage einstellen.

„Moderne Zeiten"

Besonders in den letzten Jahren hat der Computer seinen Platz in den meisten Bereichen der Arbeitswelt erobert. An immer mehr Arbeitsplätzen stehen Bildschirme und Tastaturen. In den meisten Fällen haben Arbeitnehmer keine spezielle Informatikausbildung. Nach kurzer Einführung arbeiten sie mit speziellen Programmen, die auf dem Computer installiert sind. Daraus ergibt sich, dass heute in sehr vielen Berufen grundlegende Kenntnisse im Umgang mit Computern verlangt werden.

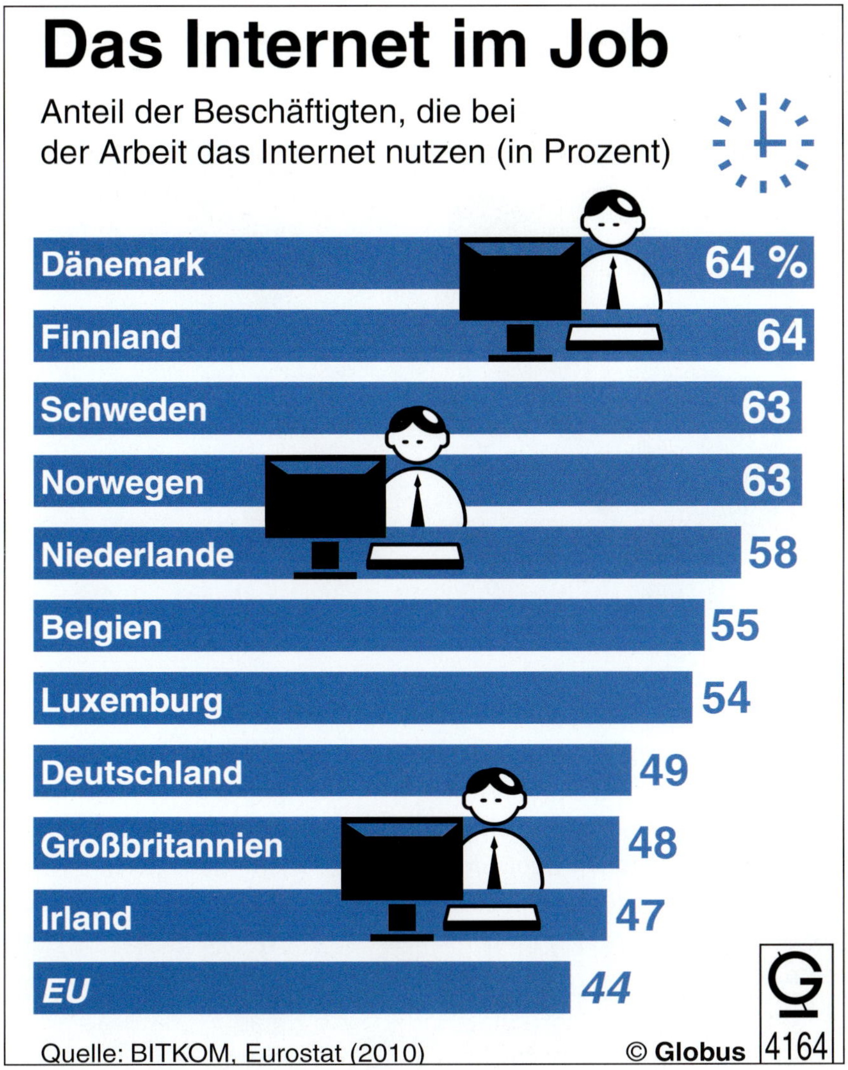

1. Benenne Berufe, in denen heute der Verzicht auf den Computer unmöglich erscheint. ○

2. Überprüft, wie sich die Arbeit an eurer Schule durch die Computertechnologie verändert hat. ○

3. Interpretiert die Grafik auf dieser Seite. Diskutiert, wie diese wohl vor zehn Jahren ausgesehen hätte bzw. in zehn Jahren aussehen könnte. ◒

Starthilfe zu Aufgabe 2: Denkt daran, die verschiedenen Arbeitsbereiche in der Schule zu analysieren. Fragt eure Lehrkräfte, aber auch im Sekretariat und beim Hausmeister. Klärt dabei, ob und wie Computer die Arbeit der Personen erleichtern.

Der Einsatz von neuen Technologien in fast allen Bereichen eines Unternehmens macht natürlich auch Arbeitsplätze überflüssig. Viele Aufgaben, die bisher durch Mitarbeiter erledigt wurden, werden von Computern übernommen.

Beispielsweise erforscht man heute, wie Computer in Zukunft den Käufern im Supermarkt helfen können. Dabei ist es durchaus denkbar, dass man dann auch nicht mehr an der Kasse zahlt, sondern ein Scanner am Ausgang automatisch erkennt, was man gekauft hat, und den entsprechenden Betrag vom Konto abbucht.

INFO

RFID steht für den englischen Begriff „radio-frequency identification" und bezeichnet jene Technik, mit der in Zukunft im Supermarkt gekaufte Gegenstände automatisch erfasst werden sollen.

Sollte es so weit kommen, werden Supermärkte weniger Personal benötigen.

In großen Warenlagern kann man das schon heute beobachten: Wo früher viele Arbeiter die Paletten und Kisten hin- und hergebracht haben, übernehmen dies heute oftmals Computer und vollautomatische Roboter. Oft sieht man in den großen Gebäuden keine oder kaum Menschen.

Arbeitsplätze, die man bisher als sicher erachtete, können plötzlich wegfallen. Man muss sich daher von der Vorstellung trennen, dass ein einmal erlernter Beruf oder eine ausgeübte Tätigkeit für das gesamte Berufsleben den Arbeitsplatz sichert. Es wird für einige Menschen immer wieder notwendig sein, sich beruflich neu zu orientieren, weil die technische Entwicklung den bisherigen Arbeitsplatz überflüssig gemacht hat.

Es gibt einen alten Spruch der lautet:

„Was Hänschen nicht lernt, lernt Hans nimmer mehr!"

Damit drückte man die Vorstellung aus, dass man in der Jugend besser lernen kann als im Alter. Die meisten Menschen haben früher nach der Schule eine Ausbildung gemacht und dann ihr Leben lang auf dieser Grundlage in diesem Beruf gearbeitet, oft auch nur bei einem Arbeitgeber. Diese Zeiten sind jedoch vorbei. Heute muss es eher heißen:

„Was Hänschen lernte, reicht Hans nicht mehr aus!"

Weiterbildung für Bauarbeiter

Denn eines ist ganz sicher: Mit dem Wissen und den Qualifikationen, mit denen man die Schule verlässt, wird man nicht das ganze Leben auskommen. Jeder muss sein Leben lang lernen und sich immer neues Wissen und neue Fähigkeiten aneignen. Nur so kann man sich fit machen für die sich verändernden Bedingungen in der Arbeitswelt.
Stellt euch den folgenden Fall vor: Herr P. hat vor 40 Jahren eine Banklehre gemacht. Damals gab es noch keinen Computer, keinen Bankautomaten und kein Internet. Die Geschäfte zwischen Kunden und Bankmitarbeitern wurden direkt am Schalter durchgeführt, Verträge per Post verschickt und Informationen weitgehend per Telefon übermittelt usw. Welche Aufgaben könnte er heute in seiner Bank übernehmen, hätte er sich nie weitergebildet? Die Antwort lautet: Keine! Denn mittlerweilse werden sämtliche Bankgeschäfte elektronisch abgewickelt und organisiert.

Daher ist die wichtigste Voraussetzung für einen zukunftssicheren Arbeitsplatz die ständige Fortbildung. Sie sollte berufsübergreifend sein, damit auch ein Wechsel zu anderen Arbeitsgebieten möglich ist.

1. Beschreibe weitere Beispiele für Berufe, die in Zukunft vielleicht verschwinden könnten. Begründe deine Auswahl. ○

2. Nimm Stellung zur Aussage eines Freundes: „Wenn ich erst einmal meine Ausbildung abgeschlossen habe, dann will ich nie wieder lernen. Dann heißt es nur noch arbeiten und Geld verdienen!" ◒

Starthilfe zu Aufgabe 1: Auf Seite 177 hast du Berufe ermittelt, in denen es ohne Computer nicht mehr geht. Dies könnte eine gute Hilfe sein, denn wo neue Techniken Einzug halten, sind zumeist deutliche Veränderungen zu finden.

Erkundung

Im Mittelpunkt dieses Kapitels stehen die Veränderungen der Arbeitswelt. Es ist sinnvoll, die „theoretisch" erworbenen Erkenntnisse mit der Wirklichkeit zu vergleichen. Hierzu bietet sich die Erkundung eines Unternehmens in der Region an.

Vorbereitung der Erkundung
- Auswahl eines geeigneten Unternehmens der Region
- Terminabsprachen
- Auswertung von Informationsmaterialien zum Unternehmen (z. B. Firmenprospekte, Veröffentlichungen der örtlichen Presse, Internet)
- Festlegen der Erkundungsschwerpunkte und Erarbeiten eines Erkundungsbogens mit Fragen zum Unternehmen, z. B.:
  - Wie lange besteht das Unternehmen bereits?
  - Welche Produkte werden hergestellt und wie hat sich die Produktpalette im Laufe der Zeit verändert?
  - Wie ist der betriebliche Ablauf organisiert?
  - Wie ist die Mitarbeiterstruktur (Ausbildungs- und Berufsstruktur)?
  - Welche Aufgaben sind von den Mitarbeitern in den einzelnen Bereichen zu erfüllen.
  - Welche Anforderungen werden an die Mitarbeiter gestellt?
  - Wo kommen Maschinen und neue Technologien im Unternehmen zum Einsatz?
  - Haben sich die Anforderungen durch den Einsatz neuer Technologien in den letzten Jahren verändert bzw. werden sie sich verändern?

Durchführung der Erkundung
- Einführungsgespräch mit einem Vertreter der Geschäftsleitung
- Erkundung des Unternehmens (in Arbeitsgruppen)
- Sammeln von Informationen und Materialien
- Diskussion über offengebliebene Fragen und Probleme

Auswertung der Erkundungsergebnisse
- Auswertung der gewonnenen Informationen durch Erarbeiten von Berichten, Grafiken, Statistiken, Schautafeln u. Ä.
- Bewertung der Erkundung in einer Abschlussdiskussion:
  - Haben wir alle Erkundungsziele erreicht? Wenn nicht, woran hat es gelegen?
  - Gab es Schwierigkeiten und wie haben wir uns dabei verhalten?
  - Welche Bedeutung haben die Informationen für die eigene Berufsplanung?
  - Konnten wir die Probleme lösen?
- Präsentieren der Ergebnisse durch Referate in anderen Klassen, Ausstellungen oder Wandtafeln.

Vorbereitung

Durchführung

Auswertung

Expertenbefragung

Neben einer Betriebserkundung ist auch die Expertenbefragung eine gute Möglichkeit, um aktuelle und sachkundige Informationen zu bekommen. Der wichtigste Teil einer Expertenbefragung ist das Interview. Dieses muss geplant, vorbereitet und im Anschluss daran ausgewertet werden.

Vorbereitung

Zunächst müssen entsprechende Fragen ausgearbeitet werden. Es ist sinnvoll, kleinere Gruppen zu bilden, die sich auf bestimmte Teilbereiche vorbereiten. So gibt es beispielsweise Fragen
- zur Geschichte und Struktur (z. B. Größe, Mitarbeiterzahl, Ausdehnung) des Unternehmens.
- zu den zum Einsatz kommenden Geräten, Werkzeugen bzw. Maschinen und Computerprogrammen.
- zu den Merkmalen unterschiedlicher Arbeitsplätze.
- zur Organisation im Betrieb.
- zur Ausbildung und Qualifizierung der Mitarbeiter.
- zu den Veränderungen der Arbeit im Unternehmen (z. B. Berufe früher/heute, Weiterbildungsbedarf).

Festlegen der Arbeitstechniken

Vor der Befragung ist zunächst die Aufgabenverteilung zu klären: Wer stellt die Fragen? Wer beobachtet? Wer notiert die Antworten? Für die Befragung sollten im Vorfeld Arbeitsblätter erstellt werden, die schnell ausgefüllt werden können.

Durchführung

Die Befragung kann an der Arbeitsstätte des Experten oder an der Schule stattfinden. Während der Befragung sollte man sich zunächst an die vorbereiteten Fragestellungen halten, um zielgerichtet zum Thema der Expertenbefragung zu kommen. Sollten während der Befragung neue Aspekte auftauchen, die in der Vorbereitung nicht bedacht wurden, so kann man sie natürlich einbeziehen.

Auswertung

Die Notizen, Skizzen u. Ä. sollten sofort nach der Befragung korrigiert und ergänzt werden, damit keine Gedanken verloren gehen. Sie werden daraufhin zu einem Gesamtergebnis zusammengefasst und anschließend in geeigneter Form dargestellt (z. B. Wandzeitung oder PowerPoint-Präsentation).
Wenn möglich, sollte auch eine Rückmeldung an den befragten Experten erfolgen. Er erkennt daran, dass seine Aussagen Interesse gefunden haben, und ist auch in Zukunft bereit, sachkundige Informationen zu geben. Zugleich ist es eine Kontrolle, ob die Aussagen der Experten richtig erfasst wurden.

Vorbereitung

Festlegen der Arbeitstechnik

Durchführung

Auswertung

B Samstagabend: Die Familie von Kevin sitzt zusammen und überlegt, was es zu Essen geben soll: Kevin schlägt vor, im Internet eine Pizza beim Lieferservice aus der Nachbarstadt zu bestellen. Alle sind begeistert, außer der Oma, die zu Besuch ist und nur mit dem Kopf schüttelt. „Ihr macht was? Ihr bestellt in diesem Computer-Dings italienisches Essen und das wird geliefert? Meine Güte. Wir mussten früher ins nächste Dorf laufen, um Brot und Milch zu kaufen. Autos gab es noch keine und Fleisch nur an Festtagen." „Ja Oma", sagt Lisa, Kevins Schwester, „die Zeiten haben sich geändert."

Was wir hier erkennen können:

- Das Alltagsleben der Menschen verändert sich im Laufe der Zeit.
- Technische Erfindungen wie Maschinen, Autos und Computer haben darauf großen Einfluss.
- Auch deshalb leben wir heute in einem Wohlstand, den man sich früher nicht hätte vorstellen können.

B Sonntagmittag: Lisa sitzt mit ihrer Oma zusammen. „Sag mal, hattest du früher auch einen Beruf?" „Ja, ich hab mal Näherin in einer großen Fabrik gelernt. Die gibt es heute gar nicht mehr. Aber als ich dann Opa geheiratet habe und die Kinder kamen, bin ich zu Hause geblieben." „Und Opa?" „Der war Stockmacher. In seiner Werkstatt hat er Geh- und Wanderstöcke hergestellt. Aber irgendwann gab es keine Nachfrage mehr. Da musste er den Betrieb schließen und hat noch ein paar Jahre in einer Schreinerei gearbeitet."

Was wir hier erkennen können:

- Auch die Arbeitswelt verändert sich, beispielsweise was die Berufstätigkeit von Frauen angeht.
- Und die Berufe selbst verändern sich, manche verschwinden sogar, weil z. B. keine Nachfrage mehr da ist oder technische Entwicklungen sie ersetzen. Dafür entstehen andere.
- Wenn sich die Strukturen in einem Wirtschaftsbereich deutlich verändern, weil es z. B. neue Technologien gibt, spricht man von einem Strukturwandel.

B Freitagmorgen: Die Familie bringt die Oma zum Bus. Mit ihren Freundinnen macht sie eine Woche Ferien in Italien. Die Reise hat sie zum 80. Geburtstag geschenkt bekommen. Noch immer kann sie es kaum glauben: „Ich, nach Italien, und dann noch rundum betreut. Unglaublich! Früher gab es das nicht!" „Na ja, die Menschen werden immer älter und sind immer fitter, das merken auch die Unternehmen und passen ihre Angebote an", stellt der Vater fest. „Ein Glück ... für mich", grinst Oma und winkt allen zum Abschied. „Ich schick euch eine Karte, auch wenn es altmodisch ist!"

Was wir hier erkennen können:
- Gesellschaftliche Entwicklungen haben Einfluss auf die Wirtschafts- und Arbeitswelt.
- Ein Beispiel: Heute werden die Menschen durchschnittlich älter als früher und sind länger gesund. Dementsprechend gibt es mehr Freizeitangebote für diese Gruppe als früher.
- Insgesamt kann man feststellen: Im Vergleich zu früher produzieren bei uns weniger Menschen Güter, während mehr Menschen im Dienstleistungsbereich arbeiten.

B Mittwochnachmittag: Der Vater kommt ziemlich sauer nach Hause. „Man, bin ich genervt. Vor zwei Jahren haben wir erst ein neues Computersystem gekriegt und nun wird wieder alles geändert. Demnächst muss ich auf eine einwöchige Fortbildung. Hört das denn nie auf?" Die Mutter versucht, ihren Mann zu beruhigen: „Ist doch nicht so schlimm. So ist das heutzutage. Weißt du noch, ich musste mich letztes Jahr auch fortbilden, um weiter in der Krankengymnastik-Praxis arbeiten zu können. Aber dadurch habe ich meinen Arbeitsplatz gesichert." „Du hast ja recht, aber anstrengend ist das manchmal schon", brummt der Vater.

Was wir hier erkennen können:
- Die Veränderungen der Arbeitswelt machen es notwendig, dass sich die meisten Arbeitnehmer immer wieder weiterbilden müssen.
- Während man früher häufig einen Beruf gelernt und dann ausgeübt hat, lernt man heute sein Leben lang weiter.
- Dies ist für die Arbeitnehmer mit zum Teil großen Anstrengungen verbunden, aber häufig unumgänglich.

1. Fasse die vier deiner Meinung nach wichtigsten Erkenntnisse auf dieser Doppelseite zusammen. Tausche dich anschließend mit deinem Sitznachbarn darüber aus. ◒

2. Beschreibe weitere Beispiele, die die Veränderungen seit der Jugend deiner Großeltern anschaulich darstellen. ○

➚ Starthilfe zu Aufgabe 2:
Denk z. B. mal daran, wie die Menschen heute (im Gegensatz zu früher)
- sich fortbewegen,
- sich miteinander austauschen und über großer Strecken Kontakt aufnehmen,
- einkaufen,
- verreisen oder
- einen Ausbildungs- und Arbeitsplatz suchen.

Mit der Bearbeitung dieses Kapitels hast du einige der wichtigen Veränderungen unserer Arbeitswelt in den letzten Jahrzehnten kennengelernt. Gleichzeitig kennst du einige der Ursachen für die Veränderungen. Überprüfe hier, ob du die wichtigsten Kompetenzen erworben hast.

1. Überprüfe, welche der folgenden Aussagen richtig sind, und kreuze sie an. Begründe, warum die übrigen Aussagen falsch sind.
   a) Wenn ein Unternehmen Pleite geht, ist dies immer eine Folge von Strukturwandel.
   b) Die Erfindung der Dampfmaschine hat zu einem Strukturwandel in der produzierenden Wirtschaft geführt.
   c) Strukturwandel verändert die Art und Weise des Arbeitens.
   d) Strukturwandel wird immer von Unternehmen ausgelöst, um mehr Güter zu verkaufen.
   e) Strukturwandel kann zu Arbeitsplatzverlusten in einzelnen Wirtschaftsbereichen führen.

2. Nimm Stellung zu der folgenden Aussage: „Die Verbreitung von Computern und Internet haben in vielen wirtschaftlichen Bereichen zu einem Strukturwandel geführt.“

3. Sieh dir die Grafik genau an. Beschreibe den Strukturwandel, den diese Grafik darstellt.

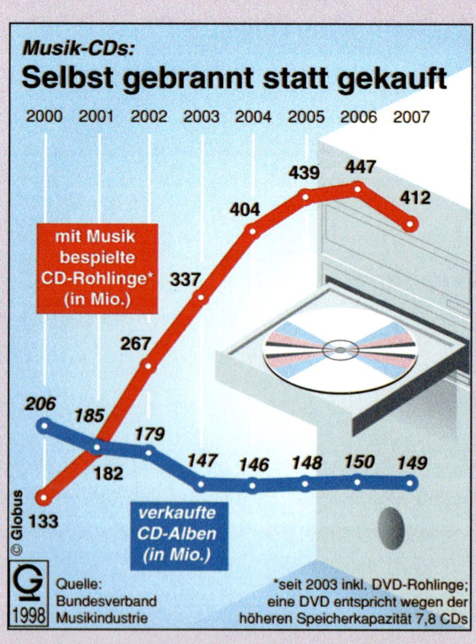

4. Beschreibe das „Neue“ in den „Neuen Technologien“.

5. Erkläre, was man unter dem „Dienstleistungssektor“ versteht und nenne zwei Beispiele von Berufen, die sich in diesem finden.

6. Unsere Gesellschaft wird immer älter und die Zahl der Rentner steigt. Beschreibe, wieso sich hierdurch auch Veränderungen in der Arbeitswelt ergeben.

7. Analysiere die Karikatur. Entscheide, welche Entwicklung der Arbeitswelt hier beschrieben wird.

8. Sieh dir die folgende Karikatur an. Welche Aussage zur heutigen Weiterbildung von Arbeitnehmern wird hier gemacht?

Am Hotelpool

9. Ordne die folgenden Aussagen den Jahren 1962 und 2013 zu.
a) Die meisten Menschen arbeiten ihr Leben lang in ihrem einmal erlernten Beruf.
b) Viele Angestellte und Arbeiter müssen sich regelmäßig fortbilden.
c) Ein Großteil der Arbeitnehmer wechselt im Berufsleben ein oder mehrmals den Arbeitgeber.
d) Computertechnologien schaffen neue Arbeitsplätze und machen andere überflüssig.
e) Die durchschnittliche Wochenarbeitszeit liegt bei über 40 Stunden.

Angebot:
Die auf einem Markt bereitgestellte Menge von Gütern und Dienstleistungen.

Arbeitsteilung:
Unter Arbeitsteilung wird der Prozess der Aufteilung einer Arbeitsaufgabe unter mehreren Menschen, Unternehmen und Organisationen bezeichnet. Erfolgt die Arbeitsteilung innerhalb einer Volkswirtschaft so spricht man von einer nationalen Arbeitsteilung.

Ballaststoffe:
Unverdauliche pflanzliche Faserstoffe. Obst, Gemüse und Getreide enthalten viele Ballaststoffe. Sie machen satt und fördern die Verdauung.

Bedarf:
Ein Bedürfnis, das man mit dem Kauf eines Gutes befriedigen möchte, wird mit der Kaufabsicht zum Bedarf.

Bedürfnis:
Es gibt materielle Bedürfnisse z. B. nach Nahrung, Kleidung usw., für die man Geld benötigt. Immaterielle Bedürfnisse wie Zuneigung, Erfolg usw. kann man nicht mit Geld erreichen.

Brainstorming:
Methode, mit der eine Gruppe zunächst ungeordnet Gedanken zu einem Thema sammelt und diese dann anschließend in eine bestimmte Ordnung bringt.

Duale Berufsausbildung:
Die Berufsausbildung wird meist im dualen System absolviert. Das bedeutet, dass die Auszubildenden sowohl im Betrieb als auch in der Berufsschule lernen.

Duales System:
Die Berufsausbildung wird meistens im dualen System absolviert. Das bedeutet, dass die Auszubildenden im Betrieb und in der Berufsschule lernen.

Energiefluss:
Weg der Eingangsenergie im Prozess der Werkstückbearbeitung in einer Maschine.

Ernährungskreis:
Ein Modell, das zeigt, welche Nahrungsmittel wir essen sollen.

EVA-Prinzip:
Beim EVA-Prinzip steht EVA für Eingabe, Verarbeitung und Ausgabe. Dabei handelt es sich um ein Grundschema der Datenverarbeitung.

Existenzbedürfnis:
Bedürfnis, das zum Leben befriedigt werden muss, z. B. das Bedürfnis nach Nahrung, Kleidung usw.

Fett:
Fett kann in flüssiger, halbfester und fester Form auftreten. Es gibt tierische und pflanzliche Fette. Pfanzliche Fette sind gesünder für den Körper. Fett speichert Wärme und Energie.

Fortbildung:
Qualifikationen, die bereits in einem Ausbildungsberuf erworben wurden, sollen erhalten, erweitert, der technischen Entwicklung angepasst oder so ausgebaut werden, dass ein beruflicher Aufstieg möglich wird.

Funktionsorgane:
Gesamtheit von Bauteilen bzw. Bauelementen, die im Zusammenwirken innerhalb einer Maschine einen bestimmten Zweck erfüllen.

Gehalt:
Geld, das vom Arbeitgeber als Gegenleistung für die von einem Angestellten erbrachte Arbeitsleistung gezahlt wird.

Globalisierung:
Zunehmende internationale Arbeitsteilung, deren Folge eine weltweite Vernetzung der Märkte ist. Begünstigt wird diese Entwicklung durch verbesserte Informations- und Transportsysteme.

Gut/Güter:
Alle Mittel, die der Bedürfnisbefriedigung dienen. Wirtschaftliche Güter sind knapp, haben einen Preis und erfordern einen Aufwand bei der Herstellung. Güter werden eingeteilt in Sachgüter (Fahrräder usw.), Dienstleistungen (Transport oder Verkauf von Gütern) und Rechte (z. B. Patente und Lizenzen). Sachgüter lassen sich einteilen in Gebrauchs- und Verbrauchsgüter. Ver-

brauchsgüter sind solche, die nach dem Konsum nicht mehr vorhanden sind, z. B. Lebensmittel. Gebrauchsgüter nutzt man über einen längeren Zeitraum (Haushaltsgeräte usw.).

Hardware:
Alles, was am Computer angeschlossen ist, bezeichnet man als Hardware.

Hygiene:
Maßnahmen zur Verhütung von Krankheiten und Gesundheitsschäden. Unterschieden werden Arbeitshygiene (Hausarbeit), Betriebshygiene (Arbeitsgeräte, Maschinen und Einrichtungsgegenstände), Personalhygiene (Person), Sauberkeit und Reinhaltung.

Industrialisierung:
Der Übergang von der Agrargesellschaft, in der rund 80 % der Bevölkerung von landwirtschaftlichen Tätigkeiten lebten, zur Industriegesellschaft. In Deutschland fand dieser Prozess etwa zwischen 1830 und 1900 statt. Kennzeichen ist, dass ein Großteil der Handarbeit in der gewerblichen Produktion durch Maschinenarbeit ersetzt wurde. Es gibt neue Transportmittel, z. B. die Eisenbahn. Die Arbeit in der Fabrik wurde zur vorherrschenden Arbeitsform.

Industrieroboter:
Bei einem Industrieroboter handelt es sich um eine universelle, programmierbare Maschine, die für die Herstellung von Produkten verwendet wird. Einmal programmiert, kann ein Industrieroboter einen Arbeitsablauf selbstständig und unendlich oft durchführen.

Informationsfluss:
Weg der Eingangsinformation durch die Maschine zur Sicherung der vorgesehenen Funktion der Maschine.

Kohlenhydrate.
Wichtigste Energiequelle, in Brot, Nudeln, Reis, Kartoffeln, Obst und Gemüse enthalten.

Konsum:
Beim Konsum verbrauchen Menschen Waren und Dienstleistungen, um die eigenen Bedürfnisse zu befriedigen. Die Menschen müssen dabei stets entscheiden, ob sie ihr Einkommen für Konsum verwenden oder es sparen wollen.

Konsument(en):
Verbraucher

Kosten:
In jedem Betrieb fallen bei der Produktion von Sachgütern oder Dienstleisungen Kosten an.

Kulturbedürfnis:
Dieses Bedürfnis ist aufschiebbar und austauschbar, z. B. das Bedürfnis nach Literatur, Musik, Theater, Reisen.

Lohn
Geld, das vom Arbeitgeber als Gegenleistung für die von einem Arbeiter erbrachte Arbeitsleistung gezahlt wird.

Luxusbedürfnis:
Bedürfnis, das aufschiebbar und austauschbar ist, z. B. nach teurem Schmuck, teuren Autos.

Mengenangabe:
Beschreibung, wie viel in einer Packung enthalten ist, z. B. Gramm, Liter oder Stückzahl.

Marketing:
Konzept von Unternehmen, das betriebliche Handeln auf den Markt auszurichten.
Der Grundgedanke ist, dass die Produkte eines Unternehmens auf dem Markt verkauft werden müssen und dass es deshalb z. B. wichtig ist, nicht nur die Produkte zu verkaufen, sondern auch als Unternehmen von den Kunden positiv bewertet zu werden. Kauft man ein Produkt dieser Firma, dann kauft man auch das positive Image (Ansehen) der jeweiligen Firma.

Maximalprinzip:
Ökonomisches Prinzip, bei dem mit begrenzten Mitteln ein größtmöglicher Nutzen erzielt werden soll.

Meinungsführer:
Menschen, die andere in ihrem Konsumverhalten beeinflussen.

Minimalprinzip:
Ökonomisches Prinzip, bei dem ein festgelegtes Ziel mit den geringsten Kosten erreicht werden soll.

MINT-Berufe
Die Bezeichnung MINT steht für Berufe, die mit Mathematik, Informatik, Naturwissenschaft und Technik zu tun haben.

Nachfrage:
Das Verlangen nach Gütern und Dienstleistungen zur Befriedigung von vorhandenen Bedürfnissen.

Ökonomie:
Bezeichnung für die Wirtschaft

Ökonomisch:
Wirtschaftlich

Ökonomisches Prinzip:
Es gibt einen Konflikt zwischen den unbegrenzten Bedürfnissen und den begrenzten Mitteln, die man dafür zur Verfügung hat. Dieser wird nach dem ökonomischen Prinzip gelöst. Man unterscheidet das Minimalprinzip und das Maximalprinzip.

Peergroup:
Gruppe Gleichaltriger, die auf Kinder und Jugendliche einen größeren Einfluss haben als Eltern und Lehrer.

Produkt:
Gut

Produktionsfaktoren:
Die betrieblichen Produktionsfaktoren sind Arbeit, Boden, Betriebsmittel und Werkstoffe. Betriebsmittel sind Maschinen und Werkzeuge, die bei der Produktion genutzt werden. Werkstoffe gehen in die Produkte ein, z. B. Mehl als Bestandteil von Brot, oder werden als Hilfsmittel gebraucht, wie z. B. Energie oder Schmierstoffe.

Ressourcen:
Mittel, die für die Herstellung von Gütern gebraucht werden; Arbeit, Kapital, Boden, Wissen.

Rohstoffe:
Werkstoffe, die bei der Produktion von Gütern eingesetzt werden. Sie sind Hauptbestandteile dieses Produkts.

Software:
Alle Programme, die auf einem Computer installiert werden können.

Speichermedien:
Wenn man am Computer gearbeitet hat, kann man seine Texte, Bilder und Aufgaben speichern. Hierzu verwendet man entweder die Festplatte als internen Speicher oder externe Speichermedien wie USB-Stick, CD-ROM, externe Festplatten usw.

Stofffluss:
Weg des zu bearbeitenden Werkstückes von der Ausgangsform zur Endform in einer Maschine.

Stückliste:
In einer Stückliste sind die für ein Werkstück notwenigen Bestandteile, deren Eigenschaften und Anzahl aufgelistet.

Stufenausbildung:
Bei der Stufenausbildung werden innerhalb einer Ausbildung verschiedene (meist drei) Stufen absolviert. Der Abschluss einer Ausbildung wird erst mit dem erfolgreichen Absolvieren der letzten Stufe erreicht.

Volkswirtschaft:
Bezeichnung für alle Prozesse, die sich in einem Land zwischen und in Unternehmen, den privaten Haushalten und den staatlichen Einrichtungen sowie zwischen diesem und dem Ausland vollziehen.

Weiterbildung:
Berufliche Weiterbildung ist notwendig, um die erworbenen Kenntnisse zu aktualisieren und auszuweiten.

Werbung:
Ziel ist es, das Nachfrageverhalten von Personen so zu steuern, dass bestimmte Produkte bevorzugt gekauft werden. Es wird zwischen informierender und manipulierender Werbung unterschieden.

Wirtschaftskreislauf:
Der Wirtschaftskreislauf ist ein vereinfachtes Modell einer Volkswirtschaft, in dem die wesentlichen Tauschvorgänge zwischen den Wirtschaftsakteuren dargestellt werden.

A
Ablauforganisation 77
Angebot 165, 186
Antriebsenergie 50
Arbeit 66 ff., 73, 75 f., 164 ff.
Arbeitsablaufplan 153
Arbeitsaufgabe 81, 153
Arbeitsgerät 126 f., 129 ff.
Arbeitshygiene 128
Arbeitsmittel 127
Arbeitsregeln 128, 160
Arbeitsplatz 26, 78 ff., 126 ff., 169
Arbeitsplatzerkundung 78 f.
Arbeitsschutz 44 f.
Arbeitssicherheit 44 f., 129
Arbeitsstudien 126
Arbeitsteilung 66 ff., 186
Aufbauorganisation 76 f.
Ausbildung 17 ff., 20 ff.
Ausbildungswege 17, 31 ff.

B
Ballaststoffe 136 ff., 145 f., 186
Basisinnovation 164 f.
Bedarf 39, 97, 186
Bedürfnisse 96 ff., 108, 186
Bedürfnisbefriedigung 97, 102
Beruf 17 ff., 174
Berufenet 25
Berufsberatung 23, 25, 29
Berufsfachschule 19 f.
Berufsfelder 17
Berufsoberschule(n) 19 f.
Berufsorientierung 16, 29
Berufswahl 10 f., 15 ff., 23
Berufswahlordner 10 f.
Boden 73
Brainstorming 96, 186

C
CAD 41
Calcium 139
Checkliste 16, 31
Chillen 157
CPU 52, 54

D
Dienstleistung 70 ff., 96, 164 ff.
Duales System 20, 186

E
Einkommen 66, 73, 106 ff.
Einkommensarten 106
Einkommensquellen 106
Einkommensverwendung 111, 120
Eiweiß 136 f.
Energiefluss 47 ff., 186
Energiewirtschaft 175
Erholung 148 f.
Ernährung 136 ff.
Ernährungsgewohnheiten 144
Ernährungskreis 136 f., 186
Ernährungstrends 145
EVA-Prinzip 53 f., 186
Existenzbedürfnisse 96, 186
Expertenbefragung 30, 181

F
Fachoberschule 19 f.
Fachschulen 19 f.
Fachstufe 21
Fast Food 146 f.
Fertigungsplanung 42
Fett 140, 186
Flüssigkeit 140
Fortbildung 66, 186
Freizeit 148 ff.
Funktionsorgan 46 ff., 186

G
Garantie 115
Gebrauchsgüter 70, 72
Geld 96 ff.
Gesundheit 125 ff., 148 ff.
Gesundheitsförderung 156
Gewährleistung 115
Gewicht 39, 141 f.
Güter 70 f., 117 ff., 186

H
Hardware 52 f., 61, 187
Haushaltsbuch 109, 121
Hygiene 128, 187

I
Immaterielle Bedürfnisse 96
Industrialisierung 69, 187
Industrieroboter 58, 187
Informationsasymmetrie 115
Informationsfluss 47 ff., 187
Informationstechnologien 176
Infrastruktur 74
Innovation 165
Internetrecherche 24, 29

K
Kapital 73
Knappheit 96 f., 108
Kompetenzprofil 14, 16
Konsum 86, 108, 112 f., 187
Konsumausgaben 73, 108
Konsument 110, 187
Konsumgüter 73, 102
Küche 126 ff.
Kulturbedürfnisse 96, 187

L
Lebensmittel 132
Lebensmittelkennzeichnung 142 f., 160 f.
Lernen an Stationen 135, 157
Luxusbedürfnisse 96, 187

M
Materielle Bedürfnisse 96
Maximalprinzip 103 f., 121, 187
Meinungsführer 113, 121, 187
Merchandising 113
Minimalprinzip 103 f., 121, 187

N
Nachfrage 165, 182
Nachhaltigkeit 86 ff.
Nährstoffe 136 ff.
Nahrungszubereitung 133

O
Ökonomisches Prinzip 103 f., 188
Ökologisches System 86
Organigramm 76
Organisation 65 ff.

P
Peergroups 113, 188
Praktikum 13, 23, 30 f.
Produktionsgüter 72, 102
Projekt 153 f.

R
Rechenmittel 117
Referat 105, 180
Ressourcen 86, 188
Rohstoffe 72, 86 f., 165, 188
Rollenspiel 100 f.

S
Sachgüter 70 ff.
Salz 139 f.
Selbsteinschätzung 12, 34
Software 52 f., 61, 188
Speicher 52 f., 57, 61, 188
Spezialisierung 22, 74, 92
Stofffluss 46 ff., 188
Strukturwandel 164 ff., 170, 182
Stückliste 40 f., 188
Stufenausbildung 22, 188

T
Tauschmittel 117 f.
Technik 52 ff., 172 f.
Technischer Wandel 58
Technische Zeichnung 40 f.
Transfereinkommen 106

U
Umwelt 17, 86 ff., 97, 102
Umwelteinflüsse 68
Umweltschutz 86 ff., 91
Urproduktion 72 f.

V
Verbraucherverhalten 86, 89, 112, 165
Verbrauchsgüter 72, 88
Vermögen 106
Verträge 114, 179
Vorbeugung 156

W
Waren 96, 102,
Weiterbildung 28, 176, 188
Wertaufbewahrungsmittel 118
Wirtschaft 96, 112, 164 f.

Z
Zahlungsmittel 117 f.
Zeitplan 135, 153

Adam Opel AG, Rüsselsheim: 58 Mi., 72 li.
adpic, Bonn: 134.4 (R. Haid)
akg-images GmbH, Berlin: 164 u.li., 169 o.li.
ALDI SÜD, Mülheim/Ruhr: 61 Mi.
alimdi.net, Deisenhofen: 50 Mi. (O. Maksymenko)
Anders ARTig, Braunschweig: 39 o., 143 o., 164 u.Mi. (B. Funke)
Anton, T., St. Goar: 132 o.
argus, Hamburg: 23 Mi. (H. Schwarzbach), 175 (H. Schwarzbach)
Baaske Cartoons, Müllheim: 176 (Groß), 185 o. (T. Plaßmann)
Berger, M., Braunschweig: 74.3
Bildagentur Schapowalow, Hamburg: 36 li.Mi., 63 Mi.re. (Weisser)
Bildarchiv Werner Bachmeier, Ebersberg: 172 u.re.
epd-bild, Frankfurt am Main: 171
Bloedt, E., Dortmund: 94 li.u.
bpk – Bildagentur für Kunst, Kultur und Geschichte, Berlin: 18 u., 172 u.li. (E. Anders)
Bredol, M., Marburg: 98 o.
Bridgeman Art Library, Berlin, Berlin: 69 o. (Bibliotheque de l'Ecole des Beaux-Arts, Paris/ Giraudon)
BSH Bosch und Siemens Hausgeräte GmbH, München: 47 o.li., 59 Mi.
Bundesagentur für Arbeit, Nürnberg: 27 (4), 30 u.(6)
Caro, Berlin: 41 (R. Oberhaeuser), 164 o.re. (Westermann)
CLAAS KGaA mbh, Harsewinkel: 169 o.re.
Corbis, Düsseldorf: 36 li.u. (J. L. Pelaez, Inc./Blend Images)
ddp images, Hamburg: 23 2. v.o. (J. Schlüter)
Deutsche Gesellschaft für Ernährung e.V., Bonn: 137
Deutsche Post AG, Bonn: 36 li.o.
die bildstelle, Hamburg: 57 2. v.o. (Rex Features), 66 Mi. (Rex Features)
Druwe & Polastri, Weddel: 48 re., 63 re.o., 66 u., 68 re., 75 o.Mi., 143 u., 178 o.
Dägling, A., Wardenburg: 16 o., 19, 23 u., 70 u., 71 re. (4), 76 o., 90, 112 o., 117 (2), 118, 119 (2)
F1online, Frankfurt/M.: 102 re. (Aflo)
Fabian, M., Hannover: 50 u., 115, 123 Mi., 124 li.u.
Feeken, H., Bad Zwischenahn: 62
Feldhaus, H.-J., Münster: 57 u.
Flaeming-Skate GmbH, Jüterbog: 151 re.
Flora Press, Hamburg: 60
Focus, Hamburg: 74.6 (SPL)
Fotex, Hamburg: 81 u.
Fotolia: Titel li. (Dietrich), 8 re. (R. Gosch), 10 (Light Impression), 23 o. (contrastwerkstatt), 32 u.re. (A. Bannykh), 133 o.re. (Davidus), 63 re. 2. v.u. (300dpi), 63 u. re. + 98 u.re. (Fatman73), 64 re. (Kzenon), 80 o. (M. Orlich), 81 2. v.u. (pressmaster), 86 o. (olympus), 134,3 (O.-M Steffen) 134.1 (C. Steiner), 134.5 (J. Mikus), 140 (Valda), 141 o. (robynmac), 141 u. (Monkey Business), 162 li.o. (beermedia), 35 (Y. Arcurs)
Griese, D. , Laatzen: 160
Hans Kaltenbach Maschinenfabrik, Lörrach: 49 o.
Henzler, Nürtingen: 38 Mi. + u.
Hilbers, M. , Hamburg: 143 Mi.
Hoffmann, K. , Hannover: 3 u. + 64 li.o., 108 2. v.u.
Holz, E., Nizza: 93 o.
Image & Design, B. Kumpe, Braunschweig: 42 o. + Mi.., 71 li., 88 li., 126, 127 u., 129 u., 130 o., 149 (3), 150
imu-Infografik, Duisburg: 116
iStockphoto, Calgary: 31 (R. Mansi), 57 Mi. (S. Lavrentev), 57 o., 124 re. (A. Braunstein)
Jahreszeiten Verlag, Hamburg: 120 (O. Graf)
Keystone Pressedienst, Hamburg: 82 u. (J. Zick)
Klüppel, U., Gechingen: 157 (4)
Knaußmann, K., Gifhorn: 147 u.
Kohl, B.: 134.2
Krückeberg, H., Hannover: 108 2. v.o.
Köcher, U., Hannover: Titel re.u., 64 li.u., 132 Mi., 132 u.
Künstner, R., Halle/S.: 39 u.
laif, Köln: 169 Mi.re. (P. Langrock/Zenit)
Knut Schulz Fotografie, Hamburg: 169 u. re
Langner & Partner, Hemmingen: 53.3, 165
Lonely Planet Images, Berlin: 110 (Giribas)
Lüdecke, M , Berlin: 63 re. 2. v.o.
Mager, F.-G., Gengenbach: 94 li.Mi.
Martens, S. , Braunschweig: 39 Mi.
Marx, H., Andernach: 108 o.
mauritius images, Mittenwald: 4 u. + 124 li.Mi. (M. Schlief), 61 u. (imagebroker/U. Niehoff), 64 li.Mi. (A. Albinger), 72 re. (Rosenfeld), 81 o. (Rosenfeld), 102 li. (Botanica), 148 li. (Geisser), 169 u.li. (BeneluxPress), 172 Mi. (Rosenfeld)
Media-Saturn-Holding GmbH, Ingolstadt: 52 o.
Mellinghoff, A., Frankfurt/M.: 148 re.
MEV Verlag, Augsburg: 178 u.
Miele & Cie. KG, Gütersloh: 59 o., 134.6
Minkus IMAGES, Isernhagen: 138 Mi.
Mohr, T. , Zermatt: 63 u.li.
OKAPIA, Frankfurt/M.: 86 Mi. (Irsch)
Opel Eisenach GmbH, Eisenach: 5 + 162 li.u.
Pechtel, D., Bremen: 52 u.
Pelck, C., Hamburg: 18 o.
photothek.net, Radevormwald: 22

(T. Imo)
Picture Press, Hamburg: 74.1 (J. Hauke)
Picture-Alliance, Frankfurt/M.: Titel re.o. (Godon), Titel re.Mi. (ZB/H. Schmidt), 3 o. + 8 o. (Sander/M. Kötter), 4 o. + 94 li.o. (dpa/Lehtikuva/S. Gustafsson), 8 li.o. (ZB/P. Grimm), 8 li.u. (ZB/M. Schutt), 38 o. (ZB/P. Pleuel), 58 u. (dpa), 68 Mi. (ZB/A. Lander), 68 li. (dpa/R. Weihrauch), 69 u. (dpa/H. v. Heydenaber), 74.7 (ZB/Wiedl), 80 u., 81 2. v.o. (dpa/F. May), 82 o. (dpa), 86 u. (ZB/W. Grubitzsch), 91 (dpa/T. Brakemeier), 93 Mi. (dpa/I. Wagner), 93 u.re. (dpa/J. Woitas), 94 re. (dpa/P. Steffen), 96 Mi. (dpa/R. Holschneider), 96 li. (dpa/J. Schierenbeck), 96 re. (ZB/P. Grimm), 106 2. v.o. (ZB/J. Kalaene), 106 o. (dpa/F. Rumpenhorst), 106 u. (dpa/F. May), 107 o. (dpa/H. Wolfraum), 108 u. (dpa/U. Perry), 113 o. (united archives/mcphoto), 113 u. (dpa/J. Wolf), 144 (Denkou Images), 146 o. (dpa/F.Mächler), 151 li. (Bildagentur Huber/Leimer), 162 re. (ZB/P. Pleul), 164 o.li. (akg-images/E. Bohr), 164 u.re. (dpa/U. Deck), 166 Mi. (ZB/B. Wüstneck), 166 o. (akg-images), 166 u. (IMAGNO/B. Pflaum), 169 Mi.li. (akg-images), 174 u. (dpa/H. v. Hedenaber), 179 (KPA/Hochheimer); dpa-infografik: 13, 80 u., 83, 92, 104 (nach Globus Grafik 1538), 111, 112 u., 123 u., 168, 170 u., 177, 184
plainpicture, Hamburg: 182 (J. Birdsall)
Robert Bosch GmbH, 46
Rohloff AG, Fuldatal: 51 li.
Schaadt, H., Oldenburg: 114 o.
Schmidt, R., Brunsbüttel: 75 u.
Schroedel Archiv: 146 u. (V. Minkus)
Schöningh Verlag: 123 (J. Schierlitz)
Seidel, J., Köln: 74.8
Siemens Archiv, München: 54 o., 172 o.
sinopictures, Berlin: 74.4
SONY Deutschland, Köln: 167 o.
Statoil, Stavanger: 74.2
STOCK4B, München : 61 o. (S. Hoeck)
StockFood, München: 136, 147 o., 152 (A. Deimling-Ostrinsky)
Studio Gielen, Bremen: 98 u.li.
Superbild, Taufkirchen: 74.5 (J. Jones)
Süddeutsche Zeitung Photo, München: 58 o.
The Electric Car Corporation: 63 u.Mi.
toonpool.com, Berlin: 32 o.li. (J. Tomaschoff), 32 o.re. (A. Paff), 32 u.li. (I. Leier)
ullstein bild, Berlin: 50 o. (Imagebroker.net/Rosseforp), 75 o.re. (Oberhäuser/CARO), 93 u.li. (Oed), 164 o.Mi. (KPA/Mediacolors)
vario images, Bonn: 3 Mi. + 36 re. (M. Stock), 55 Mi., 75 o.li., 162 li.Mi.
velowerk.ch, Schaffhausen: 51 re. (T. Lösch)
Verbraucherzentrale Nordrhein-Westfalen, Düsseldorf : 109
Visum, Hamburg: 63 o.li. (T. Langreder), 170 Mi. (T. Langreder)
Vosseler: 173
Wandersleben, M., Hannover: 159
Wefringhaus, K., Braunschweig: 55 u. (8), 67 (4), 88 re., 129 o., 131, 133, 138 o., 139 o., 154 o., 158 (3)
Wiedenroth, G., Flensburg: 185 u.
Zähringer, A., Hannover: 124 li.o.
Zentralverband des Deutschen Bäckerhandwerks, Berlin: 26
Zenit, Berlin: 23 2. v.u. (V. Langrock)
5 am Tag e.V., Mannheim: 138 u.
alle übrigen Schaubilder und Grafiken: Westermann Technisch-Graphische Abteilung, Braunschweig